U0931806

聖經通識叢書

憑祢恩言

實用基督徒生活手冊

郭鴻標、黃錫木 主編

基道出版社

▼

聖經通識叢書

憑祢恩言

實用基督徒生活手冊

A Practical Handbook to Christian Life

主編
郭鴻標 Kwok, Benedict H.B.、黃錫木 Wong, Simon S.M.

系列編委
張達民、張略、孫寶玲、黃錫木

研究編輯
許寶瑩、蔡寶琪

執行編輯
羅慧琪

裝幀設計
郭曉勤

■

出版／發行
基道出版社
香港沙田火炭坳背灣街 26 號富騰工業中心 1011 室
LOGOS PUBLISHERS
Unit 1011, Fo Tan Ind. Centre, 26 Au Pui Wan St., Shatin, Hong Kong
電話：(852) 2687-0331 傳真：(852) 2687-0281
網址：http://www.logos.com.hk

承印
海洋印務有限公司

●

8/2004 初版 6/2005 二版
Cat. No. LP154-2
ISBN-10: 962-457-262-3
ISBN-13: 978-962-457-262-9

經文取自《和合本版》聖經

刷次	13	12	11	10	9	8	7	6	5	4
年份	2024	2023	2022	2021	2020	2019	2018	2017	2016	2015

編者序

基督教聖經是一部結集了幾十位作者在千多年間撰寫而成的古籍文獻集。聖經裏的每一卷書都有其歷史文化背景，而每位作者所宣講的內容，都是為針對當時的信仰羣體的需要和困難。然而，這些書卷的信息不單服事在人類歷史上曾經出現的信仰羣體，因為我們深信，上帝會藉著千多年前的信息向今天的信徒說話。在基督信仰的傳統上，我們篤信聖經「是上帝所默示的」，代表著上帝最完備的啟示，「於教訓、督責、使人歸正、教導人學義都是有益的」。

基道出版社於1997年出版的《主題彙析聖經》，主要是按聖經和神學主題，把聖經中有關的經文集合在一起，其目的是建立一個經文資料庫，以便信徒認識各聖經和神學主題。承接這種精神，《憑祢恩言——實用基督徒生活手冊》所選用的3600多段經文的編排則以基督徒的生活為主題，在寶貴的聖經基礎上，幫助信徒在日常面對的挑戰中，經歷上帝話語的實在。

這一類主題彙編的編纂面對的最大挑戰有二：一、所提供的經文資料雖然是豐富，但內容卻缺乏導引性；二、收錄的經文難免犯了斷章取義之險。靠著上帝的恩典和憐憫，本書在編纂的過程中均嘗試儘量避免以上的不足。

首先，為了幫助讀者在參閱豐富的經文資料時，能對有關的主題有一扼要的認識。很榮幸地得到我的好友郭鴻標博士的幫忙，為書中每一個主題撰寫短文，共110篇。郭兄雖然專研現代基督教神學，但卻從未有忽略聖經(研究)以及教會牧養實踐的重要性；這一點實在難得。郭兄在本書的貢獻並非只為本書增添了特色，而是從神學反省和基督徒生活方面，為信徒在眾多經文中提供一個思考的方向。

此外，雖然本書在編纂過程中曾參考多本主題彙編，但收錄的每一節經文卻都是經過精挑細選的，務求要符合每一段經文的歷史處境。在這方面，本書的研究編輯許寶瑩姊妹可謂勞苦功高。以許姊妹的神學訓練和多年的牧會經驗，她在經文的篩選工作的貢獻是肯定的。在這方面，亦要多謝蔡寶琪姊妹協助本書的校對和審稿工作。除此以外，還有很多主內肢體(特別是中華基督教閩南三一堂的弟兄姊妹)曾試用本書，給予很多寶貴意見，亦謹此致謝。

多謝基道出版社的編輯和製作部同工的參與，特別多謝羅慧琪姊妹為本書預備「使用說明」；而經文索引亦是由許寶瑩姊妹負責的。

《憑祢恩言——實用基督徒生活手冊》是「聖經通識叢書」系列中的一本參考書，目的是要以最精美、輕便的包裝和簡潔的內容，讓廣大華人信徒體驗上帝的話語如何成為我們，以及每一個時代的信徒的「腳前的燈，路上的光」。

「聖經通識叢書」的特色是要兼顧學術研究的精確和執著，與教會信徒的生活實踐，因此，每冊所討論的內容務求達到學術上的嚴謹，又以平易、通達的詞句表達。我們的目的，是要建立一個真正能夠反映聖經學術研究的普及聖經文化，讓信徒和教會可以享受歷代教會先賢和當今學者努力鑽研的成果，更勇敢地面對聖經研究在21世紀學術上的新發現和新理論，從而培養對追求聖經真理的認真和熱誠，並能在真理的基礎上對自己的信仰有更深層和謙卑的反省。

黃錫木

2004年5月．澳洲

參考書目

Anderson, Ken. *Where To Find It in the Bible.* Nashville: Thomas Nelson Publishers, 1996.

Countryman, J. *God's Power for Fathers.* Nashville: Thomas Nelson Publishers, 1999.

Holy Bible: New Living Translation. Tyndale House Publishers, Inc. 1999.

Life Application Bible: New International Version. Tyndale House Publishers, Inc. 1997.

可安歐編。《聖經金句集》。台灣：中福出版有限公司，2000。

黃錫木編。《主題彙析聖經》。香港：基道出版社，1997。

黃瑞西編。《分類經文彙編》。美國：榮主出版社，2001。

《經文題選》。香港：基道出版社，1999。

使用說明

本書以基督徒的生活為主題，依信仰、生活和社會三方面的分類，選輯聖經中有關的經文，幫助信徒在日常生活中，經歷上帝話語的實在。

每個主題以短文分享開始，從神學反省和生活層面，為讀者提供一個思考的方向。每個主題之下又設各個分題，配合讀者的處境將經文分類，方便讀者更準確和容易地找到適切自己的經文。為幫助讀者了解經文背景或內容，以及福音書的平行經文，經文後附上輔助資料。分題後亦有附加內容，列出其他經文章節，讓讀者可以進深研究有關主題。

為方便讀者翻查各標題，右頁上角會顯示該頁最後一個標題的編號，而左頁上角則顯示該頁首行內容的標題編號。此外，本書附經文索引，讀者可從經文章節找到有關的主題。

顯示右頁最後一個標題的編號

1.1

主要主題

1. 上帝與你的關係

1.1. 上帝是你生命的光

有關主題的短文分享

上帝是真理的光，照亮人心的黑暗。當人內心光明正直的時候，生活就顯出光輝。主耶穌基督教導我們要跟隨他作光明的人。若一個人對真理認真，他內心就有生命的光；然後他在家庭、工作崗位、社會就發揮影響力。今日很多基督徒太快屈服於外在的壓力，太早向世俗價值妥協，失去了光照世界的作用。可惜有些基督徒沒有意識自己的問題，不願意在現實生活中表明基督徒的身分和立場，卻將問題約化為單純個人與上帝關係的問題，然後將焦點轉移在內向的屬靈生命栽培上，忽略神人關係的深化，是必須以生命光照世界。

信仰篇

3

上帝與你的關係

顯示左頁首行內容
的標題編號

只有一段參考經文的分題，
第一個分題對應第一段經
文，餘此類推

2.3.1.4

2.3.1.4. **其他：可以驅走邪魔、可以榮耀上帝**

撒上16 [15]掃羅的臣僕對他說：「現在有惡魔從上帝那裏來擾亂你。
[16]……找一個善於彈琴的來，等上帝那裏來的惡魔臨到你
身上的時候，使他用手彈琴，你就好了。」

西 3 [16]當用各樣的智慧，把基督的道理豐豐富富地存在心裏，
用詩章、頌詞、靈歌，彼此教導，互相勸戒，心被恩感，
歌頌上帝。【參伯三十六24】

經文

2.3.2. **以頌歌讚美上帝**

2.3.2.1. **凡有氣息的都要讚美上帝**

主題以下的
分題

詩103 [1]我的心哪，你要稱頌耶和華！凡在我裏面的，也要稱頌
他的聖名！

詩150 [6]凡有氣息的都要讚美耶和華！你們要讚美耶和華！

啟 5 [11]我又看見且聽見，寶座與活物並長老的周圍有許多天
使的聲音；他們的數目有千千萬萬，[12]大聲說：曾被殺
的羔羊是配得權柄……榮耀、頌讚的。【參十四1～3，
十五2～3】

【另參：詩五十七7，六十五1，七十4】

與經文有關
的輔助資料
或四福音的
平行經文

2.3.2.2. **要讚美上帝的創造及作為**

出 15 [1]……我【指摩西】要向耶和華歌唱，因他大大戰勝，將馬
和騎馬的投在海中。……[2]耶和華是我的力量，我的詩
歌，也成了我的拯救。這是我的上帝，我要讚美他……。

詩 9 [1]我要一心稱謝耶和華；我要傳揚你一切奇妙的作為。

詩148 [5]願這些都讚美耶和華的名！因他一吩咐便都造成。

【另參：詩一四九3～4】

有關分題的
附加經文

2.3.2.3. **讚美上帝的恩惠**

詩103 [2]我的心哪，你要稱頌耶和華！不可忘記他的一切恩惠！

42

憑祢恩言——實用基督徒生活手冊

目錄

第二篇：個人生活篇

第三篇：社會篇

第一篇

信仰篇

1. 上帝與你的關係

1.1. 上帝是你生命的光

上帝是真理的光，照亮人心的黑暗。當人內心光明正直的時候，生活就顯出光輝。主耶穌基督教導我們要跟隨他作光明的人。若一個人對真理認真，他內心就有生命的光，然後他在家庭、工作崗位、社會就發揮影響力。今日很多基督徒太快屈服於外在的壓力，太早向世俗價值妥協，失去了光照世界的作用。可惜有些基督徒沒有意識自己的問題，不願意在現實生活中表明基督徒的身分和立場，卻將問題約化為單純個人與上帝關係的問題，然後將焦點轉移在內向的屬靈生命栽培上，忽略神人關係的深化，是必須以生命光照世界。

1.1.1. 上帝就是光

1.1.1.1. 光是從上帝而來

賽 9 [2]在黑暗中行走的百姓看見了大光；住在死蔭之地的人有光照耀他們。

約 1 [4]生命在他【指耶穌】裏頭，這生命就是人的光。

約 8 [12]耶穌又對眾人說：「我是世界的光。跟從我的，就不在黑暗裏走，必要得著生命的光。」

【另參：詩二十七1，五十2】

1.1.1.2. 上帝光照人的生命

詩 36 [9]因為，在你【指上帝】那裏有生命的源頭；在你的光中，我們必得見光。

賽 42 [16]我【指上帝】要引瞎子行不認識的道，領他們走不知道的路；在他們面前使黑暗變為光明，使彎曲變為平直。這些事我都要行，並不離棄他們。

弗 5 [14]所以主說：你這睡著的人當醒過來，從死裏復活！基督就要光照你了。

【另參：詩一一九105；約十二35】

1.1.1.3. 不信的人並不認識這光

伯 24 [13]又有人背棄光明，不認識光明的道，不住在光明的路上。……[16]盜賊黑夜挖窟窿；白日躲藏，並不認識光明。

約 3 [20]凡作惡的便恨光，並不來就光，恐怕他的行為受責備。
[21]但行真理的必來就光，要顯明他所行的是靠上帝而行。

1.1.2. 信徒與光

1.1.2.1. 信徒是世上的光，該多作見證

太 5 [14]你們是世上的光。……[16]你們的光也當這樣照在人前，叫

他們看見你們的好行為，便將榮耀歸給你們在天上的父。
【參可四21；路八16】

林後 4 [6]那吩咐光從黑暗裏照出來的上帝，已經照在我們心裏，
叫我們得知上帝榮耀的光顯在耶穌基督的面上。

1.1.2.2. 信徒的行為要與光相稱

詩 97 [11]散布亮光是為義人；預備喜樂是為正直人。

弗 5 [8]從前你們是暗昧的，但如今在主裏面是光明的，行事為
人就當像光明的子女。

腓 2 [15]使你們無可指摘，誠實無偽，在這彎曲悖謬的世代作上
帝無瑕疵的兒女。你們顯在這世代中，好像明光照耀。

【另參：箴十三9；約壹一4】

1.2. 上帝賜福氣給你

我們的上帝厚賜恩惠，祂賜下救恩、財富和土地給專心敬拜祂、順服事奉祂及敬虔地遵守律法的人。上帝的福氣不單臨到成功順利的人身上，同時亦臨到受苦的人身上。當我們領受上帝的祝福後，應該存感謝的心稱謝上帝，並成為祝福別人的使者。一個樂意祝福別人的人是一個將人帶到上帝面前，見證上帝的真實的人。他是人間的天使，樂意將上帝的福氣帶給人。

1.2.1. 上帝會賜福

1.2.1.1. 上帝藉亞伯拉罕賜福給地上所有人，也使人有各樣的福氣

創 12 [1]耶和華對亞伯蘭說：「……[2]我必叫你成為大國。我必賜福給你……[3]……地上的萬族都要因你得福。」【參創二十二17】

民 6 [24]願耶和華賜福給你，保護你。[25]願耶和華使他的臉光照你，賜恩給你。[26]願耶和華向你仰臉，賜你平安。

雅 1 [17]各樣美善的恩賜和各樣全備的賞賜都是從上頭來的，從眾光之父那裏降下來的；在他並沒有改變，也沒有轉動的影兒。

1.2.1.2. 上帝賜救恩的福氣

詩 24 [5]他【指雅各】必蒙耶和華賜福，又蒙救他的上帝使他成義。

詩133 [3]……錫安山……那裏有耶和華所命定的福，就是永遠的生命。

弗 1 [3]願頌讚歸與我們主耶穌基督的父上帝！他在基督裏曾賜給我們天上各樣屬靈的福氣。

1.2.1.3. 上帝會賜下財富

箴 10 [22]耶和華所賜的福使人富足，並不加上憂慮。

珥 2 [26]你們必多吃而得飽足，就讚美為你們行奇妙事之耶和華——你們上帝的名。我的百姓必永遠不至羞愧。

1.2.1.4. 上帝賜福給地

賽 30 [23]你將種子撒在地裏，主必降雨在其上，並使地所出的糧肥美豐盛。到那時，你的牲畜必在寬闊的草場吃草。

亞 10 [1]當春雨的時候，你們要向……耶和華求雨。他必為眾人降下甘霖，使田園生長菜蔬。

徒 14 [17]然而為自己未嘗不顯出證據來，就如常施恩惠，從天降
雨，賞賜豐年，叫你們飲食飽足，滿心喜樂。

1.2.1.5. 上帝賜福給誠實的人

詩 24 [3]誰能登耶和華的山？……[4]就是手潔心清、不向虛妄、起
誓不懷詭詐的人。……[6]這是尋求耶和華的族類，是尋求
你面的雅各。

箴 28 [20]誠實人必多得福；想要急速發財的，不免受罰。

1.2.1.6. 上帝賜福給順服、敬虔的人

利 26 [3]你們若遵行我的律例……[4]我就給你們降下時雨，叫地生
出土產，田野的樹木結果子。[5]……並且要吃得飽足，在
你們的地上安然居住。

詩 5 [12]因為你【指上帝】必賜福與義人……你必用恩惠如同盾牌
四面護衛他。

詩112 [1]你們要讚美耶和華！敬畏耶和華，甚喜愛他命令的，這
人便為有福！[2]他的後裔在世必強盛；正直人的後代必要
蒙福。[3]他家中有貨物，有錢財；他的公義存到永遠。

1.2.1.7. 上帝賜福給願意奉獻及事奉祂的人

出 23 [25]你們要事奉耶和華——你們的上帝，他必賜福與你的糧
與你的水，也必從你們中間除去疾病。

瑪 3 [10]萬軍之耶和華說：你們要將當納的十分之一全然送入倉
庫，使我家有糧，以此試試我，是否為你們敞開天上的窗
戶，傾福與你們，甚至無處可容。

1.2.1.8. 上帝賜福給尋求祂又細察律法的人

太 6 [33]你們要先求他的國和他的義，這些東西都要加給你們
了。【參路十二31】

雅 1 [25]惟有詳細察看那全備、使人自由之律法的，並且時常如

此，這人既不是聽了就忘，乃是實在行出來，就在他所行
的事上必然得福。

1.2.1.9. 上帝賜福給為祂受苦的人

太 5 [11]人若因我【指耶穌】辱罵你們，逼迫你們，揑造各樣壞話
毀謗你們，你們就有福了！[12]應當歡喜快樂，因為你們在
天上的賞賜是大的。在你們以前的先知，人也是這樣逼迫
他們。【參路六22】

路 18 [29]我【指耶穌】實在告訴你們，人為上帝的國撇下房屋，或
是妻子、弟兄、父母、兒女，[30]沒有在今世不得百倍，在
來世不得永生的。【參太十九29～30；可十29～31】

1.2.2. 領受祝福的人

1.2.2.1. 聽從上帝便為有福

創 22 [18]並且地上萬國都必因你【指亞伯蘭】的後裔得福，因為你
聽從了我的話。

箴 8 [32]眾子啊，現在要聽從我【指智慧】，因為謹守我道的，便
為有福。【參箴九10】

1.2.2.2. 不可忘記昔日所領受的福氣

創 41 [31]因那以後的饑荒甚大，便不覺得先前的豐收了。

詩103 [2]我的心哪，你要稱頌耶和華！不可忘記他的一切恩惠！

1.2.2.3. 要稱謝上帝及報答祂所賜的福

詩 34 [1]我要時時稱頌耶和華；讚美他的話必常在我口中。【參詩
一〇三1】

詩116 [12]我拿甚麼報答耶和華向我所賜的一切厚恩？[13]我要舉起救
恩的杯，稱揚耶和華的名。[14]我要在他眾民面前向耶和華
還我的願。

1.2.2.4. 其他：信心大小限制所領受的福氣；要祝福你的敵人

王下 4 [6]器皿都滿了，她對兒子說：「再給我拿器皿來。」兒子說：「再沒有器皿了。」油就止住了。

路　6 [28]咒詛你們的，要為他祝福！凌辱你們的，要為他禱告！

1.3. 上帝賜恩典給你

上帝是滿有恩典的，祂赦免人的罪孽，給予人改過的機會。上帝賜福給正直的人，讓人在持守信念的時候，獲得力量。上帝亦賜恩典給謙卑的人，讓人經歷上帝的真實。基督徒並不依靠自己的聰明走人生的道路，而是根據聖經的標準生活，深信憑著上帝的恩典，能夠面對各種挑戰。其實，人生順境並不是必然的，一切都是上帝的恩典。宗教改革者強調惟獨恩典的道理，提醒我們時刻緊記，自己的一切成就都是上帝的恩典，我們沒有甚麼值得誇耀的地方。當我們經歷上帝的恩典後，我們應該懂得感恩，免得徒受恩典。

1.3.1. 上帝的恩典

1.3.1.1. 上帝有憐憫的恩典

詩 30 [5]因為，他的怒氣不過是轉眼之間；他的恩典乃是一生之
久。一宿雖然有哭泣，早晨便必歡呼。

詩 78 [38]但他有憐憫，赦免他們的罪孽，不滅絕他們，而且屢次
消他的怒氣，不發盡他的忿怒。【參出三十四6～7；詩
八十六15】

1.3.1.2. 上帝要藉基督賜恩

弗 1 [6]使他【指上帝】榮耀的恩典得著稱讚；這恩典是他在愛子
裏所賜給我們的。

弗 2 [7]要將他極豐富的恩典，就是他在基督耶穌裏向我們所施
的恩慈，顯明給後來的世代看。

提後 1 [9]上帝救了我們，以聖召召我們，不是按我們的行為，乃
是按他的旨意和恩典；這恩典是萬古之先，在基督耶穌裏
賜給我們的。

1.3.1.3. 上帝願意賜下豐富的恩典

詩 84 [11]因為耶和華——上帝是日頭，是盾牌，要賜下恩惠和榮
耀。他未嘗留下一樣好處不給那些行動正直的人。

約 1 [16]從他豐滿的恩典裏，我們都領受了，而且恩上加恩。

弗 1 [7]我們藉這愛子的血得蒙救贖，過犯得以赦免，乃是照他
豐富的恩典。[8]這恩典是上帝用諸般智慧聰明，充充足足
賞給我們的。

1.3.1.4. 上帝的恩典勝過人的過犯，並使人心靈富足

羅 5 [15]只是過犯不如恩賜，若因一人的過犯，眾人都死了，何
況上帝的恩典，與那因耶穌基督一人恩典中的賞賜，豈不
更加倍地臨到眾人嗎？

羅　5 [20]律法本是外添的，叫過犯顯多；只是罪在哪裏顯多，恩
典就更顯多了。

林後 8 [9]你們知道我們主耶穌基督的恩典：他本來富足，卻為你
們成了貧窮，叫你們因他的貧窮，可以成為富足。

1.3.2. 上帝施恩典

1.3.2.1. 上帝施恩給誠實謙卑和軟弱的人

王上 3 [6]所羅門說：「你【指上帝】僕人——我父親大衛用誠實、公
義、正直的心行在你面前，你就向他大施恩典，又為他存
留大恩，賜他一個兒子坐在他的位上，正如今日一樣。」

林後12 [9]我【指上帝】的恩典夠你用的，因為我的能力是在人的軟弱
上顯得完全。所以，我更喜歡誇自己的軟弱，好叫基督的
能力覆庇我。

雅　4 [5]……上帝所賜、住在我們裏面的靈，是戀愛至於嫉妒
嗎？[6]但他賜更多的恩典，所以經上說：上帝阻擋驕傲的
人，賜恩給謙卑的人。

1.3.2.2. 上帝施救贖的恩典給相信祂的人

羅　3 [24]如今卻蒙上帝的恩典，因基督耶穌的救贖，就白白地稱義。

弗　2 [8]你們得救是本乎恩，也因著信；這並不是出於自己，乃
是上帝所賜的；[9]也不是出於行為，免得有人自誇。

1.3.3. 信徒對上帝恩典的回應

1.3.3.1. 要以信心領受恩典及盼望恩典的來臨

羅　5 [2]我們又藉著他，因信得進入現在所站的這恩典中，並且
歡歡喜喜盼望上帝的榮耀。

彼前 1 [13]所以要約束你們的心謹慎自守，專心盼望耶穌基督顯現
的時候所帶來給你們的恩。

1.3.3.2. 要在恩典中剛強及長進

提後 2 [1]我兒啊，你要在基督耶穌的恩典上剛強起來。

彼後 3 [18]你們卻要在我們主——救主耶穌基督的恩典和知識上有長進。

1.3.3.3. 向上帝求恩典，但不可徒受上帝的恩典

王上13 [6]王【指耶羅波安王】對神人說：「請你為我禱告，求耶和華——你上帝的恩典使我的手復原。」於是神人祈禱耶和華，王的手就復了原，仍如尋常一樣。

林後 6 [1]我們與上帝同工的，也勸你們不可徒受他的恩典。

1.4. 上帝引導你

基督徒相信上帝對我們一生有最好的安排，並且樂意引導人走屬靈的道路。因此，我們在作出任何人生重要抉擇的關頭，都不會方寸大亂。上帝可以藉異象引導人，藉祂的使者幫助人，可以直接向人的心靈說話。上帝亦可以透過阻礙人前進的方法，使人校準正確的方向。人常常經驗人生失去方向感，基督徒面對這情況的方法是認定上帝的引導最正確，人不能單憑自己計劃前路。我們要專心尋求和等候上帝的指引，我們需要屬靈的同伴代禱和支持。我們需要小心印證上帝的引領，憑信心踏上上帝為我們預備的道路。

1.4.1. 上帝願意引導人

1.4.1.1. 上帝願意引導人走祂的路

詩 32 [8]我要教導你，指示你當行的路；我要定睛在你身上勸戒你。

詩 37 [23]義人的腳步被耶和華立定；他的道路，耶和華也喜愛。
[24]他雖失腳也不至全身仆倒，因為耶和華用手攙扶他。

箴 6 [22]你行走，它必引導你；你躺臥，它必保守你；你睡醒，它必與你談論。[23]因為誡命是燈，法則是光，訓誨的責備是生命的道。

【另參：撒下二十二29；箴十六9；賽四十五2】

1.4.1.2. 上帝願意引導人的一生，但人未必明白上帝的引導

詩 48 [14]因為這上帝永永遠遠為我們的上帝；他必作我們引路的，直到死時。

箴 16 [9]人心籌算自己的道路；惟耶和華指引他的腳步。

箴 20 [24]人的腳步為耶和華所定；人豈能明白自己的路呢？

【另參：耶一5】

1.4.2. 上帝引導人的方法

1.4.2.1. 以異象引導人

出 3 [2]耶和華的使者從荊棘裏火焰中向摩西顯現。摩西觀看，不料，荊棘被火燒著，卻沒有燒毀。

徒 9 [10]……在大馬士革有一個門徒，名叫亞拿尼亞。主在異象中對他說：「……[15]……你只管去！……」[17]亞拿尼亞就去了。

【另參：創四十六1～7；徒十章，十六9～10，十八9～11】

1.4.2.2. 差遣使者幫助人

創 24 [40]他【指亞伯拉罕】就說：「我所事奉的耶和華必要差遣他

的使者與你同去，叫你的道路通達，你就得以在我父家、
我本族那裏，給我的兒子娶一個妻子。」

出 23 [20]看哪，我【指上帝】差遣使者在你前面，在路上保護你，
領你到我所預備的地方去。【參詩九十一11】

徒 8 [26]有主的一個使者對腓利說：「起來！向南走，往那從耶
路撒冷下迦薩的路上去。」那路是曠野。

1.4.2.3. 直接向人說話

代上14 [14]大衛又求問上帝【因非利士人要攻打以色列人，參十四
13】。上帝說：「……[15]你聽見桑樹梢上有腳步的聲音，
就要出戰，因為上帝已經在你前頭去攻打非利士人的
軍隊。」

徒 23 [11]當夜，主站在保羅旁邊，說：「放心吧！你怎樣在耶路
撒冷為我作見證，也必怎樣在羅馬為我作見證。」

1.4.2.4. 用方法攔阻人的路

出 13 [17]法老容百姓去的時候，非利士地的道路雖近，上帝卻不
領他們從那裏走；因為上帝說：「恐怕百姓遇見打仗後
悔，就回埃及去。」[18]所以上帝領百姓繞道而行，走紅海曠
野的路。

徒 16 [6]聖靈既然禁止他們在亞細亞講道，他們就經過弗呂家、
加拉太一帶地方。[7]到了每西亞的邊界，他們想要往庇推
尼去，耶穌的靈卻不許。

1.4.3. 如何尋求上帝的指引

1.4.3.1. 要認定上帝的道路是正直的

何 14 [9]誰是智慧人，可以明白這些事；誰是通達人，可以知道
這一切。因為，耶和華的道是正直的；義人必在其中行
走，罪人卻在其上跌倒。

羅 12 [2]不要效法這個世界，只要心意更新而變化，叫你們察驗
何為上帝的善良、純全、可喜悅的旨意。

1.4.3.2. 不能單憑自己的計劃

箴 16 [9]人心籌算自己的道路；惟耶和華指引他的腳步。

耶 10 [23]耶和華啊，我曉得人的道路不由自己，行路的人也不能
定自己的腳步。

1.4.3.3. 先向上帝求指引及等候上帝的指引

代上14 [13]非利士人又布散在利乏音谷。[14]大衛又求問上帝。

詩 25 [4]耶和華啊，求你將你的道指示我，將你的路教訓我！[5]求
你以你的真理引導我，教訓我，因為你是救我的上帝。我
終日等候你。

徒 1 [24-25]眾人就禱告說：「主啊，你知道萬人的心，求你從這兩
個人中，指明你所揀選的是誰，叫他得這使徒的位
分。……」[26]於是眾人為他們搖籤，搖出馬提亞來；他就和
十一個使徒同列。

【另參：代下十八3～4；詩九十一15～16，一四三10】

1.4.3.4. 要用智慧專心尋求上帝

箴 3 [5]你要專心仰賴耶和華，不可倚靠自己的聰明，[6]在你一切
所行的事上都要認定他，他必指引你的路。

西 1 [9]……願你們在一切屬靈的智慧悟性上，滿心知道上帝的
旨意；[10]好叫你們行事為人對得起主，凡事蒙他喜悅，在
一切善事上結果子，漸漸地多知道上帝。

1.4.3.5. 從上帝的話語中尋求指引

詩 73 [24]你要以你的訓言引導我，以後必接我到榮耀裏。

詩119 [105]你的話是我腳前的燈，是我路上的光。

詩119 [133]求你用你的話使我腳步穩當，不許甚麼罪孽轄制我。

1.4.4. 如何行在祂的指引中

1.4.4.1. 憑著信心行，相信萬事都互相效力

羅 8 [28]我們曉得萬事都互相效力，叫愛上帝的人得益處，就是
按他旨意被召的人。

來 11 [8]亞伯拉罕因著信，蒙召的時候就遵命出去，往將來要得
為業的地方去；出去的時候，還不知往哪裏去。

雅 1 [5]你們中間若有缺少智慧的，應當求那厚賜與眾人、也不斥
責人的上帝，主就必賜給他。[6]只要憑著信心求，一點不疑
惑；因為那疑惑的人，就像海中的波浪，被風吹動翻騰。

1.4.4.2. 聽憑上帝的指示而行，否則必蒙受羞辱

民 9 [23]他們遵耶和華的吩咐安營，也遵耶和華的吩咐起行。他
們守耶和華所吩咐的，都是憑耶和華吩咐摩西的。

代上14 [14]大衛又求問上帝【因非利士人要攻打以色列人，參十四
13】。……[16]大衛就遵著上帝所吩咐的，攻打非利士人的
軍隊，從基遍直到基色。

賽 30 [1]耶和華說：禍哉！這悖逆的兒女。他們同謀，卻不由於
我，結盟，卻不由於我的靈，以致罪上加罪；[2]起身下埃
及去，並沒有求問我……。[3]所以，法老的力量必作你們
的羞辱。

1.5. 審判

在人世間強權好像戰勝公理，可是基督徒相信上帝鑒察善人惡人，並且按所定的日期施行審判。人所作的事情，連一切隱藏的事，在審判的日子，都被揭露。本著聖靈藉良知的責備，基督徒敏銳於上帝對內心的動機和行事的方式的鑒察。基督徒也是人，會有錯誤。但由於基督徒懂得向上帝認罪，悔改更新，以正確的動機和態度生活，因此審判並不可怕。審判是接受上帝恩典的機會。當我們想到末世大審判的時候，亦不會恐懼，因為上帝應許我們，基於我們對主耶穌基督的信心，我們的罪被赦免並且獲得永遠的生命。

1.5.1. 上帝的審判

1.5.1.1. 上帝有至終審判的權柄

伯 34 [23]上帝審判人，不必使人到他面前再三鑒察。

詩 9 [7]惟耶和華坐著為王，直到永遠；他已經為審判設擺他的寶座。

1.5.1.2. 上帝是按公義審判

詩 98 [8]願大水拍手；願諸山在耶和華面前一同歡呼；[9]因為他來要審判遍地。他要按公義審判世界，按公正審判萬民。

箴 15 [3]耶和華的眼目無處不在；惡人善人，他都鑒察。

鴻 1 [3]耶和華不輕易發怒，大有能力，萬不以有罪的為無罪。他乘旋風和暴風而來，雲彩為他腳下的塵土。

【另參：詩七11；西三25】

1.5.1.3. 上帝不是憑外貌審判人

申 1 [17]審判的時候，不可看人的外貌……因為審判是屬乎上帝的。若有難斷的案件，可以呈到我這裏，我就判斷。【參申十六19】

約 7 [21]耶穌說：「……[24]不可按外貌斷定是非，總要按公平斷定是非。」【參約八15】

1.5.1.4. 上帝會按人的言語行為進行審判，包括人暗中所行的

傳 12 [14]因為人所做的事，連一切隱藏的事，無論是善是惡，上帝都必審問。

太 12 [36]我又告訴你們，凡人所說的閒話，當審判的日子，必要句句供出來。

太 24 [50]在想不到的日子，不知道的時辰，那僕人的主人要來，[51]重重地處治他【指不忠心的僕人】，定他和假冒為善的人同罪；在那裏必要哀哭切齒了。【參路十二46】

【另參：詩七十五2；傳三17，十一9；瑪三5；太十六27；可八38；約五28；羅二5；林前五9】

1.5.2. 受審判的人

1.5.2.1. 上帝會審判祂的兒女

羅 14 [10]你這個人，為甚麼論斷弟兄呢？又為甚麼輕看弟兄呢？因我們都要站在上帝的臺前。

林後 5 [10]因為我們眾人必要在基督臺前顯露出來，叫各人按著本身所行的，或善或惡受報。

1.5.2.2. 未信的人必面對生死的審判

來 9 [2]按著定命，人人都有一死，死後且有審判。

啟 20 [11]我又看見一個白色的大寶座與坐在上面的……[13]……他們都照各人所行的受審判。【參12～14節】

1.5.2.3. 不論善人惡人都要受審判

箴 15 [3]耶和華的眼目無處不在；惡人善人，他都鑒察。

傳 3 [17]我心裏說，上帝必審判義人和惡人；因為在那裏，各樣事務，一切工作，都有定時。

1.5.2.4. 凡侮蔑上帝的、苟合行淫的人必受審判

撒上 6 [19]耶和華因伯・示麥人擅觀他的約櫃，就擊殺了他們七十人；那時有五萬人在那裏。百姓因耶和華大大擊殺他們，就哀哭了。

代上13 [10]耶和華向他【指烏撒】發怒，因他伸手扶住約櫃擊殺他，他就死在上帝面前。【參12～14節】

來 13 [4]婚姻，人人都當尊重，牀也不可污穢；因為苟合行淫的人，上帝必要審判。

1.5.3. 審判帶著刑罰

1.5.3.1. 從歷史顯出審判帶著刑罰

民 16 [31]摩西剛說完了這一切話，他們【指可拉黨，他們因叛變
而被上帝所罰】腳下的地就開了口，[32]把他們和他們的家
眷，並一切屬可拉的人丁、財物，都吞下去。【參2～
31節】

撒下21 [1]大衛年間有饑荒，一連三年，大衛就求問耶和華。耶和
華說：「這饑荒是因掃羅和他流人血之家殺死基遍人。」

何 9 [7]以色列人必知道降罰的日子臨近，報應的時候來到。民
說：作先知的是愚昧；受靈感的是狂妄，皆因他們多多作
孽，大懷怨恨。

【另參：撒下二十四章；徒五1～11】

1.5.3.2. 上帝按祂的日子施報

結 7 [4]我眼必不顧惜你，也不可憐你，卻要按你所行的報應
你，照你中間可憎的事刑罰你。你就知道我是耶和華。

番 1 [15]那日【指審判的日子】是忿怒的日子，是急難困苦的日
子……[17]我必使災禍臨到人身上……[18]當耶和華發怒的日
子……他的忿怒如火必燒滅全地，毀滅這地的一切居民，
而且大大毀滅。

太 13 [30]……當收割的時候……先將稗子薅出來，捆成捆，留著
燒；惟有麥子要收在倉裏。……[40]將稗子薅出來用火焚
燒，世界的末了也要如此。【參24～30、36～43節】

【另參：詩六十二12；哀二2～5；結二十二31；摩三2；俄15節；太三10，二十五46】

1.5.3.3. 人若悔改，必不受刑罰

亞 8 [14]萬軍之耶和華如此說：「你們列祖惹我發怒的時候，我怎
樣定意降禍，並不後悔。[15]現在我照樣定意施恩與耶路撒

冷和猶大家，你們不要懼怕。……」

路 15 [10]我告訴你們，一個罪人悔改，在上帝的使者面前也是這
樣為他歡喜。

1.6. 上帝以公平待你

聖經教導我們上帝是公義的，因此我們要以公義待人處事。公義與慈愛並沒有矛盾，慈愛並不等於縱容，而是按公義待人。公義是合乎真理，與罪惡隔絕。不同的人對公義有不同的標準，惟有上帝衡量人心。按聖經的教導，世上沒有人能夠達到上帝所訂的公義的標準。主耶穌基督的犧牲讓人能夠免除罪的刑罰，並藉著耶穌基督的公義滿足上帝對人公義的要求。主耶穌基督的救恩激發人加倍努力實踐公義，在充滿罪惡的世界中見證上帝的真實。因此，基督徒應該遠離惡人和惡事，以公平正直的原則對人對事。

1.6.1. 上帝看公義

1.6.1.1. 公義是從上帝而來

伯 8 [5]你若殷勤地尋求上帝，向全能者懇求；[6]你若清潔正直，
他必定為你起來，使你公義的居所興旺。

詩 51 [10]上帝啊，求你為我造清潔的心，使我裏面重新有正直
的靈。

箴 21 [2]人所行的，在自己眼中都看為正；惟有耶和華衡量人心。

【另參：賽四十五23～24】

1.6.1.2. 上帝喜愛公義及親自成為人的義

詩 11 [7]因為耶和華是公義的，他喜愛公義；正直人必得見他的面。

羅 3 [25]上帝設立耶穌作挽回祭，是憑著耶穌的血，藉著人的
信，要顯明上帝的義；因為他用忍耐的心寬容人先時所犯
的罪，[26]好在今時顯明他的義，使人知道他自己為義，也
稱信耶穌的人為義。

1.6.1.3. 基督使我們成為義人

羅 3 [10]就如經上所記：沒有義人，連一個也沒有。……[24]如今卻
蒙上帝的恩典，因基督耶穌的救贖，就白白地稱義。

林後 5 [21]上帝使那無罪的，替我們成為罪，好叫我們在他裏面成
為上帝的義。

彼前 2 [24]他【指基督】被掛在木頭上，親身擔當了我們的罪，使我
們既然在罪上死，就得以在義上活。因他受的鞭傷，你們
便得了醫治。

1.6.1.4. 義人必因信得生

哈 2 [4]迦勒底人自高自大，心不正直；惟義人因信得生。

羅 1 [17]因為上帝的義正在這福音上顯明出來；這義是本於信，
以至於信。如經上所記：「義人必因信得生。」

腓　3 [9]並且得以在他【指基督】裏面，不是有自己因律法而得的義，乃是有信基督的義，就是因信上帝而來的義。

【另參：羅四20～24；加三11】

1.6.1.5. 行惡的必不能活

結 18 [24]義人若轉離義行而作罪孽，照著惡人所行一切可憎的事而行，他豈能存活嗎？……他必因所犯的罪、所行的惡死亡。……[27]……惡人若回頭離開所行的惡，行正直與合理的事，他必將性命救活了。

但　9 [14]所以耶和華留意使這災禍臨到我們身上，因為耶和華——我們的上帝在他所行的事上都是公義；我們並沒有聽從他的話。

1.6.2. 信徒對公義的態度

1.6.2.1. 以公義作為行事指標

箴　4 [18]但義人的路好像黎明的光，越照越明，直到日午。

賽 28 [17]我必以公平為準繩，以公義為線鉈。

彌　6 [8]世人哪，耶和華已指示你何為善。……只要你行公義，好憐憫，存謙卑的心，與你的上帝同行。

【另參：王下十四5；詩十五1；弗六14；彼前一17】

1.6.2.2. 守道就是行公義

詩 18 [20]耶和華按著我的公義報答我，按著我手中的清潔賞賜我。
[21]因為我遵守了耶和華的道，未曾作惡離開我的上帝。

結 18 [9]遵行我的律例，謹守我的典章，按誠實行事——這人是公義的，必定存活。這是主耶和華說的。

提後 3 [16]聖經都是上帝所默示的，於教訓、督責、使人歸正、教導人學義都是有益的。

【另參：詩一1～3，一一九1】

1.6.2.3. 公義的標準不可受羣眾影響

出 23 [2]不可隨眾行惡；不可在爭訟的事上隨眾偏行，作見證屈枉正直。

路 6 [38]你們要給人，就必有給你們的，並且用十足的升斗、連搖帶按，上尖下流的、倒在你們懷裏；因為你們用甚麼量器量給人，也必用甚麼量器量給你們。【參可四24】

1.6.2.4. 不可屈枉正直

出 23 [6]不可在窮人爭訟的事上屈枉正直。

申 27 [19]向寄居的和孤兒寡婦屈枉正直的，必受咒詛！

1.6.3. 上帝看不信者

1.6.3.1. 不信者不屬於上帝，又沒有永生

羅 1 [21]因為，他們雖然知道上帝，卻不當作上帝榮耀他，也不感謝他。他們的思念變為虛妄，無知的心就昏暗了。

羅 8 [9]如果上帝的靈住在你們心裏，你們就不屬肉體，乃屬聖靈了。人若沒有基督的靈，就不是屬基督的。

林前 1 [18]因為十字架的道理，在那滅亡的人為愚拙；在我們得救的人，卻為上帝的大能。

【另參：提後三1～7；來四2～3；約壹五10～12】

1.6.3.2. 信與不信是不相配的，但要向不信者傳揚真理

書 23 [7]不可與你們中間所剩下的這些國民攙雜。他們的神，你們不可提他的名……也不可事奉、叩拜；[8]只要照著你們到今日所行的，專靠耶和華——你們的上帝。

徒 17 [16]保羅在雅典……看見滿城都是偶像，就心裏著急；[17]於是在會堂裏與猶太人和虔敬的人，並每日在市上所遇見的人，辯論。[18]還有伊壁鳩魯和斯多亞兩門的學士，與他爭論。

林後 6 [14]你們和不信的原不相配，不要同負一軛。義和不義有甚
麼相交呢？……[17]……你們務要從他們中間出來，與他們
分別；不要沾不潔淨的物，我就收納你們。

【另參：詩一1，二十六5；林前七15～16】

1.6.3.3. 不信的人被世界弄瞎了眼，看不見神蹟

太 13 [58]耶穌因為他們不信，就在那裏不多行異能了。

約 12 [37]他雖然在他們面前行了許多神蹟，他們還是不信他。

林後 4 [4]此等不信之人被這世界的神弄瞎了心眼，不叫基督榮耀
福音的光照著他們。

2. 你與上帝的關係

2.1. 尊上帝為聖

崇拜偶像就是承認上帝以外的其他神祇的主權，並且向他們祈求保佑。以色列人離開埃及以後，被試探將代表風調雨順、國泰民安的巴力等同無形無像的耶和華。以色列人表面上仍然信奉耶和華，只是以代表巴力的金牛來象徵耶和華上帝。以色列人崇拜偶像，信仰變得世俗化，人看重現世豐富的物質生活過於屬靈生活。當人只會以現世物質上的豐富作為信仰的具體表達的時候，就漸漸失去為信仰付上代價，為屬靈生命的成長而渴望明白上帝心意的迫切感。因此，我們應該緊記，除了上帝以外沒有別神。

2.1.1. 信徒不能有別的神或偶像

2.1.1.1. 這是誡命

出 20 [3]除了我以外，你不可有別的神。

申 4 [23]你們要謹慎，免得忘記耶和華——你們上帝與你們所立的
約，為自己雕刻偶像，就是耶和華——你上帝所禁止你做
的偶像。

賽 42 [8]我是耶和華，這是我的名；我必不將我的榮耀歸給假
神，也不將我的稱讚歸給雕刻的偶像。

2.1.1.2. 信主之後要除掉偶像

書 24 [14]現在你們要敬畏耶和華，誠心實意地事奉他，將你們列
祖在大河那邊和在埃及所事奉的神除掉，去事奉耶和華。

士 10 [15]以色列人對耶和華說：「我們犯罪了，任憑你隨意待我們
吧！只求你今日拯救我們。」[16]以色列人就除掉他們中間的
外邦神，事奉耶和華。

2.1.1.3. 偶像使人忘掉上帝，不能專心事奉上帝

詩106 [19]他們在何烈山造了牛犢，叩拜鑄成的像。[20]如此將他們榮
耀的主換為吃草之牛的像，[21]忘了上帝他們的救主；他曾
在埃及行大事，[22]在含地行奇事，在紅海行可畏的事。

路 16 [13]一個僕人不能事奉兩個主；不是惡這個愛那個，就是重
這個輕那個。你們不能又事奉上帝，又事奉瑪門。

2.2. 認罪與赦罪

認罪的基礎是上帝的赦罪，若上帝不是首先設立救恩，罪人沒有獲得赦免的機會。反過來說，若罪人沒有認罪的誠意，亦會白白錯過上帝的恩賜。人犯罪帶來罪疚感、羞恥感，使人不敢面對上帝、不敢在上帝面前求大事。因此，我們應當切實承認自己的罪，改過自新。作為領袖的，必須帶領會眾認識自己的罪，同時引導羣眾認罪。一個敢於向上帝認罪的人，生命會產生改變。認罪的人會經歷上帝赦罪的力量，生命的敗壞獲得更新改變，人格獲得重整，心靈得到醫治。

2.2.1. 上帝如何對待罪人

2.2.1.1. 上帝向犯罪而不悔改的人發怒

書　7 [1]以色列人在當滅的物上犯了罪；因為猶大支派中，謝拉
的曾孫，撒底的孫子，迦米的兒子亞干取了當滅的物；耶
和華的怒氣就向以色列人發作。

羅　1 [18]原來，上帝的忿怒從天上顯明在一切不虔不義的人身
上，就是那些行不義阻擋真理的人。

2.2.1.2. 其他：上帝尋找罪人；上帝施行審判

路 15 [3]耶穌就用比喻說：[4]「你們中間誰有一百隻羊失去一隻，
不把這九十九隻撇在曠野、去找那失去的羊，直到找著
呢？[5]找著了，就歡歡喜喜地扛在肩上，回到家裏。」【參
太十八12～14】

彼前 4 [17]因為時候到了，審判要從上帝的家起首。若是先從我們
起首，那不信從上帝福音的人將有何等的結局呢？[18]若是
義人僅僅得救，那不虔敬和犯罪的人將有何地可站呢？

2.2.2. 罪

2.2.2.1. 世人都犯了罪

耶 17 [9]人心比萬物都詭詐，壞到極處，誰能識透呢？

羅　3 [10]就如經上所記：沒有義人，連一個也沒有。[11]沒有明白
的；沒有尋求上帝的；[12]都是偏離正路，一同變為無用。
沒有行善的，連一個也沒有。

羅　3 [23]……世人都犯了罪，虧缺了上帝的榮耀。

【另參：詩五十一5；羅二1，七15】

2.2.2.2. 罪沒有輕重大小之分

撒上15 [23]悖逆的罪與行邪術的罪相等；頑梗的罪與拜虛神和偶

像的罪相同。你既厭棄耶和華的命令，耶和華也厭棄你作王。

雅 4 [17]人若知道行善，卻不去行，這就是他的罪了。

2.2.2.3. 犯罪的人都是無知的

詩 36 [1]惡人的罪過在他心裏說：我眼中不怕上帝！[2]他自誇自媚，以為他的罪孽終不顯露，不被恨惡。

羅 1 [21]因為，他們雖然知道上帝，卻不當作上帝榮耀他，也不感謝他。他們的思念變為虛妄，無知的心就昏暗了。

【另參：詩五十三1】

2.2.3. 犯罪的結局

2.2.3.1. 罪人要承受結果，成為罪的奴僕

民 15 [30]但那擅敢行事的……他褻瀆了耶和華，必從民中剪除。
[31]因他藐視耶和華的言語……那人總要剪除；他的罪孽要歸到他身上。

約 8 [34]……我【指耶穌】實實在在地告訴你們，所有犯罪的就是罪的奴僕。[35]奴僕不能永遠住在家裏；兒子是永遠住在家裏。

羅 6 [23]……罪的工價乃是死。

【另參：創二16～三8；羅七11；雅一15】

2.2.3.2. 罪帶來羞恥

創 3 [7]他們【指亞當與夏娃】二人的眼睛就明亮了，才知道自己是赤身露體……[10]他說：「我在園中聽見你的聲音，我就害怕；因為我赤身露體，我便藏了。」【參三章】

拉 9 [6]……我【指以斯拉】的上帝啊，我抱愧蒙羞，不敢向我上帝仰面；因為我們的罪孽滅頂，我們的罪惡滔天。

2.2.3.3. 罪人必受懲罰

出 32 [34]現在你去領這百姓，往我所告訴你的地方去，我的使者必在你前面引路；只是到我追討的日子，我必追討他們的罪。

路 12 [10]凡說話干犯人子的，還可得赦免；惟獨褻瀆聖靈的，總不得赦免。【參太十二32；可三29～30】

林前 5 [1]風聞在你們中間有淫亂的事。這樣的淫亂連外邦人中也沒有，就是有人收了他的繼母。……[5]要把這樣的人交給撒但，敗壞他的肉體，使他的靈魂在主耶穌的日子可以得救。

【另參：約三19～20；來十二16～17】

2.2.3.4. 死的結局

結 18 [4]看哪，世人都是屬我的；為父的怎樣屬我，為子的也照樣屬我；犯罪的，他必死亡。

羅 5 [12]這就如罪是從一人入了世界，死又是從罪來的，於是死就臨到眾人，因為眾人都犯了罪。

雅 1 [14]但各人被試探，乃是被自己的私欲牽引誘惑的。[15]私欲既懷了胎，就生出罪來；罪既長成，就生出死來。

2.2.4. 如何面對罪

2.2.4.1. 不犯罪是福氣

羅 4 [8]主不算為有罪的，這人是有福的。……[6]正如大衛稱那在行為以外蒙上帝算為義的人是有福的。

羅 14 [22]你有信心，就當在上帝面前守著。人在自己以為可行的事上能不自責，就有福了。

2.2.4.2. 要用諸般方法離開罪

詩119 [11]我將你的話藏在心裏，免得我得罪你。……[128]你一切的訓詞，在萬事上我都以為正直；我卻恨惡一切假道。

箴 1 [10]我兒，惡人若引誘你，你不可隨從。……[15]我兒，不要與
他們同行一道，禁止你腳走他們的路。[16]因為，他們的腳
奔跑行惡；他們急速流人的血。

來 12 [1]我們既有這許多的見證人，如同雲彩圍著我們，就當放
下各樣的重擔，脫去容易纏累我們的罪，存心忍耐，奔那
擺在我們前頭的路程。

【另參：多三3～5】

2.2.4.3. 要阻止罪的蔓延

太 18 [8]倘若你一隻手，或是一隻腳，叫你跌倒，就砍下來丟
掉。你缺一隻手，或是一隻腳，進入永生，強如有兩手兩
腳被丟在永火裏。【參太五29～30；可九43～47】

可 7 [20]……從人裏面出來的，那才能污穢人；[21]因為從裏面，就
是從人心裏，發出惡念、苟合……。[23]這一切的惡……能
污穢人。【參太十五18～20】

加 6 [1]弟兄們，若有人偶然被過犯所勝，你們屬靈的人就當
用溫柔的心把他挽回過來；又當自己小心，恐怕也被
引誘。

2.2.5. 認罪

2.2.5.1. 犯罪後的罪咎感

太 27 [3]這時候，賣耶穌的猶大看見耶穌已經定了罪，就後
悔……[5]猶大就把那銀錢丟在殿裏，出去吊死了。

拉 9 [6]我【指以斯拉】的上帝啊，我抱愧蒙羞，不敢向我上帝仰
面；因為我們的罪孽滅頂，我們的罪惡滔天。

2.2.5.2. 必須要承認所犯的罪

利 5 [5]他有了罪的時候，就要承認所犯的罪。

箴 28 [13]遮掩自己罪過的，必不亨通；承認離棄罪過的，必蒙憐恤。
路　5 [31]無病的人用不著醫生；有病的人才用得著。[32]我來本不是
召義人悔改，乃是召罪人悔改。【參太九12；可二17】

2.2.5.3. 認罪是悔改的表現

出　9 [27]法老打發人召摩西、亞倫來，對他們說：「這一次我犯了
罪了。耶和華是公義的；我和我的百姓是邪惡的。……」
[29]摩西對他說：「……[30]至於你和你的臣僕，我知道你們還
是不懼怕耶和華上帝。」
約　8 [10]耶穌……對她說：「婦人【指正行淫時被捉拿的婦人；參
約八1～10】，……沒有人定你的罪嗎？」[11]她說：「主啊，
沒有。」耶穌說：「我也不定你的罪。去吧，從此不要再犯
罪了！」

2.2.5.4. 認罪是在赦罪之先

詩 25 [11]耶和華啊，求你因你的名赦免我的罪，因為我的罪重大。
徒　3 [19]所以，你們當悔改歸正，使你們的罪得以塗抹……。
約壹 1 [8]我們若說自己無罪，便是自欺，真理不在我們心裏了。
[9]我們若認自己的罪，上帝是信實的，是公義的，必要赦
免我們的罪，洗淨我們一切的不義。

【另參：代上二十一8；詩十九12，四十一4，五十一1～10，一三九23～24】

2.2.5.5. 彼此認罪，就得醫治

拉 10 [1]以斯拉禱告，認罪，哭泣，俯伏在上帝殿前的時候，有
以色列中的男女孩童聚集到以斯拉那裏，成了大會，眾民
無不痛哭。
雅　5 [16]所以你們要彼此認罪，互相代求，使你們可以得醫治。
義人祈禱所發的力量是大有功效的。
約壹 5 [16]人若看見弟兄犯了不至於死的罪，就當為他祈求，上帝

必將生命賜給他；有至於死的罪，我不說當為這罪祈求。

【另參：尼一4～6；太十八15】

2.2.6. 上帝赦免人的罪

2.2.6.1. 上帝願意人悔改，喜愛施恩

珥 2 [12]耶和華說：雖然如此，你們應當……[13]……歸向耶和華——
你們的上帝；因為他有恩典……並且後悔不降所說的災。

路 15 [10]我【指耶穌】告訴你們，一個罪人悔改，在上帝的使者面
前也是這樣為他歡喜。【參十五11～32】

羅 8 [1]如今，那些在基督耶穌裏的就不定罪了。[2]因為賜生命聖靈
的律，在基督耶穌裏釋放了我，使我脫離罪和死的律了。

【另參：詩一四五5；彌七18；太三2；可一4；路三3；羅六6；來十17】

2.2.6.2. 上帝不但赦免人所認的罪，也不記念所犯的罪

詩 34 [18]耶和華靠近傷心的人，拯救靈性痛悔的人。

賽 43 [25]惟有我【指上帝】為自己的緣故塗抹你的過犯；我也不記
念你的罪惡。

約壹 2 [1]……若有人犯罪，在父那裏我們有一位中保，就是那義
者耶穌基督。[2]他為我們的罪作了挽回祭，不是單為我們
的罪，也是為普天下人的罪。

【另參：代下七14；詩三十二5，六十五3，八十六5，一三〇3；賽四十四22～23；耶五十20；太六12；路十一4；約壹一9】

2.2.6.3. 上帝潔淨人的罪，並為人類作挽回祭

賽 1 [18]耶和華說：你們來，我們彼此辯論。你們的罪雖像硃
紅，必變成雪白；雖紅如丹顏，必白如羊毛。

結 36 [25]我必用清水灑在你們身上，你們就潔淨了。我要潔淨你
們，使你們脫離一切的污穢，棄掉一切的偶像。

約壹 2 [2]他為我們的罪作了挽回祭，不是單為我們的罪，也是為
普天下人的罪。

2.2.6.4. 上帝醫治從罪而來的傷害

何 14 [4]我必醫治他們背道的病，甘心愛他們；因為我的怒氣向
他們轉消。

約壹 1 [9]我們若認自己的罪，上帝是信實的，是公義的，必要赦
免我們的罪，洗淨我們一切的不義。

2.2.6.5. 一心悔改的人蒙上帝悅納

詩 66 [18]我若心裏注重罪孽，主必不聽。[19]但上帝實在聽見了；他
側耳聽了我禱告的聲音。[20]上帝是應當稱頌的！他並沒有
推卻我的禱告，也沒有叫他的慈愛離開我。

提前 1 [12]我感謝……我們主基督耶穌，因他以我有忠心，派我服
事他。[13]我【指保羅】從前是褻瀆上帝的……然而我還蒙了
憐憫……。[14]……使我在基督耶穌裏有信心和愛心。

2.3. 讚美上帝

上帝給人音樂的恩賜，用來敬拜和榮耀上帝。音樂亦具備教育功用，讓人從歌詞裏獲得屬靈的教導。音樂亦有抒發情感的作用，幫助人在孤單失望中重新振作。音樂本身是中性的。但歷代教會傳統流傳下來的音樂遺產會被視為聖樂。在著重感性的文化中成長的一代，重視當下的感受多於承繼源遠流長的教會音樂傳統。在缺乏音樂訓練的背景下，他們容易覺得頌唱節數較多的詩歌較沉悶。而重複頌唱調子簡單的短歌，確實能幫助人容易投入音樂的內容。不過，我們需要從中取得平衡，在順應潮流趨勢頌唱短歌的同時，亦不可忘記寶貴的音樂傳統。

2.3.1. 頌歌的作用

2.3.1.1. 可以表達對上帝的熱情

撒下 6 [14]大衛穿著細麻布的以弗得，在耶和華面前極力跳舞。
[15]這樣，大衛和以色列的全家歡呼吹角，將耶和華的約
櫃抬上來。

詩 33 [2]你們應當彈琴稱謝耶和華，用十弦瑟歌頌他。[3]應當向他
唱新歌，彈得巧妙，聲音洪亮。

詩 47 [1]萬民哪，你們都要拍掌！要用誇勝的聲音向上帝呼喊！

【另參：詩九十八4～6；亞二10】

2.3.1.2. 可以事奉上帝

代上 6 [31]約櫃安設之後，大衛派人在耶和華殿中管理歌唱的事。
[32]他們就在會幕前當歌唱的差，及至所羅門在耶路撒冷建
造了耶和華的殿，他們便按著班次供職。

詩 43 [4]我就走到上帝的祭壇，到我最喜樂的上帝那裏。上帝
啊，我的上帝，我要彈琴稱讚你！

詩 81 [2]唱起詩歌，打手鼓，彈美琴與瑟。[3]當在月朔並月望——
我們過節的日期吹角，[4]因這是為以色列定的律例，是雅
各上帝的典章。

2.3.1.3. 可以用來感謝上帝及記念上帝的作為

民 10 [10]在你們快樂的日子和節期，並月朔，獻燔祭和平安祭，
也要吹號，這都要在你們的上帝面前作為紀念。我是耶和
華——你們的上帝。

撒下22 [1]當耶和華救大衛脫離一切仇敵和掃羅之手的日子，他向
耶和華念這詩……。

詩 33 [2]你們應當彈琴稱謝耶和華，用十弦瑟歌頌他。[3]應當向他
唱新歌，彈得巧妙，聲音洪亮。

【另參：詩一〇六1】

2.3.1.4. 其他：可以驅走邪魔、可以榮耀上帝

撒上16 [15]掃羅的臣僕對他說：「現在有惡魔從上帝那裏來擾亂你。[16]……找一個善於彈琴的來，等上帝那裏來的惡魔臨到你身上的時候，使他用手彈琴，你就好了。」

西 3 [16]當用各樣的智慧，把基督的道理豐豐富富地存在心裏，用詩章、頌詞、靈歌，彼此教導，互相勸戒，心被恩感，歌頌上帝。【參伯三十六24】

2.3.2. 以頌歌讚美上帝

2.3.2.1. 凡有氣息的都要讚美上帝

詩103 [1]我的心哪，你要稱頌耶和華！凡在我裏面的，也要稱頌他的聖名！

詩150 [6]凡有氣息的都要讚美耶和華！你們要讚美耶和華！

啟 5 [11]我又看見且聽見，寶座與活物並長老的周圍有許多天使的聲音；他們的數目有千千萬萬，[12]大聲說：曾被殺的羔羊是配得權柄……榮耀、頌讚的。【參十四1～3，十五2～3】

【另參：詩五十七7，六十五1，七十4】

2.3.2.2. 要讚美上帝的創造及作為

出 15 [1]……我【指摩西】要向耶和華歌唱，因他大大戰勝，將馬和騎馬的投在海中。……[2]耶和華是我的力量，我的詩歌，也成了我的拯救。這是我的上帝，我要讚美他……。

詩 9 [1]我要一心稱謝耶和華；我要傳揚你一切奇妙的作為。

詩148 [5]願這些都讚美耶和華的名！因他一吩咐便都造成。

【另參：詩一四九3～4】

2.3.2.3. 讚美上帝的恩惠

詩103 [2]我的心哪，你要稱頌耶和華！不可忘記他的一切恩惠！

賽 12 [1]到那日，你必說：耶和華啊，我要稱謝你！因為你雖然
向我發怒，你的怒氣卻已轉消；你又安慰了我。

2.3.2.4. 讚美上帝的話及祂的權能

詩 47 [7]因為上帝是全地的王；你們要用悟性歌頌。

詩 56 [10]我倚靠上帝，我要讚美他的話；我倚靠耶和華，我要讚
美他的話。

啟 19 [1]此後，我聽見好像羣眾在天上大聲說：哈利路亞！救
恩、榮耀、權能都屬乎我們的上帝！

2.3.2.5. 以讚美為祭獻給上帝

詩 43 [4]我就走到上帝的祭壇，到我最喜樂的上帝那裏。上帝
啊，我的上帝，我要彈琴稱讚你！

來 13 [15]我們應當靠著耶穌，常常以頌讚為祭獻給上帝，這就是
那承認主名之人嘴唇的果子。

2.4. 禱告上帝

禱告的目的是宣認上帝的主權，並且祈求上帝的主權有更大的彰顯。禱告一方面是將我們的需要向上帝陳明；另一方面是尋求上帝的心意。禱告一方面是我們為自己及眾人代求；另一方面是對上帝發出感謝和讚美。禱告是人毫無保留地向上帝敞開自己，將內心的感受向上帝傾訴。我們在禱告中為自己的罪懊悔，為自己的痛苦哀傷。不過我們並非停留在自怨自艾的地步，而是將眼光集中於主耶穌基督身上。主耶穌基督就是那位曾經歷人間疾苦，了解人性限制，並且願意為世人的罪捨命的上帝。我們奉他的名字禱告，深信上帝垂聽，按祂的應許成就。

2.4.1. 禱告的原因

2.4.1.1. 向上帝求助

撒上 1 [10]哈拿心裏愁苦【參撒上一章】，就痛痛哭泣，祈禱耶和華。

詩 18 [6]我在急難中求告耶和華，向我的上帝呼求。他從殿中聽了我的聲音；我在他面前的呼求入了他的耳中。【參詩一一八5】

賽 26 [16]耶和華啊，他們在急難中尋求你；你的懲罰臨到他們身上，他們就傾心吐膽禱告你。

【另參：王下十九1；詩五1～3，四十13，五十六9，六十一1，七十5】

2.4.1.2. 向上帝求赦罪

詩 85 [1]耶和華啊……[2]你赦免了你百姓的罪孽，遮蓋了他們一切的過犯。[3]你收轉了所發的忿怒和你猛烈的怒氣。[4]拯救我們的上帝啊，求你使我們回轉，叫你的惱恨向我們止息。

詩139 [23]上帝啊，求你鑒察我，知道我的心思，試煉我，知道我的意念，[24]看在我裏面有甚麼惡行沒有，引導我走永生的道路。

2.4.2. 禱告的態度

2.4.2.1. 信徒要奉基督的名及按上帝的旨意禱告

可 14 [35]他【指耶穌】就稍往前走……[36]他說：「阿爸！父啊！在你凡事都能；求你將這杯撤去。然而，不要從我的意思，只要從你的意思。」【參太二十六39；路二十二42】

約 14 [13]你們奉我的名無論求甚麼，我必成就，叫父因兒子得榮耀。[14]你們若奉我的名求甚麼，我必成就。【參十五16，十六23～24】

約壹 5 [14]我們若照他的旨意求甚麼，他就聽我們……。[15]既然知道他聽我們一切所求的，就知道我們所求於他的，無不得著。
【另參：詩八十六11；徒一24～26；弗三12】

2.4.2.2. 在禱告中尋求上帝

詩 27 [8]你說：你們當尋求我的面。那時我心向你說：耶和華啊，你的面我正要尋求。

詩 42 [1]上帝啊，我的心切慕你，如鹿切慕溪水。[2]我的心渴想上帝，就是永生上帝；我幾時得朝見上帝呢？

詩123 [2]看哪，僕人的眼睛怎樣望主人的手，使女的眼睛怎樣望主母的手，我們的眼睛也照樣望耶和華——我們的上帝，直到他憐憫我們。

2.4.2.3. 要憑信心

太 21 [21]……你們若有信心，不疑惑……就是對這座山說：「你挪開此地，投在海裏！」也必成就。[22]你們禱告，無論求甚麼，只要信，就必得著。【參可十一22～24；約十四13～14】

雅 1 [6]只要憑著信心求，一點不疑惑；因為那疑惑的人，就像海中的波浪，被風吹動翻騰。

雅 5 [15]出於信心的祈禱要救那病人，主必叫他起來；他若犯了罪，也必蒙赦免。

2.4.2.4. 要坦然無懼

來 4 [15]因我們的大祭司並非不能體恤我們的軟弱。他也曾凡事受過試探，與我們一樣，只是他沒有犯罪。[16]所以，我們只管坦然無懼地來到施恩的寶座前，為要得憐恤，蒙恩惠，作隨時的幫助。

約壹 5 [14]我們若照他的旨意求甚麼，他就聽我們，這是我們向他所存坦然無懼的心。[15]既然知道他聽我們一切所求的，就知道我們所求於他的，無不得著。

2.4.2.5. 要恆切警醒禱告，又可隨時禱告

詩 88 [1]耶和華——拯救我的上帝啊，我晝夜在你面前呼籲。[2]願我的禱告達到你面前；求你側耳聽我的呼求！

弗 6 [18]靠著聖靈，隨時多方禱告祈求；並要在此警醒不倦，為眾聖徒祈求。【參西四2】

雅 5 [17]以利亞與我們是一樣性情的人，他懇切禱告，求不要下雨，雨就三年零六個月不下在地上。[18]他又禱告，天就降下雨來，地也生出土產。

【另參：徒一14；帖前五17；彼前四7】

2.4.2.6. 要同心合意

徒 4 [23]二人既被釋放，就到會友那裏去，把祭司長和長老所說的話都告訴他們。[24]他們聽見了，就同心合意地高聲向上帝說……

徒 20 [36]保羅說完了這話，就跪下同眾人禱告。【參二十一5】

腓 1 [4]每逢為你們眾人祈求的時候，常是歡歡喜喜的祈求。

2.4.2.7. 要專心

詩109 [4]他們與我為敵以報我愛，但我專心祈禱。

詩145 [18]凡求告耶和華的，就是誠心求告他的，耶和華便與他們相近。[19]敬畏他的，他必成就他們的心願，也必聽他們的呼求，拯救他們。

但 10 [12]他【指加百列】就說：「但以理啊，不要懼怕！因為從你第一日專心求明白將來的事，又在你上帝面前刻苦己心，你的言語已蒙應允；我是因你的言語而來。」

2.4.2.8. 要學習退隱的／安靜地禱告，不可故意要人看見

太 6 [5]你們禱告的時候，不可像那假冒為善的人，愛站在會堂裏和十字路口上禱告，故意叫人看見。我實在告訴你們，他們已經得了他們的賞賜。

可 1 [35]次日早晨，天未亮的時候，耶穌起來，到曠野地方去，在那裏禱告。

路 6 [12]那時，耶穌出去，上山禱告，整夜禱告上帝。

2.4.2.9. 必要時要學習禁食禱告

尼 1 [4]我聽見這話【關於猶太人的景況，參尼一章】，就坐下哭泣，悲哀幾日，在天上的上帝面前禁食祈禱……。

太 6 [16]你們禁食的時候，不可像那假冒為善的人，臉上帶著愁容；因為他們把臉弄得難看，故意叫人看出他們是禁食。我實在告訴你們，他們已經得了他們的賞賜。

太 17 [21]至於這一類的鬼，若不禱告、禁食，他就不出來。【參可九29】

2.4.2.10. 其他：視禱告為獻祭、禱告動機要正確

詩141 [2]願我的禱告如香陳列在你面前！願我舉手祈求，如獻晚祭！

雅 4 [3]你們求也得不著，是因為你們妄求，要浪費在你們的宴樂中。

2.4.3. 禱告的對象

2.4.3.1. 為上帝的事工禱告

羅 1 [9]我在他兒子福音上，用心靈所事奉的上帝可以見證，我怎樣不住地提到你們；[10]在禱告之間常常懇求，或者照上帝的旨意，終能得平坦的道路往你們那裏去。

西 4 [3]也要為我們禱告，求上帝給我們開傳道的門，能以講基督的奧祕(我為此被捆鎖)，[4]叫我按著所該說的話將這奧祕發明出來。

來 13 [18]請你們為我們禱告，因我們自覺良心無虧，願意凡事按正道而行。[19]我更求你們為我禱告，使我快些回到你們那

裏去。

【另參：弗六19；腓一3～6】

2.4.3.2. 為別人代禱

約 17 [20]我【指耶穌】不但為這些人祈求，也為那些因他們的話信
我的人祈求。

徒 12 [5]於是彼得被囚在監裏；教會卻為他切切地禱告上帝。

腓 1 [4]每逢為你們眾人祈求的時候，常是歡歡喜喜的祈
求。……[9]我所禱告的，就是要你們的愛心在知識和各樣
見識上多而又多。

【另參：林後九14；西四12；帖前一2～3】

2.4.3.3. 其他：為國家禱告、聖靈為我們禱告

尼 5 [19]我的上帝啊，求你記念我為這百姓所行的一切事，施恩
與我。

羅 8 [26]況且，我們的軟弱有聖靈幫助；我們本不曉得當怎樣禱告，
只是聖靈親自用說不出來的歎息替我們禱告。[27]鑒察人心的，
曉得聖靈的意思，因為聖靈照著上帝的旨意替聖徒祈求。

2.4.4. 上帝垂聽人的禱告

2.4.4.1. 上帝願意聽禱告及悅納人求赦免的禱告

代下 7 [14]這稱為我名下的子民，若是自卑、禱告，尋求我的面，
轉離他們的惡行，我必從天上垂聽，赦免他們的罪，醫治
他們的地。

太 7 [7]你們祈求，就給你們；尋找，就尋見；叩門，就給你們
開門。[8]因為凡祈求的，就得著；尋找的，就尋見；叩門
的，就給他開門。【參11節；路十一9～13】

彼前 3 [12]因為，主的眼看顧義人；主的耳聽他們的祈禱。惟有行
惡的人，主向他們變臉。

2.4.4.2. 上帝會應允禱告

創 25 [21]以撒因他妻子不生育，就為她祈求耶和華；耶和華應允
他的祈求，他的妻子利百加就懷了孕。

代上 4 [10]雅比斯求告以色列的上帝說：「甚願你賜福與我，擴張我
的境界，常與我同在，保佑我不遭患難，不受艱苦。」上
帝就應允他所求的。

代下 6 [4]所羅門說：「耶和華——以色列的上帝是應當稱頌的！因
他親口向我父大衛所應許的，也親手成就了。」

【另參：賽六十五24】

2.4.4.3. 上帝垂聽虔誠人及愛祂的人的禱告

詩 4 [3]你們要知道，耶和華已經分別虔誠人歸他自己；我求告
耶和華，他必聽我。

詩 91 [14]上帝說：因為他專心愛我，我就要搭救他；因為他知道我
的名，我要把他安置在高處。[15]他若求告我，我就應允他；
他在急難中，我要與他同在；我要搭救他，使他尊貴。

來 5 [7]基督在肉體的時候，既大聲哀哭，流淚禱告，懇求那能
救他免死的主，就因他的虔誠蒙了應允。

【另參：詩三十四17；箴十24】

2.4.4.4. 上帝垂聽專心、誠心及同心的禱告

詩 6 [9]耶和華聽了我的懇求；耶和華必收納我的禱告。

但 10 [12]他【指加百列】就說：「但以理啊，不要懼怕！因為從你第
一日專心求明白將來的事，又在你上帝面前刻苦己心，你
的言語已蒙應允；我是因你的言語而來。」

太 18 [19]我又告訴你們，若是你們中間有兩個人在地上同心合
意地求甚麼事，我在天上的父必為他們成全。[20]因為無
論在哪裏，有兩三個人奉我的名聚會，那裏就有我在他
們中間。

【另參：詩二十八6，三十七3～5，一一六1～2】

2.4.4.5. 上帝垂聽哀傷人、貧窮人及軟弱人的禱告

詩 55 [17]我要晚上、早晨、晌午哀聲悲歎；他也必聽我的聲音。

詩102 [17]他垂聽窮人的禱告，並不藐視他們的祈求。

詩138 [3]我呼求的日子，你就應允我，鼓勵我，使我心裏有能力。

【另參：賽三十19】

2.4.4.6. 上帝不會聽存心犯罪及假冒為善的人的禱告

詩 66 [18]我若心裏注重罪孽，主必不聽。[19]但上帝實在聽見了；他
側耳聽了我禱告的聲音。

箴 28 [9]轉耳不聽律法的，他的祈禱也為可憎。

太 6 [5]你們禱告的時候，不可像那假冒為善的人……故意叫人
看見。……[6]你禱告的時候，要進你的內屋，關上門，禱
告你在暗中的父；你父在暗中察看，必然報答你。

【另參：結八18，十四4；彌三4；亞七13】

2.5. 一生學習真理

在一個價值相對化、是非黑白模糊不清的年代，我們更加需要學習真理。明白真理使人獲得智慧、生命獲得自由。我們需要以謙卑的心學習真理，以敬畏上帝的態度學習。我們不單追求對真理外在客觀的認知，更要追求生命內涵的改變。我們在真理面前更加了解自己的本相、接納自己的限制。在尋找真理時，我們獲得內心的滿足，並且充滿力量實踐真理。真理並非外在、抽象、與現實無關的邏輯推敲，亦不是一廂情願的想像或心理投射。真理是客觀的，亦是人可以主觀經驗的。

2.5.1. 真理

2.5.1.1. 在聖經、教會裏有真理

約 14 [6]耶穌說：「我就是道路、真理、生命；若不藉著我，沒有人能到父那裏去。」

約 17 [17]求你用真理使他們成聖；你的道就是真理。

提前 3 [15]倘若我耽延日久，你也可以知道在上帝的家中當怎樣行。這家就是永生上帝的教會，真理的柱石和根基。

2.5.1.2. 遵行真理的人是有福的

詩119 [57]耶和華是我的福分；我曾說，我要遵守你的言語。

詩119 [103]你的言語在我上膛何等甘美，在我口中比蜜更甜！

詩119 [130]你的言語一解開就發出亮光，使愚人通達。

2.5.1.3. 其他：真理歷久不衰；行真理的人活在光明中

詩 19 [4]它的量帶通遍天下，它的言語傳到地極。

約壹 1 [6]我們若說是與上帝相交，卻仍在黑暗裏行，就是說謊話，不行真理了。

2.5.2. 教導真理的

2.5.2.1. 聖靈教導信徒學習真理

約 14 [26]但保惠師，就是父因我的名所要差來的聖靈，他要將一切的事指教你們，並且要叫你們想起我對你們所說的一切話。

弗 1 [17]求我們主耶穌基督的上帝，榮耀的父，將那賜人智慧和啟示的靈賞給你們，使你們真知道他。

2.5.2.2. 君王要教導國民學習真理

代下17 [7]他【指猶大王約沙法】作王第三年，就差遣臣子……往猶

大各城去教訓百姓。[8]同著他們有利未人……又有祭
司……。[9]他們帶著耶和華的律法書，走遍猶大各城教訓
百姓。

詩 78 [1]我的民哪，你們要留心聽我的訓誨，側耳聽我口中的
話。[2]我要開口說比喻；我要說出古時的謎語。

2.5.2.3. 父母要教導兒女學習真理

申 6 [7]也要殷勤教訓你的兒女。無論你坐在家裏，行在路上，
躺下，起來，都要談論。[8]也要繫在手上為記號，戴在額
上為經文；[9]又要寫在你房屋的門框上，並你的城門上。

弗 6 [4]你們作父親的，不要惹兒女的氣，只要照著主的教訓和
警戒養育他們。

2.5.3. 學習真理的人

2.5.3.1. 牧者、信徒要學習真理

賽 50 [4]主耶和華賜我受教者的舌頭，使我知道怎樣用言語扶助
疲乏的人。主每早晨提醒，提醒我的耳朵，使我能聽，像
受教者一樣。

弗 4 [13]……認識上帝的兒子，得以長大成人，滿有基督長成
的身量，[14]使我們不再作小孩子，中了人的詭計和欺騙
的法術，被一切異教之風搖動，飄來飄去，就隨從各樣
的異端。

提後 2 [2]你在許多見證人面前聽見我所教訓的，也要交託那忠心
能教導別人的人。

【另參：羅十五14】

2.5.3.2. 其他：不行真理的人、離棄真理的人

羅 1 [18]原來，上帝的忿怒從天上顯明在一切不虔不義的人身
上，就是那些行不義阻擋真理的人。

來 6 [6]若是離棄道理，就不能叫他們從新懊悔了。因為他們把
上帝的兒子重釘十字架，明明地羞辱他。

2.5.4. 教導真理的態度

2.5.4.1. 以教導真理為念

徒 28 [31]放膽傳講上帝國的道，將主耶穌基督的事教導人，並沒
有人禁止。

西 1 [25]我照上帝為你們所賜我的職分作了教會的執事，要把上
帝的道理傳得全備，[26]這道理就是歷世歷代所隱藏的奧
祕；但如今向他的聖徒顯明了。

提前 4 [13]你要以宣讀、勸勉、教導為念，直等到我來。[14]你不要輕
忽所得的恩賜，就是從前藉著預言、在眾長老按手的時候
賜給你的。

2.5.4.2. 要殷勤地教導

申 6 [6]我今日所吩咐你的話都要記在心上，[7]也要殷勤教訓你的兒女。

箴 22 [6]教養孩童，使他走當行的道，就是到老他也不偏離。

2.5.4.3. 要以溫柔的心清楚講解真理

尼 8 [8]他們清清楚楚地念上帝的律法書，講明意思，使百姓明
白所念的。

提後 2 [24]然而主的僕人不可爭競，只要……[25]用溫柔勸戒那抵擋的
人；或者上帝給他們悔改的心，可以明白真道，[26]叫他們
這已經被魔鬼任意擄去的，可以醒悟，脫離他的網羅。

多 2 [7]你……在教訓上要正直、端莊，[8]言語純全，無可指責，
叫那反對的人，既無處可說我們的不是，便自覺羞
愧。……[15]這些事你要講明，勸戒人，用各等權柄責備
人；不可叫人輕看你。

【另參：提後二15】

2.5.5. 學習真理的態度

2.5.5.1. 以敬畏上帝的心學習，渴慕真理

詩119 [147]我趁天未亮呼求；我仰望了你的言語。……[161]首領無故
地逼迫我，但我的心畏懼你的言語。

箴 1 [7]敬畏耶和華是知識的開端；愚妄人藐視智慧和訓誨。

2.5.5.2. 以認識真理為至寶

箴 2 [2]側耳聽智慧，專心求聰明，[3]呼求明哲，揚聲求聰明，[4]尋
找它，如尋找銀子，搜求它，如搜求隱藏的珍寶，[5]你就
明白敬畏耶和華，得以認識上帝。

腓 3 [8]不但如此，我也將萬事當作有損的，因我以認識我主基
督耶穌為至寶。

2.5.5.3. 要持之以恆地學習及實踐真理

書 1 [8]這律法書不可離開你的口，總要晝夜思想，好使你謹守
遵行這書上所寫的一切話。如此，你的道路就可以亨通，
凡事順利。

約 13 [17]你們既知道這事【指耶穌向門徒洗腳】，若是去行就有
福了。

雅 1 [22]只是你們要行道，不要單單聽道，自己欺哄自己。

【另參：書二十三6；提後三6～7】

2.5.5.4. 要分辨應當學習的知識

太 7 [15]你們要防備假先知。他們到你們這裏來，外面披著羊
皮，裏面卻是殘暴的狼。

徒 17 [11]這地方的人賢於帖撒羅尼迦的人，甘心領受這道，天天
考查聖經，要曉得這道是與不是。

提前 6 [20]提摩太啊，你要保守所託付你的，躲避世俗的虛談和那
敵真道、似是而非的學問。[21]已經有人自稱有這學問，就
偏離了真道。

2.5.5.5. 要在知識上加上愛心

林前 8 [1]論到祭偶像之物，我們曉得我們都有知識。但知識是叫人自高自大，惟有愛心能造就人。

彼後 1 [6]有了知識，又要加上節制；有了節制，又要加上忍耐；有了忍耐，又要加上虔敬；[7]有了虔敬，又要加上愛弟兄的心；有了愛弟兄的心，又要加上愛眾人的心。

2.5.5.6. 認知個人的限制，並追求在真理中成長

林前13 [9]我們現在所知道的有限，先知所講的也有限，[10]等那完全的來到，這有限的必歸於無有了。

西 1 [9]……願你們在一切屬靈的智慧悟性上，滿心知道上帝的旨意；[10]好叫你們行事為人對得起主，凡事蒙他喜悅，在一切善事上結果子，漸漸地多知道上帝。

來 6 [1]所以，我們應當離開基督道理的開端，竭力進到完全的地步，不必再立根基，就如那懊悔死行、信靠上帝、[2]各樣洗禮、按手之禮、死人復活，以及永遠審判各等教訓。

2.5.6. 真理的益處

2.5.6.1. 使人有智慧

詩119 [130]你的言語一解開就發出亮光，使愚人通達。

箴 15 [2]智慧人的舌善發知識；愚昧人的口吐出愚昧。

提後 3 [15]並且知道你是從小明白聖經，這聖經能使你因信基督耶穌，有得救的智慧。

2.5.6.2. 能潔淨人的行為，又使人有能力

詩119 [9]少年人用甚麼潔淨他的行為呢？是要遵行你的話！

箴 24 [5]智慧人大有能力；有知識的人力上加力。[6]你去打仗，要憑智謀；謀士眾多，人便得勝。

2.5.6.3. 幫助人辯證信仰，不致跌倒

賽 28 [13]所以，耶和華向他們說的話是命上加命，令上加令，律
上加律，例上加例，這裏一點，那裏一點，以致他們前行
仰面跌倒，而且跌碎，並陷入網羅被纏住。

徒 17 [16]保羅在雅典……[17]……與猶太人和虔敬的人，並每日在市
上所遇見的人，辯論。……[32]眾人聽見從死裏復活的話，
就有譏誚他的……[34]但有幾個人貼近他，信了主……。

2.5.6.4. 真理使人剛強及自由

伯 4 [4]你【指上帝】的言語曾扶助那將要跌倒的人；你又使軟弱
的膝穩固。

箴 30 [5]上帝的言語句句都是煉淨的；投靠他的，他便作他們的
盾牌。[6]他的言語，你不可加添，恐怕他責備你，你就顯
為說謊言的。

約 8 [31]耶穌對信他的猶太人說：「你們若常常遵守我的道，就
真是我的門徒；[32]你們必曉得真理，真理必叫你們得以
自由。」

2.5.6.5. 其他：真理使人稱謝上帝；使人成聖

詩138 [4]耶和華啊，地上的君王都要稱謝你，因他們聽見了你口
中的言語。

約 17 [17]求你【指上帝】用真理使他們【指門徒】成聖；你的道就是
真理。[18]你怎樣差我【指耶穌】到世上，我也照樣差他們到
世上。[19]我為他們的緣故，自己分別為聖，叫他們也因真
理成聖。

2.6. 聖潔的生活

聖經教導我們上帝是聖潔的，祂不單滿有威嚴，並且審判罪惡。由於上帝是聖潔的，祂要求信靠祂的人，不單表面上過著宗教生活，而是從內心有純潔的思想，生活表現出聖潔的特質。上帝並非要人憑自己的意志過聖潔生活，而是要人時刻禱告認罪，按照聖經的話作抉擇，經歷一種被上帝分別為聖的祝福。基督徒被上帝分別為聖，並非比世人更高等，而是被上帝揀選與祂同工，參與上帝救贖世人的計劃。基督徒在世上仍然會經歷屬靈上的失敗，不過上帝仍然呼召人悔改，重新過聖潔的生活。

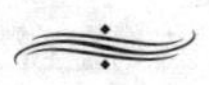

2.6.1. 如何獲得聖潔

2.6.1.1. 只有上帝能使人聖潔

詩 18 [20]耶和華按著我的公義報答我，按著我手中的清潔賞賜我。[21]因為我遵守了耶和華的道，未曾作惡離開我的上帝。

詩 51 [1]上帝啊……[5]我是在罪孽裏生的，在我母親懷胎的時候就有了罪。……[10]上帝啊，求你為我造清潔的心，使我裏面重新有正直的靈。

約 17 [17]求你用真理使他們成聖；你的道就是真理。

【另參：詩一一九2～3、9】

2.6.1.2. 聖潔不是靠外在的行為，是從心而發

太 5 [27]你們聽見有話說：「不可姦淫。」[28]只是我告訴你們，凡看見婦女就動淫念的，這人心裏已經與她犯姦淫了。

太 23 [27]……你們【指法利賽人】好像粉飾的墳墓，外面好看，裏面卻裝滿了死人的骨頭和一切的污穢。[28]你們也是如此，在人前，外面顯出公義來，裏面卻裝滿了假善和不法的事。

彼前 1 [22]你們既因順從真理，潔淨了自己的心，以致愛弟兄沒有虛假，就當從心裏彼此切實相愛。

2.6.1.3. 不放縱生活

林前 6 [15]豈不知你們的身子是基督的肢體嗎？我可以將基督的肢體作為娼妓的肢體嗎？斷乎不可！[16]豈不知與娼妓聯合的，便是與她成為一體嗎？因為主說：「二人要成為一體。」

加 5 [16]我說，你們當順著聖靈而行，就不放縱肉體的情欲了。

彼前 1 [14]你們既作順命的兒女，就不要效法從前蒙昧無知的時候那放縱私欲的樣子。[15]那召你們的既是聖潔，你們在一切所行的事上也要聖潔。[16]因為經上記著說：「你們要聖潔，因為我是聖潔的。」

2.6.2. 聖潔對信徒的重要性

2.6.2.1. 是信徒的表現

弗 5 [3]至於淫亂並一切污穢，或是貪婪，在你們中間連提都不
可，方合聖徒的體統。[4]淫詞、妄語，和戲笑的話都不相
宜；總要說感謝的話。

彼前 1 [14]你們既作順命的兒女，就不要效法從前蒙昧無知的時候
那放縱私欲的樣子。[15]那召你們的既是聖潔，你們在一切
所行的事上也要聖潔。[16]因為經上記著說：「你們要聖潔，
因為我是聖潔的。」【參22節】

約壹 3 [2]親愛的弟兄啊……[3]凡向他有這指望的，就潔淨自己，像
他潔淨一樣。

2.6.2.2. 使信徒有福氣及盼望

太 5 [8]清心的人有福了！因為他們必得見上帝。

多 2 [11]因為上帝救眾人的恩典已經顯明出來，[12]教訓我們除去不
敬虔的心和世俗的情欲……[13]等候所盼望的福，並等候至
大的上帝和我們救主耶穌基督的榮耀顯現。

2.7. 凡事感恩

基督徒凡事謝恩，因為上帝是良善的，祂創造世界和救贖世人，祂樂意垂聽禱告。基督徒應該常常數算上帝的恩典，以感恩的心述說上帝的作為。既然我們能夠認識這位充滿慈愛的上帝，我們在遇到人生逆境的時候，亦應該深信上帝必然看顧。當然人在遇到艱難的時候會發出埋怨，基督徒卻會學習仰望上帝的幫助。因此，基督徒常常從埋怨傷心變為感恩讚美。當人的內心充滿感謝和讚美的時候，亦會以欣賞的態度看人生。一個內心滿足喜樂的人，能夠為別人的成功而感謝上帝。這樣才是一個凡事謝恩的人生。

2.7.1. 信徒要感謝上帝

2.7.1.1. 因上帝的愛

詩107 [1]你們要稱謝耶和華，因他本為善；他的慈愛永遠長存！
[2]願耶和華的贖民說這話，就是他從敵人手中所救贖的，
[3]從各地，從東從西，從南從北，所招聚來的。

詩138 [1]我要一心稱謝你，在諸神面前歌頌你。[2]……因你使你的
話顯為大，過於你所應許的。[3]我呼求的日子，你就應允
我，鼓勵我，使我心裏有能力。

弗 2 [4]然而，上帝既有豐富的憐憫，因他愛我們的大愛，[5]當我
們死在過犯中的時候，便叫我們與基督一同活過來。

2.7.2. 如何感恩

2.7.2.1. 凡事感恩

弗 5 [20]凡事要奉我們主耶穌基督的名常常感謝父上帝。

腓 4 [6]應當一無掛慮，只要凡事藉著禱告、祈求，和感謝，將
你們所要的告訴上帝。

帖前 5 [16]要常常喜樂，[17]不住地禱告，[18]凡事謝恩；因為這是上帝
在基督耶穌裏向你們所定的旨意。

【另參：西三15】

2.7.2.2. 要以感謝為祭獻給上帝

利 7 [11]人獻與耶和華平安祭的條例乃是這樣：[12]他若為感謝獻
上，就要……[15]為感謝獻平安祭牲的肉，要在獻的日子
吃，一點不可留到早晨。

詩 50 [14]你們要以感謝為祭獻與上帝，又要向至高者還你的願。

箴 3 [9]你要以財物和一切初熟的土產尊榮耶和華。[10]這樣，你的
倉房必充滿有餘；你的酒醡有新酒盈溢。

【另參：申二十六10；詩五十23，一○七22，一一六17】

2.7.2.3. 要以詩歌感謝

詩 33 [2]你們應當彈琴稱謝耶和華，用十弦瑟歌頌他。

詩 92 [1]稱謝耶和華！歌頌你至高者的名！[2-3]用十弦的樂器和瑟，
用琴彈幽雅的聲音，早晨傳揚你的慈愛；每夜傳揚你的信
實。這本為美事。

詩 98 [1]你們要向耶和華唱新歌！因為他行過奇妙的事；他的右
手和聖臂施行救恩。

【另參：詩一三八1】

2.7.2.4. 領受恩典之後不要忘記及埋怨，而要感謝

民 11 [4]他們中間的閒雜人大起貪欲的心；以色列人又哭號說：
「誰給我們肉吃呢？[5]我們記得，在埃及的時候不花錢就吃
魚，也記得有黃瓜……。[6]現在……除這嗎哪以外，在我
們眼前並沒有別的東西。」

申 8 [10]你吃得飽足，就要稱頌耶和華——你的上帝，因他將那
美地賜給你了。

徒 3 [7]於是拉著他的右手，扶他起來；他的腳和踝子骨立刻健
壯了，[8]就跳起來……走著，跳著，讚美上帝。[9]百姓都看
見他行走……[10]……就因他所遇著的事滿心希奇、驚訝。

2.7.2.5. 要述說上帝的作為及為別人感恩

詩 9 [11]應當歌頌居錫安的耶和華，將他所行的傳揚在眾民中。

詩 35 [28]我的舌頭要終日論說你的公義，時常讚美你。

帖前 3 [9]我們在上帝面前，因著你們甚是喜樂；為這一切喜樂，
可用何等的感謝為你們報答上帝呢？

2.8. 接受任何試煉

試煉與試探的字根相同，卻有不同的含意。試煉是上帝為人成長而賜下，試探卻來自撒但或人的私欲。不過，無論人遇見試煉或試探，都在上帝主權下所容許的。因此，我們要深信在上帝掌管下，每件事情都互相配合，使人變得更成熟，屬靈生命更成長。聖經教導我們要逃避試探，在軟弱中向上帝求援助。主耶穌基督曾經面對試探，藉著聖經的說話戰勝魔鬼，我們可以因此深信上帝的力量。基督徒除了謹慎自守，不讓魔鬼留地步外，更要立志作良心清潔的人，憑著上帝的智慧和能力為上帝作見證。

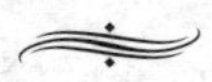

2.8.1. 面對試煉

2.8.1.1. 面對因信仰而來的試煉

徒 5 [40]公會的人……便叫使徒來，把他們打了，又吩咐他們不
可奉耶穌的名講道，就把他們釋放了。[41]他們離開公會，
心裏歡喜，因被算是配為這名受辱。

羅 1 [16]我【指保羅】不以福音為恥；這福音本是上帝的大能，要
救一切相信的……。

彼前 4 [14]你們若是為基督的名受辱罵，便是有福的；因為上帝榮
耀的靈常住在你們身上。

【另參：腓一20】

2.8.1.2. 基督應許賜下安息給負重擔的人，所以要忍受試煉

太 11 [28]凡勞苦擔重擔的人可以到我這裏來，我就使你們得安
息。[29]我心裏柔和謙卑，你們當負我的軛，學我的樣式；
這樣，你們心裏就必得享安息。[30]因為我的軛是容易的，
我的擔子是輕省的。

羅 5 [3]……就是在患難中也是歡歡喜喜的；因為知道患難生忍
耐，[4]忍耐生老練，老練生盼望；[5]盼望不至於羞恥，因為
所賜給我們的聖靈將上帝的愛澆灌在我們心裏。

林後 6 [3]我們凡事都不叫人有妨礙，免得這職分被人毀謗；[4]反倒
在各樣的事上表明自己是上帝的用人，就如在許多的忍
耐、患難、窮乏、困苦、[5]鞭打、監禁、擾亂……。

2.8.1.3. 其他：萬事互相效力、試煉是成長的途徑

羅 8 [28]我們曉得萬事都互相效力，叫愛上帝的人得益處，就是
按他旨意被召的人。

雅 1 [2]我的弟兄們，你們落在百般試煉中，都要以為大喜樂；
[3]因為知道你們的信心經過試驗，就生忍耐。[4]但忍耐也當
成功，使你們成全、完備，毫無缺欠。

2.8.2. 試探的來源

2.8.2.1. 來自撒但

創 3 [1]耶和華上帝所造的，惟有蛇比田野一切的活物更狡猾。
蛇對女人說……[6]於是女人……就摘下果子來吃了，又給
她丈夫，她丈夫也吃了。

徒 5 [3]彼得說：「亞拿尼亞！為甚麼撒但充滿了你的心，叫你欺
哄聖靈，把田地的價銀私自留下幾分呢？」

林前 7 [5]夫妻不可彼此虧負，除非兩相情願，暫時分房，為要專
心禱告方可；以後仍要同房，免得撒但趁著你們情不自
禁，引誘你們。

【另參：代上二十一1；約壹三7～8】

2.8.2.2. 來自人的私欲及人的言語

創 3 [6]於是女人見那棵樹的果子好作食物，也悅人的眼目，且
是可喜愛的，能使人有智慧，就摘下果子來吃了，又給她
丈夫，她丈夫也吃了。

伯 2 [9]他的妻子對他說：「你仍然持守你的純正嗎？你棄掉上
帝，死了吧！」[10]約伯卻對她說：「……噯！難道我們從上
帝手裏得福，不也受禍嗎？」在這一切的事上約伯並不以
口犯罪。

雅 1 [13]人被試探，不可說：「我是被上帝試探」；因為上帝不能
被惡試探，他也不試探人。[14]但各人被試探，乃是被自己
的私欲牽引誘惑的。[15]私欲既懷了胎，就生出罪來；罪既
長成，就生出死來。

【另參：創四7；書七21；王上十一1～4；羅一27，六12】

2.8.2.3. 來自世界

創 13 [12]亞伯蘭住在迦南地，羅得住在平原的城邑，漸漸挪移
帳棚，直到所多瑪。【因所多瑪城的繁榮，令羅得移居至

這城。】

申 12 [30]那時就要謹慎，不可在他們除滅之後隨從他們的惡俗，
陷入網羅，也不可訪問他們的神……。

約壹 2 [15]……人若愛世界，愛父的心就不在他裏面了。[16]因為……
肉體的情欲、眼目的情欲，並今生的驕傲……是從世界來
的。[17]這世界和其上的情欲都要過去，惟獨遵行上帝旨意
的，是永遠常存。

2.8.3. 如何面對試探

2.8.3.1. 效法耶穌勝過試探

太 4 [1]當時，耶穌被聖靈引到曠野，受魔鬼的試探……。[11]於
是，魔鬼離了耶穌，有天使來伺候他。【參路四1～13】

來 2 [18]他自己既然被試探而受苦，就能搭救被試探的人。

來 4 [15]因我們的大祭司並非不能體恤我們的軟弱。他也曾凡事
受過試探，與我們一樣，只是他沒有犯罪。

2.8.3.2. 靠著上帝的應許及所賜的智慧

箴 2 [10]智慧必入你心；你的靈要以知識為美。[11]謀略必護衛
你；聰明必保守你，[12]要救你脫離惡道，脫離說乖謬話
的人。……[16]智慧要救你脫離淫婦，就是那油嘴滑舌的
外女。

彼後 1 [4]因此，他已將又寶貴又極大的應許賜給我們，叫我們既
脫離世上從情欲來的敗壞，就得與上帝的性情有分。

2.8.3.3. 遵守上帝的話，並穿戴上帝所賜的軍裝

箴 7 [1]我兒……[2]遵守我的命令就得存活；保守我的法則，好像
保守眼中的瞳人……[5]她就保你遠離淫婦，遠離說諂媚話
的外女。

弗 6 [11]要穿戴上帝所賜的全副軍裝，就能抵擋魔鬼的詭計。

多　2 [11]因為上帝救眾人的恩典已經顯明出來，[12]教訓我們除去不
敬虔的心和世俗的情欲，在今世自守、公義、敬虔度日。

2.8.3.4. 要立志不受試探及盡力逃避

箴　1 [10]我兒，惡人若引誘你，你不可隨從。……[15]我兒，不要與
他們同行一道，禁止你腳走他們的路。[16]因為，他們的腳
奔跑行惡；他們急速流人的血，[17]好像飛鳥，網羅設在眼
前仍不躲避。

但　1 [8]但以理卻立志不以王的膳和王所飲的酒玷污自己，所以
求太監長容他不玷污自己。

提後 2 [22]你要逃避少年的私欲，同那清心禱告主的人追求公義、
信德、仁愛、和平。

【另參：創三十九11～12】

2.8.3.5. 忍受並以禱告勝過試探

路 22 [40]到了那地方，就對他們說：「你們要禱告，免得入了
迷惑。」

林前10 [13]你們所遇見的試探，無非是人所能受的。上帝是信實
的，必不叫你們受試探過於所能受的；在受試探的時候，
總要給你們開一條出路，叫你們能忍受得住。

雅　1 [12]忍受試探的人是有福的，因為他經過試驗以後，必得生
命的冠冕；這是主應許給那些愛他之人的。

2.8.3.6. 要向上帝求助

來　4 [15]因我們的大祭司並非不能體恤我們的軟弱。……[16]所
以……我們只管坦然無懼地來到施恩的寶座前，為要得憐
恤，蒙恩惠，作隨時的幫助。

彼後 2 [7]【指上帝】只搭救了那常為惡人淫行憂傷的義人羅
得。……[9]主知道搭救敬虔的人脫離試探，把不義的人留
在刑罰之下，等候審判的日子。

2.8.3.7. 作個清心的人，不要給魔鬼留地步

申 11 [16]你們要謹慎，免得心中受迷惑，就偏離正路，去事奉敬拜別神。

詩 73 [1]上帝實在恩待以色列那些清心的人！[2]至於我，我的腳幾乎失閃；我的腳險些滑跌。

弗 4 [27]也不可給魔鬼留地步。

2.9. 享受安息

安息是上帝創造秩序的一部分，安息的目的是讓人敬拜上帝，放下其他事務，專心服事上帝。安息的部分除了為人提供身心歇息的機會外，亦教導人學習交託的功課。有些人有錯誤的想法，以為參加主日崇拜是犧牲休息及家庭生活的時間。其實，基督徒需要適當的事奉，主日崇拜亦使人享受安息，重新得力。此外，主耶穌亦在繁忙的傳道工作中，尋求寧靜安息的機會。因此，我們也需要定時退修，享受上帝所賜的安息，從不同角度思考，參考別人的經驗，使我們經常有新的靈感和創意，繼續參與上帝的工作。

2.9.1. 守安息日

2.9.1.1. 守安息日是上帝的命令

創 2 [2]到第七日，上帝造物的工已經完畢，就在第七日歇了他
一切的工，安息了。[3]上帝賜福給第七日，定為聖日；因
為在這日，上帝歇了他一切創造的工，就安息了。

出 20 [8]當記念安息日，守為聖日。[9]……這一日你和你的兒女、
僕婢、牲畜，並你城裏寄居的客旅，無論何工都不可做；
[11]因為六日之內，耶和華造天、地、海，和其中的萬物，
第七日便安息，所以耶和華賜福與安息日，定為聖日。

賽 56 [2]謹守安息日而不干犯，禁止己手而不作惡；如此行、如
此持守的人便為有福。

【另參：出十六23，二十三12，三十一12～16；來四4】

2.9.1.2. 安息日是敬拜上帝的日子

民 28 [25]第七日當有聖會，甚麼勞碌的工都不可做。

賽 58 [13]……在我聖日不以操作為喜樂，稱安息日為可喜樂的，
稱耶和華的聖日為可尊重的；而且尊敬這日，不辦自己的
私事，不隨自己的私意，不說自己的私話。

耶 17 [21]……你們要謹慎，不要在安息日擔甚麼擔子……[22]……無
論何工都不可做，只要以安息日為聖日……[27]你們若不聽
從我……我必在各門中點火；這火也必燒毀耶路撒冷的宮
殿，不能熄滅。

2.9.1.3. 安息日可以行善

太 12 [11]耶穌說：「你們中間誰有一隻羊，安息日掉在坑裏，不把
牠抓住，拉上來呢？[12]人比羊何等貴重呢！所以，在安息
日做善事是可以的。」【參可三4～6；路六6～11】

路 13 [15]主說：「假冒為善的人哪，難道你們各人在安息日不解開
槽上的牛、驢，牽去飲嗎？[16]況且這女人本是亞伯拉罕的

後裔，被撒但捆綁了這十八年，不當在安息日解開她的
綁嗎？」

2.9.2. 得安息

2.9.2.1. 安息是上帝的恩賜

詩127 [2]你們清晨早起，夜晚安歇，吃勞碌得來的飯，本是枉
然；惟有耶和華所親愛的，必叫他安然睡覺。

太 11 [28]凡勞苦擔重擔的人可以到我這裏來，我就使你們得安
息。[29]我心裏柔和謙卑，你們當負我的軛，學我的樣式；
這樣，你們心裏就必得享安息。[30]因為我的軛是容易的，
我的擔子是輕省的。

來 4 [10]因為那進入安息的，乃是歇了自己的工，正如上帝歇了
他的工一樣。[11]所以，我們務必竭力進入那安息，免得有
人學那不信從的樣子跌倒了。

2.9.2.2. 順服上帝的才得安息，也需要努力才得安息

來 3 [7]……你們今日若聽他的話，[8]就不可硬著心，像在曠野惹
他發怒……。[10]所以……[11]我就在怒中起誓說；他們斷不可
進入我的安息。

來 4 [10]因為那進入安息的，乃是歇了自己的工，正如上帝歇了
他的工一樣。[11]所以，我們務必竭力進入那安息……。

2.9.2.3. 其他：人需要休息；天堂是真正安息的地方

可 6 [31]他就說：「你們來，同我暗暗地到曠野地方去歇一歇。」
這是因為來往的人多，他們連吃飯也沒有工夫。

啟 14 [13]我聽見從天上有聲音說：「你要寫下：從今以後，在主裏
面而死的人有福了！」聖靈說：「是的，他們息了自己的勞
苦，做工的果效也隨著他們。」

2.10. 追求平安

聖經所描述的平安並非指人生一帆風順，不會遇到困難，而是縱使遇見逆境亦不膽怯，憑著上帝的應許克服障礙。基本上平安是一種內心的狀態，是當人感到四面受敵的時候，按上帝的應許而獲得的安穩感受。平安亦可以是一種人生進入和諧關係的狀態，例如家庭美滿和事業穩步發展。平安是上帝賞賜給人的禮物，是上帝創造的心意。可惜，始祖犯罪墮落導致人活在矛盾掙扎的景況。感謝上帝差遣聖子主耶穌基督作和平之子，帶給人類和平。同時，聖靈亦賜和平的心，使人經歷與上帝復和所達致的平安。

2.10.1. 平安的來源

2.10.1.1. 是從上帝而來，與來自世界的平安不同

詩 3 [5]我躺下睡覺，我醒著，耶和華都保佑我。

約 14 [27]我留下平安給你們；我將我的平安賜給你們。我所賜
的，不像世人所賜的。你們心裏不要憂愁，也不要膽怯。

腓 4 [7]上帝所賜、出人意外的平安必在基督耶穌裏保守你們的
心懷意念。

【另參：書二十三1；代下四7；詩九十一1～2】

2.10.1.2. 來自耶穌與聖靈

賽 9 [6]因有一嬰孩為我們而生……他名稱為「奇妙策士、全能
的上帝、永在的父、和平的君」。[7]他的政權與平安必加
增無窮。

加 5 [22]聖靈所結的果子，就是仁愛、喜樂、和平……。

西 3 [15]又要叫基督的平安在你們心裏作主；你們也為此蒙召，
歸為一體；且要存感謝的心。

【另參：羅五1】

2.10.1.3. 其他：行惡的人必不得平安；禱告可得平安

賽 48 [22]耶和華說：惡人必不得平安！

腓 4 [6]應當一無掛慮，只要凡事藉著禱告、祈求，和感謝，將
你們所要的告訴上帝。[7]上帝所賜、出人意外的平安必在
基督耶穌裏保守你們的心懷意念。【參詩一二二6～9】

3. 事奉上帝

3.1. 以事奉上帝為人生目標

事奉的原意是敬拜，因此事奉並非指一些事工或活動，而是對上帝的敬拜。人要事奉上帝，首先要成為一個敬拜者，同時在事奉過程中抱持敬拜上帝的心態。事奉上帝的關鍵並非在於方法，而是在於順服上帝的心意。事奉上帝必須甘心樂意順服上帝的帶領，為上帝的國度拓展而努力。事奉上帝的人心裏要常常火熱，竭力事奉，不必斤斤計較，以有機會服事上帝為樂。他們要認識自己的恩賜、性格類型，在配合自己恩賜及能力的崗位事奉，亦需要終身學習，擴闊視野，深化專長，與時並進。

3.1.1. 事奉的態度

3.1.1.1. 視為理所當然的事

羅　6 [13]也不要將你們的肢體獻給罪作不義的器具；倒要像從死
裏復活的人，將自己獻給上帝，並將肢體作義的器具獻給
上帝。

羅 12 [1]所以弟兄們，我以上帝的慈悲勸你們，將身體獻上，當
作活祭，是聖潔的，是上帝所喜悅的；你們如此事奉乃是
理所當然的。

彼前 2 [5]你們來到主面前，也就像活石，被建造成為靈宮，作
聖潔的祭司，藉著耶穌基督奉獻上帝所悅納的靈祭。

3.1.1.2. 當按上帝心意、存敬畏的心委身事奉

出 36 [1]比撒列和亞何利亞伯，並一切心裏有智慧的，就是蒙耶
和華賜智慧聰明、叫他知道做聖所各樣使用之工的，都要
照耶和華所吩咐的做工。

詩　2 [11]當存畏懼事奉耶和華，又當存戰兢而快樂。

約 12 [26]若有人服事我，就當跟從我；我在哪裏，服事我的人也
要在那裏；若有人服事我，我父必尊重他。

【另參：羅十四17～18】

3.1.1.3. 要殷勤盡心

書 22 [5]只要切切地謹慎遵行耶和華僕人摩西所吩咐你們的誡命
律法，愛耶和華——你們的上帝，行他一切的道，守他的
誡命，專靠他，盡心盡性事奉他。

林前 7 [35]我說這話是為你們的益處，不是要牢籠你們，乃是要叫
你們行合宜的事，得以殷勤服事主，沒有分心的事。

林前15 [58]所以，我親愛的弟兄們，你們務要堅固，不可搖動，常
常竭力多做主工；因為知道，你們的勞苦在主裏面不是徒
然的。

3.1.1.4. 坦然無懼及誠實地事奉

撒上12 [24]只要你們敬畏耶和華，誠誠實實地盡心事奉他，想念他
向你們所行的事何等大。

代上28 [9]我兒所羅門哪，你當認識耶和華——你父的上帝，誠心樂
意地事奉他；因為他鑒察眾人的心，知道一切心思意念。

路 1 [74]叫我們既從仇敵手中被救出來，[75]就可以終身在他面前，
坦然無懼的用聖潔、公義事奉他。

3.1.1.5. 以更新的心，甘心事奉，各盡其職

羅 7 [6]但我們既然在捆我們的律法上死了，現今就脫離了律
法，叫我們服事主，要按著心靈的新樣，不按著儀文的
舊樣。

弗 4 [12]為要成全聖徒，各盡其職，建立基督的身體。

弗 6 [6]不要只在眼前事奉，像是討人喜歡的，要像基督的僕
人，從心裏遵行上帝的旨意。[7]甘心事奉，好像服事主，
不像服事人。

【另參：詩一〇〇2；腓一6】

3.1.2. 上帝如何對待事奉祂的人

3.1.2.1. 賜福予事奉祂的人

出 23 [25]你們要事奉耶和華——你們的上帝，他必賜福與你的糧
與你的水，也必從你們中間除去疾病。

伯 36 [11]他們若聽從事奉他，就必度日亨通，歷年福樂。

3.1.2.2. 上帝不悅納罪人的獻祭

詩 51 [15]主啊……[16]你本不喜愛祭物，若喜愛，我就獻上；燔祭，
你也不喜悅。[17]上帝所要的祭就是憂傷的靈；上帝啊，憂
傷痛悔的心，你必不輕看。

賽 58 [4]你們禁食，卻互相爭競，以凶惡的拳頭打人。……[6]我所

揀選的禁食不是要鬆開凶惡的繩，解下軛上的索，使被欺
壓的得自由，折斷一切的軛嗎？

瑪 2 [12]凡行這事的【指娶事奉外邦神的女子為妻】，無論何人，
就是獻供物給萬軍之耶和華，耶和華也必從雅各的帳棚中
剪除他。

3.1.2.3. 上帝不悅納虛浮的祭

賽 1 [11]耶和華說：你們【指以色列人】所獻的許多祭物與我何益
呢？……[13]你們不要再獻虛浮的供物。……作罪孽，又守
嚴肅會，我也不能容忍。

賽 66 [3]假冒為善的宰牛，好像殺人，獻羊羔，好像打折狗項，
獻供物，好像獻豬血，燒乳香，好像稱頌偶像。這等人揀
選自己的道路，心裏喜悅行可憎惡的事。

3.2. 學習奉獻

奉獻是一種獻祭，是人甘心樂意向賜下萬物的上帝獻上的。毫無保留的奉獻蒙上帝悅納。既然萬物都是從上帝而來，我們存感謝的心奉獻是理所當然的。奉獻並非慈善捐助，乃是每個基督徒基本的責任。基督徒奉獻就是向上帝納糧，讓上帝的家和殿有足夠資源發展事工。奉獻是將收入的十分一呈獻給上帝，以色列人亦將初熟之果奉獻，表示對上帝的感恩。當人的經濟情況有問題的時候，可以量力而為，上帝知道每個人的需要。奉獻不單是金錢上的奉獻，同樣包括心志上的奉獻。

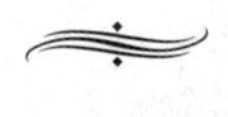

3.2.1. 奉獻的態度

3.2.1.1. 向古人學習奉獻的習慣，獻上所有的十分之一

創 8 [20]挪亞為耶和華築了一座壇，拿各類潔淨的牲畜、飛鳥獻在
壇上為燔祭。【經過洪水之後，挪亞向上帝獻祭；創八章】

代下31 [5]……以色列人……把各物的十分之一送來的極多。[6]住猶
大各城的以色列人和猶大人也將牛羊的十分之一，並分別
為聖歸耶和華——他們上帝之物，就是十分取一之物，盡
都送來，積成堆壘。

來 7 [1]這麥基洗德就是撒冷王，又是至高上帝的祭司，本是長
遠為祭司的。他當亞伯拉罕殺敗諸王回來的時候，就迎接
他，給他祝福。[2]亞伯拉罕也將自己所得來的，取十分之
一給他。

【另參：創十四18～19】

3.2.1.2. 要甘心樂意

出 25 [2]你告訴以色列人當為我送禮物來；凡甘心樂意的，你們
就可以收下歸我。

詩 54 [6]我要把甘心祭獻給你。耶和華啊，我要稱讚你的名；這
名本為美好。[7]他從一切的急難中把我救出來；我的眼睛
也看見了我仇敵遭報。

林後 9 [7]各人要隨本心所酌定的，不要作難，不要勉強，因為捐
得樂意的人是上帝所喜愛的。

【另參：出三十五29；林後八2～3】

3.2.1.3. 要盡力獻上最好的

利 5 [7]他【指獻祭的人】的力量若不夠獻一隻羊羔……把兩隻斑
鳩或是兩隻雛鴿帶到耶和華面前為贖愆祭……[11]他的力量
若不夠獻兩隻斑鳩或是兩隻雛鴿……就是細麵伊法十分之
一為贖罪祭……。

民 18 [29]奉給你們的一切禮物，要從其中將至好的，就是分別為聖的，獻給耶和華為舉祭。

可 12 [42]有一個窮寡婦來，往裏投了……錢。[43]耶穌叫門徒來，說：「我實在告訴你們，這窮寡婦投入庫裏的，比眾人所投的更多。[44]因為……這寡婦……把她一切養生的都投上了。」【參路二十一1～4】

【另參：利二十二18～20】

3.2.1.4. 其他：要存感恩的心獻祭；奉獻前要與弟兄和好

詩 50 [23]凡以感謝獻上為祭的便是榮耀我；那按正路而行的，我必使他得著我的救恩。

太 5 [23]所以，你在祭壇上獻禮物的時候，若想起弟兄向你懷怨，[24]就把禮物留在壇前，先去同弟兄和好，然後來獻禮物。

3.2.2. 奉獻的原因

3.2.2.1. 萬物是從上帝而來，奉獻是應當的

代上29 [13]我們的上帝啊，現在我們稱謝你，讚美你榮耀之名！[14]我算甚麼，我的民算甚麼，竟能如此樂意奉獻？因為萬物都從你而來，我們把從你而得的獻給你。

詩 24 [1]地和其中所充滿的，世界和住在其間的，都屬耶和華。

瑪 3 [10]萬軍之耶和華說：你們要將當納的十分之一全然送入倉庫，使我家有糧，以此試試我，是否為你們敞開天上的窗戶，傾福與你們，甚至無處可容。【參瑪三8～10】

3.3. 學習作領袖

屬靈領袖必須被聖靈充滿，敬畏上帝，待人謙和，以僕人的態度服事人，甘心樂意牧養信眾，作眾人的榜樣。同時，屬靈領袖必須愛慕行善，忠心謹慎辦事。屬靈領袖的確立需要上帝的揀選、信眾的確認，然後由資深領袖按手，讓他站在其他領袖及會眾面前；資深領袖肯定他的權柄，並支持他的領導，讓會眾服從他的領導。屬靈領袖需要適當的位分發揮他的領導能力，不過單靠位分亦不能服眾，更重要的是獲得權力核心的認可與羣眾的支持。一個屬靈領袖要接受多番磨煉才能夠承擔上帝託付的重任。

3.3.1. 作屬靈領袖的條件

3.3.1.1. 領袖是上帝所揀選的，是上帝的用人，必得權柄

民 27 [15]摩西對耶和華說：[16]「願耶和華萬人之靈的上帝，立一個人治理會眾……」[18]耶和華對摩西說：「……你將他【指約書亞】領來，按手在他頭上……[20]……使以色列全會眾都聽從他。」

太 7 [28]耶穌講完了這些話，眾人都希奇他的教訓；[29]因為他教訓他們，正像有權柄的人，不像他們的文士。【參可一21～22；路四32；約七46】

羅 13 [1]在上有權柄的，人人當順服他，因為沒有權柄不是出於上帝的。凡掌權的都是上帝所命的。[2]所以，抗拒掌權的就是抗拒上帝的命；抗拒的必自取刑罰。

3.3.1.2. 作領袖的要有美好的家庭

提前 3 [2]作監督的，必須無可指責，只作一個婦人的丈夫，有節制，自守，端正，樂意接待遠人，善於教導。

多 1 [5]……照我所吩咐你的，在各城設立長老。[6]若有無可指責的人，只作一個婦人的丈夫，兒女也是信主的，沒有人告他們是放蕩不服約束的，就可以設立。

3.3.1.3. 為人要誠實無偽、謙和、公正嚴明

出 18 [21]並要從百姓中揀選有才能的人，就是敬畏上帝、誠實無妄、恨不義之財的人，派他們作千夫長、百夫長、五十夫長、十夫長，管理百姓。

民 12 [3]摩西為人極其謙和，勝過世上的眾人。

代下19 [7]現在你們【指審判官】應當敬畏耶和華，謹慎辦事；因為耶和華——我們的上帝沒有不義，不偏待人，也不受賄賂。

3.3.1.4. 要羨慕聖工，又要持守真理

提前 3 [1]「人若想要得監督的職分，就是羨慕善工。」這話是可

信的。

多　1 [5]……又照我所吩咐你的，在各城設立長老。……[9]堅守所
教真實的道理，就能將純正的教訓勸化人，又能把爭辯的
人駁倒了。

3.3.1.5. 其他：要眾人所認識的；初信主的不能作領袖

申　1 [13]你們【指以色列人】要按著各支派選舉有智慧、有見識、
為眾人所認識的，我立他們為你們的首領。

提前 3 [6]初入教的不可作監督，恐怕他自高自大，就落在魔鬼所
受的刑罰裏。

3.3.2. 屬靈領袖的行事為人

3.3.2.1. 要照上帝的吩咐忠心行事

出 39 [43]耶和華怎樣吩咐的，他們就怎樣做了。摩西看見一切的
工都做成了，就給他們祝福。

代下19 [9]約沙法囑咐他們說：「你們當敬畏耶和華，忠心誠實辦
事。[10]住在各城裏你們的弟兄，若有爭訟的事來到你們這
裏……你們要警戒他們，免得他們得罪耶和華……。」

尼　7 [2]我就派我的弟兄哈拿尼和營樓的宰官哈拿尼雅管理耶路
撒冷；因為哈拿尼雅是忠信的，又敬畏上帝過於眾人。

【另參：彼前五2～3】

3.3.2.2. 要行事端正謹慎

代下19 [5]又在猶大國中遍地的堅固城裏設立審判官，[6]對他們說：
「你們辦事應當謹慎；因為你們判斷不是為人，乃是為耶
和華。……[7]……因為耶和華我們的上帝沒有不義，不偏
待人，也不受賄賂。」

多　1 [5]……又照我所吩咐你的，在各城設立長老。[6]若有無可指責
的人……沒有人告他們是放蕩不服約束的，就可以設立。

3.3.2.3. 要接受意見，又要剛強

箴 11 [14]無智謀，民就敗落；謀士多，人便安居。

提後 2 [1]我兒啊【指提摩太】，你要在基督耶穌的恩典上剛強起
來。[2]你在許多見證人面前聽見我所教訓的，也要交託那
忠心能教導別人的人。[3]你要和我同受苦難，好像基督耶
穌的精兵。

3.3.3. 屬靈領袖的責任

3.3.3.1. 要領導別人

民 27 [16]願耶和華萬人之靈的上帝，立一個人治理會眾，[17]可以在
他們面前出入，也可以引導他們，免得耶和華的會眾如同
沒有牧人的羊羣一般。

約 10 [11]我【指耶穌】是好牧人；好牧人為羊捨命。

3.3.3.2. 要服事別人

太 20 [26]……你們中間誰願為大，就必作你們的用人；[27]誰願為
首，就必作你們的僕人。[28]正如人子來，不是要受人的服
事，乃是要服事人，並且要捨命，作多人的贖價。【參可
十43～45；路二十二25～27】

來 5 [2]他【指大祭司】能體諒那愚蒙的和失迷的人，因為他自
己也是被軟弱所困。[3]故此，他理當為百姓和自己獻祭
贖罪。

來 13 [17]你們要依從那些引導你們的，且要順服；因他們為你們
的靈魂時刻警醒，好像那將來交帳的人。你們要使他們交
的時候有快樂，不致憂愁；若憂愁就與你們無益了。

3.3.3.3. 要提拔接班人

申 3 [2]你【指摩西】卻要囑咐約書亞，勉勵他，使他膽壯；因為
他必在這百姓前面過去，使他們承受你所要觀看之地。

書 1 [1]……耶和華……說：[2]「我的僕人摩西死了。現在你【指約
書亞】要起來，和眾百姓過這約旦河，往我所要賜給以色
列人的地去。……[5]……我怎樣與摩西同在，也必照樣與
你同在。」

3.3.3.4. 要懂得分配工作

申 1 [9]那時，我【指摩西】對你們說：「管理你們【指以色列民】
的重任，我獨自擔當不起。……[13]你們要按著各支派選舉
有智慧、有見識、為眾人所認識的，我立他們為你們的
首領。」

徒 6 [2]十二使徒叫眾門徒來，對他們說：「……[3]……當從你們中間
選出七個有好名聲……的人，我們就派他們管理這事【安排信
徒的膳食，參1節】。[4]但我們要專心以祈禱、傳道為事。」

3.3.4. 作屬靈領袖要注意的事項

3.3.4.1. 好的領袖必受敬重

帖前 5 [12]弟兄們，我們勸你們敬重那在你們中間勞苦的人，就是
在主裏面治理你們、勸戒你們的；[13]又因他們所做的工，
用愛心格外尊重他們。你們也要彼此和睦。

提前 5 [17]那善於管理教會的長老，當以為配受加倍的敬奉；那勞
苦傳道教導人的，更當如此。

來 13 [7]從前引導你們、傳上帝之道給你們的人，你們要想念他
們，效法他們的信心，留心看他們為人的結局。

3.3.4.2. 領袖會遭嫉妒，要面對羣眾的怨言

出 16 [2]以色列全會眾在曠野向摩西、亞倫發怨言，[3]說：「巴不得
我們早死在埃及地、耶和華的手下……。你們將我們領
出來，到這曠野，是要叫這全會眾都餓死啊！」【參民十一
4～15，十四章】

民 11 [28]……約書亞，就是摩西所揀選的一個人，說：「請我主
摩西禁止他們【上帝把降臨在摩西的靈降在長老身上；參
25～28節】。」[29]摩西對他說：「你為我的緣故嫉妒人
嗎？……」

民 20 [2]會眾沒有水喝，就聚集攻擊摩西、亞倫。[3]百姓向摩西爭
鬧說：「我們的弟兄曾死在耶和華面前，我們恨不得與他
們同死。[4]你們為何把耶和華的會眾領到這曠野、使我們
和牲畜都死在這裏呢？」

3.3.4.3. 若不聽從上帝必遭處罰

番 1 [8]到了我——耶和華獻祭的日子，必懲罰首領和王子，並
一切穿外邦衣服的。【因為首領犯罪】

亞 10 [3]我的怒氣向牧人發作；我必懲罰公山羊；因我——萬軍
之耶和華眷顧自己的羊羣，就是猶大家，必使他們如駿馬
在陣上。

3.4. 彼此合一

聖經教導信徒彼此合一，見證主耶穌基督的愛。信徒合一的基礎是共同對上帝的信仰，對十字架福音的認信。聖經教導我們福音信仰超越各種文化及種族，讓人經歷多元中的合一。一個由猶太人及外邦人組成的教會，需要兼顧彼此的需要，避免將某種文化習慣加諸別人身上。在外邦的宣教工作上，教會應該提供基本指引，不應該製造不必要的阻礙。同時，教會的教牧同工亦應該彼此合一，同心合意推動教會的發展。至於牧者與信徒領袖方面亦應該彼此尊重，同心合意尋求上帝的心意，互相配搭服事上帝。

3.4.1. 合一的原因

3.4.1.1. 合一是信徒的標誌，是上帝喜悅的

詩133 [1]看哪，弟兄和睦同居是何等地善，何等地美！

約 17 [11]從今以後，我不在世上，他們卻在世上；我往你那裏去。聖父啊，求你因你所賜給我的名保守他們，叫他們合而為一像我們一樣。

腓 2 [1]所以，在基督裏若有甚麼勸勉，愛心有甚麼安慰，聖靈有甚麼交通，心中有甚麼慈悲憐憫，[2]你們就要意念相同，愛心相同，有一樣的心思，有一樣的意念，使我的喜樂可以滿足。

3.4.2. 如何合一

3.4.2.1. 在基督裏合而為一，像天父與耶穌般合一

約 17 [22]你【指天父】所賜給我【指耶穌】的榮耀，我已賜給他們【指門徒】，使他們合而為一，像我們合而為一。[23]……叫世人知道你差了我來，也知道你愛他們如同愛我一樣。

加 3 [26]所以，你們因信基督耶穌都是上帝的兒子。[27]你們受洗歸入基督的都是披戴基督了。[28]並不分猶太人、希臘人，自主的、為奴的，或男或女，因為你們在基督耶穌裏都成為一了。

弗 2 [14]因他【指基督】使我們和睦，將兩下合而為一，拆毀了中間隔斷的牆。

【另參：弗二22】

3.4.2.2. 要彼此相合

羅 12 [4]正如我們一個身子上有好些肢體，肢體也不都是一樣的用處。[5]我們這許多人，在基督裏成為一身，互相聯絡作肢體，也是如此。

林前 1 [10]弟兄們，我藉我們主耶穌基督的名勸你們都說一樣的
話。你們中間也不可分黨，只要一心一意，彼此相合。

林後13 [11]……要同心合意；要彼此和睦。如此，仁愛和平的上帝
必常與你們同在。【參林前十二13】

3.4.2.3. 竭力保持合一

創 13 [8]亞伯蘭就對羅得說：「你我不可相爭，你的牧人和我的牧
人也不可相爭，因為我們是骨肉。」

加 5 [14]因為全律法都包在「愛人如己」這一句話之內了。[15]你們
要謹慎，若相咬相吞，只怕要彼此消滅了。

弗 4 [3]用和平彼此聯絡，竭力保守聖靈所賜合而為一的心。[4]身
體只有一個，聖靈只有一個，正如你們蒙召同有一個指
望。……[6]一上帝，就是眾人的父，超乎眾人之上，貫乎
眾人之中，也住在眾人之內。

3.4.2.4. 在福音事工及生活上同心合一

徒 4 [32]那許多信的人都是一心一意的，沒有一人說他的東西有
一樣是自己的，都是大家公用。

腓 1 [4]每逢為你們眾人祈求的時候，常是歡歡喜喜地祈求。[5]因
為從頭一天直到如今，你們是同心合意地興旺福音。

腓 1 [27]只要你們行事為人與基督的福音相稱……知道你們同有
一個心志，站立得穩，為所信的福音齊心努力。

3.4.2.5. 要同心才能同行

摩 3 [3]二人若不同心，豈能同行呢？

徒 1 [14]這些人同著幾個婦人和耶穌的母親馬利亞，並耶穌的弟
兄，都同心合意地恆切禱告。

羅 2 [15]與喜樂的人要同樂；與哀哭的人要同哭。[16]要彼此同心；
不要志氣高大，倒要俯就卑微的人。不要自以為聰明。

第二篇

個人生活篇

4. 如何自處

4.1. 個人的分辨和洞察能力

一個屬靈生命成熟的人會擺脫憑表面徵象作判斷的毛病，相反會細心聆聽及觀察以獲取更完整和準確的資料。當我們作判斷的時候，必須以上帝的說話為依歸，並且祈求上帝的幫助，賜下聖靈的力量作辨別。人的智慧有限，我們需要從上帝而來的屬靈洞察能力和分辨力，處理人生的各個決定。在衡量各個可能性的時候，我們會看到每個選擇各有利弊，有時難以估計長期的得失，這時我們更認為只有依靠上帝的智慧行事，才能夠有把握，甚至在遇到挫折的時候亦因此有勇氣前進。

4.1.1. 如何得到和運用分辨能力

4.1.1.1. 上帝會賦予人分辨能力

約 7 [17]人若立志遵著他的旨意行，就必曉得這教訓或是出於上帝，或是我憑著自己說的。

林前12 [10]又叫一人能行異能，又叫一人能作先知，又叫一人能辨別諸靈，又叫一人能說方言，又叫一人能翻方言。

4.1.1.2. 可以祈求上帝賜下分辨能力

詩119 [125]……求你賜我悟性，使我得知你的法度。

腓 1 [9]我【指保羅】所禱告的，就是要你們【指腓立比教會】的愛心在知識和各樣見識上多而又多，[10]使你們能分別是非……直到基督的日子。

4.1.1.3. 認識上帝和祂的道的人就能分辨是非

徒 17 [11]這地方的人賢於帖撒羅尼迦的人，甘心領受這道，天天考查聖經，要曉得這道是與不是。

弗 1 [18]並且照明你們心中的眼睛，使你們知道他的恩召有何等指望，他在聖徒中得的基業有何等豐盛的榮耀；[19]並知道他向我們這信的人所顯的能力是何等浩大……。

約壹 4 [6]我們是屬上帝的……。從此我們可以認出真理的靈和謬妄的靈來。

【另參：來五14】

4.1.1.4. 要有智慧地斷定事情的真偽

約 7 [24]不可按外貌斷定是非，總要按公平斷定是非。

林後 5 [16]所以，我們從今以後，不憑著外貌認人了。雖然憑著外貌認過基督，如今卻不再這樣認他了。

腓 1 [9]我所禱告的，就是要你們的愛心在知識和各樣見識上多而又多，使你們能分別是非，作誠實無過的人，直到基督的日子。

【另參：太十16；彼後三15】

4.1.2. 在信仰上要洞察／分辨的事情

4.1.2.1. 關於上帝的事

羅 12 [2]不要效法這個世界，只要心意更新而變化，叫你們察驗何為上帝的善良、純全、可喜悅的旨意。

弗 5 [10]總要察驗何為主所喜悅的事。……[17]不要作糊塗人，要明白主的旨意如何。

4.1.2.2. 要分辨聖與俗及分辨真偽的靈

利 10 [10]使你們可以將聖的、俗的，潔淨的、不潔淨的，分別出來。

結 44 [23]他們要使我的民知道聖俗的分別，又使他們分辨潔淨的和不潔淨的。

約壹 4 [1]親愛的弟兄啊……總要試驗那些靈是出於上帝的不是……。[2]凡靈認耶穌基督是成了肉身來的，就是出於上帝的……[3]凡靈不認耶穌，就不是出於上帝，這是那敵基督者的靈。

4.1.2.3. 其他：要分辨好歹；要分辨合宜或不合宜之事

太 7 [6]不要把聖物給狗，也不要把你們的珍珠丟在豬前，恐怕牠踐踏了珍珠，轉過來咬你們。【參來五14】

太 10 [16]我【指耶穌】差你們去，如同羊進入狼羣；所以你們要靈巧像蛇，馴良像鴿子。

4.2. 個人的思想

人的思想直接影響人的行為，亦影響人的一生。基督信仰要求人改變不合上帝原則的思想，使人按上帝的原則生活。當人遠離上帝的時候，思想的方向和內容變得虛妄，被物質的享樂和情欲佔據。當人思想上帝說話的時候，就會經驗思想鬥爭，人的良心被喚醒，從上帝的角度思想問題。當人經常親近上帝的時候，會渴想真善美的事。聖經提醒我們要保守自己的心，除去思想上的罪，思念天上的事。基督信仰不單要人以信心相信上帝，同時要人以上帝的原則調整思想的方向和內容，時刻親近上帝。

4.2.1. 思想對人的重要性

4.2.1.1. 上帝知道我們的心思意念

代上28 [9]……你【指所羅門】當認識耶和華——你父的上帝……因為他鑒察眾人的心，知道一切心思意念。你若尋求他，他必使你尋見；你若離棄他，他必永遠丟棄你。

詩 33 [10-11]耶和華使列國的籌算歸於無有……[15]他【指上帝】是那造成他們眾人心的，留意他們一切作為的。

來 4 [12]上帝的道是活潑的，是有功效的，比一切兩刃的劍更快，甚至魂與靈，骨節與骨髓，都能刺入、剖開，連心中的思念和主意都能辨明。

【另參：詩九十四11，一三九1～4；路六8】

4.2.1.2. 思想能影響人一生的行事為人

箴 4 [23]你要保守你心，勝過保守一切，因為一生的果效是由心發出。

箴 24 [9]愚妄人的思念乃是罪惡；褻慢者為人所憎惡。【參十二5】

4.2.2. 如何管理思想

4.2.2.1. 要經常檢視自己的思想

羅 12 [2]不要效法這個世界，只要心意更新而變化，叫你們察驗何為上帝的善良、純全、可喜悅的旨意。

腓 4 [8]……凡是真實的、可敬的、公義的、清潔的、可愛的、有美名的，若有甚麼德行，若有甚麼稱讚，這些事你們都要思念。

4.2.2.2. 要經常思想上帝的話及天上的事

詩 1 [2]惟喜愛耶和華的律法，晝夜思想，這人便為有福！

西 3 [2]你們要思念上面的事，不要思念地上的事。

彼前 1 [13]所以要約束你們的心謹慎自守，專心盼望耶穌基督顯現
的時候所帶來給你們的恩。

【另參：詩一一九篇】

4.2.2.3. 要除去思想上的罪

傳 11 [10]……你當從心中除掉愁煩，從肉體克去邪惡……。

太 5 [27]你們聽見有話說：「不可姦淫。」[28]只是我告訴你們，凡
看見婦女就動淫念的，這人心裏已經與她犯姦淫了。

4.2.2.4. 要與惡念鬥爭

羅 7 [21]我覺得有個律，就是我願意為善的時候，便有惡與我同
在。……[23]但我覺得肢體中另有個律和我心中的律交戰，
把我擄去，叫我附從那肢體中犯罪的律。

羅 8 [6]體貼肉體的，就是死；體貼聖靈的，乃是生命、平安。
[7]原來體貼肉體的，就是與上帝為仇；因為不服上帝的律
法，也是不能服，[8]而且屬肉體的人不能得上帝的喜歡。

4.2.2.5. 不約束惡念會使人行惡

箴 4 [23]你要保守你心，勝過保守一切，因為一生的果效是由心
發出。

羅 1 [21]因為，他們雖然知道上帝，卻不當作上帝榮耀他……他
們的思念變為虛妄，無知的心就昏暗了。……[28]……他們
存邪僻的心，行那些不合理的事……。

4.3. 個人的良知

上帝創造人有良知，辨別是非善惡。可惜始祖背叛上帝，令全人類墮進自由意志失落的狀態。人經歷良心的掙扎，深刻體會人意志的薄弱，無法完全服從良知的要求。另一方面，價值觀相對化亦令良知的聲音變小。是非黑白變得模糊，人愈來愈自私。對基督徒來說，耶穌基督的赦免恢復人良知的功用，聖經的說話成為良知判別是非的標準，聖靈的印證成為裁決的指導，在禱告中良知發揮作用。一個愛上帝的人要常存無虧的良心，讓上帝的真理檢查，坦然面對上帝。

4.3.1. 人的良知

4.3.1.1. 能鑒察人心

箴 20 [27]人的靈是耶和華的燈，鑒察人的心腹。【參羅九1】

箴 21 [2]人所行的，在自己眼中都看為正；惟有耶和華衡量人心。【參約壹三20】

林後 1 [12]我們所誇的是自己的良心，見證我們憑著上帝的聖潔和誠實；在世為人不靠人的聰明，乃靠上帝的恩惠……。

4.3.1.2. 責備犯錯的人

詩 51 [3]我知道我的過犯；我的罪常在我面前。

太 27 [3]這時候，賣耶穌的猶大……就後悔，把那三十塊錢拿回來給祭司長和長老，說：[4]「我賣了無辜之人的血是有罪了。」……[5]猶大就把那銀錢丟在殿裏，出去吊死了。

路 5 [8]西門．彼得看見，就俯伏在耶穌膝前，說：「主啊，離開我，我是個罪人！」

【另參：羅二14～15】

4.3.1.3. 良知可被蒙蔽

耶 6 [15]他們【指以色列人】行可憎的事知道慚愧嗎？不然，他們毫不慚愧，也不知羞恥。

路 11 [35]……你要省察，恐怕你裏頭的光【指良知】或者黑暗了。【參太六22～23】

弗 4 [19]良心既然喪盡，就放縱私欲，貪行種種的污穢。

【另參：拿一1～6；林前五1～2；提前四2；多一15】

4.3.1.4. 其他：與福音果效有關；各人有不同的標準；與罪有關

徒 2 [37]眾人聽見這話【指福音】，覺得扎心，就對彼得和其餘的使徒說：「弟兄們，我們當怎樣行？」

羅 14 [1]信心軟弱的，你們要接納，但不要辯論所疑惑的
事。……[3]吃的人不可輕看不吃的人；不吃的人不可論斷
吃的人……[5]有人看這日比那日強；有人看日日都是一
樣。只是各人心裏要意見堅定。

雅 4 [17]人若知道行善，卻不去行，這就是他的罪了。【參羅十四23】

4.3.2. 如何建立人的良知

4.3.2.1. 基督的赦免可重建人的良知

來 9 [14]何況基督藉著永遠的靈，將自己無瑕無疵獻給上帝，他的血豈不更能洗淨你們的心，除去你們的死行……？

來 10 [22]並我們心中天良的虧欠已經灑去，身體用清水洗淨了，就當存著誠心和充足的信心來到上帝面前。

4.3.2.2. 要常存無虧的良心

伯 27 [6]我持定我的義，必不放鬆；在世的日子，我心必不責備我。

林後 1 [12]我們所誇的是自己的良心，見證我們憑著上帝的聖潔和誠實；在世為人不靠人的聰明，乃靠上帝的恩惠，向你們更是這樣。

提前 1 [18]我兒提摩太啊，我照從前指著你的預言，將這命令交託
你，叫你因此可以打那美好的仗。[19]常存信心和無虧的良
心。有人丟棄良心，就在真道上如同船破壞了一般。

【另參：徒二十三1，二十四16；提前三9；彼前三16】

4.4. 抉擇能力

人生包含一連串的抉擇，信仰的抉擇是最根本及影響今生與來世命運的決定。有人從前沒有目標方向、憤世嫉俗、玩世不恭，歸主後生命的素質改變。相反，有些有個人主見及曾受專業訓練的人卻在感情及家庭的事情上拖拖拉拉，無法作出理智的抉擇。人的意志未必可靠。面對人的限制，我們需要謙卑尋求上帝的智慧和勇氣，作出正確的選擇。上帝藉先知將正確的人生價值向世人宣示，要人選擇上好的福分。每個人都應該為自己所作的決定負責任，同時在抉擇中信賴上帝的主權。

4.4.1. 如何作抉擇

4.4.1.1. 先要祈禱

尼 1 [4]我聽見這話，就坐下哭泣，悲哀幾日，在天上的上帝面
前禁食祈禱……。【參1～3節，二1～8】

路 6 [12]那時，耶穌出去，上山禱告，整夜禱告上帝；[13]到了天
亮，叫他的門徒來，就從他們中間挑選十二個人，稱他們
為使徒。

4.4.1.2. 祈求上帝賜下智慧及指引所作的決定

詩 16 [2]我的心哪，你曾對耶和華說：你是我的主；我的好處不
在你以外。

箴 16 [9]人心籌算自己的道路；惟耶和華指引他的腳步。

雅 1 [5]你們中間若有缺少智慧的，應當求那厚賜與眾人、也不
斥責人的上帝，主就必賜給他。

4.4.1.3. 人要為自己的選擇負責任

創 2 [15]耶和華上帝將那人安置在伊甸園，使他修理，看守。[16]耶
和華上帝吩咐他說：「園中各樣樹上的果子，你可以隨意
吃，[17]只是分別善惡樹上的果子，你不可吃，因為你吃的
日子必定死！」

民 20 [8]「你【指摩西】……吩咐磐石發出水來……。」[11]摩西……用
杖擊打磐石兩下……[12]耶和華對摩西……說：「……你們必
不得……進我所賜給他們的地去。」【參7～13節】

4.4.2. 影響個人抉擇的因素

4.4.2.1. 心懷二意

王上18 [21]以利亞前來對眾民說：「你們心持兩意要到幾時呢？若耶
和華是上帝，就當順從耶和華；若巴力是上帝，就當順從

巴力。」眾民一言不答。

雅　1 [8]心懷二意的人，在一切所行的路上都沒有定見。

4.4.2.2. 其他：急躁的個性；金錢；羣眾的力量

撒上13 [11]掃羅說：「因為我見百姓離開我散去，你【指撒母耳】也不
照所定的日期來到，而且非利士人聚集在密抹。[12]……我
就勉強獻上燔祭。」

代下25 [9]亞瑪謝問神人說：「我給了以色列軍的那一百他連得銀子
怎麼樣呢？」……[10]於是亞瑪謝將那從以法蓮來的軍兵分別
出來，叫他們回家去。【參二十五章】

路 23 [23]他們大聲催逼彼拉多，求他把耶穌釘在十字架上。他們
的聲音就得了勝。[24]彼拉多這才照他們所求的定案，[25]……
把耶穌交給他們，任憑他們的意思行。【參太二十七23；
可十五11～14】

4.4.3. 信仰上的抉擇

4.4.3.1. 要定意敬畏及事奉上帝

書 24 [15]若是你們以事奉耶和華為不好，今日就可以選擇所要事
奉的：是你們列祖在大河那邊所事奉的神呢？是你們所住
這地的亞摩利人的神呢？至於我和我家，我們必定事奉耶
和華。

詩119 [30]我揀選了忠信的道，將你的典章擺在我面前。……[106]你
公義的典章，我曾起誓遵守，我必按誓而行。

太　4 [20]他們就立刻捨了網，跟從了他。[21]……又看見弟兄二
人，就是西庇太的兒子雅各和他兄弟約翰……耶穌就招呼
他們，[22]他們立刻捨了船，別了父親，跟從了耶穌。【參可
一18～20】

4.5. 制約自己

一個運動員須要過有紀律的生活，才能有效地發揮自己的才能。同樣，基督徒需要制約自己的行為，使自己被上帝更有效地使用。聖經教訓我們勒住舌頭，控制脾氣。人的舌頭非常容易講出傷害別人的說話，或者在別人背後中傷他人。基督徒應該小心自己的說話，免得在言語上犯罪。同時，人在激動的時候容易失控、思想混亂、語無倫次，我們應該學習控制情緒，以冷靜的態度面對複雜的情況。接受約束亦表示願意放下自由，放下自我中心的願望，以開放的態度去選擇對整體有好處的方案，以僕人的心態服事眾人。

4.5.1. 制約自己的行為

4.5.1.1. 人要省察自己的行為

哀 3 [40]我們當深深考察自己的行為，再歸向耶和華。

太 7 [5]你這假冒為善的人！先去掉自己眼中的梁木，然後才能看得清楚，去掉你弟兄眼中的刺。【參路六42】

林後 13 [5]你們總要自己省察有信心沒有，也要自己試驗。豈不知你們若不是可棄絕的，就有耶穌基督在你們心裏嗎？

【另參：雅一23】

4.5.1.2. 不要放縱情欲

羅 13 [14]總要披戴主耶穌基督，不要為肉體安排，去放縱私欲。

加 5 [13]弟兄們，你們蒙召是要得自由，只是不可將你們的自由當作放縱情欲的機會……[16]……你當順著聖靈而行，就不放縱肉體的情欲了。

帖前 4 [5]不放縱私欲的邪情，像那不認識上帝的外邦人。

4.5.1.3. 要勒住舌頭

詩 39 [1]我【指大衛】曾說：我要謹慎我的言行，免得我舌頭犯罪；惡人在我面前的時候，我要用嚼環勒住我的口。

雅 3 [2]原來我們在許多事上都有過失；若有人在話語上沒有過失，他就是完全人，也能勒住自己的全身。

4.5.1.4. 要控制脾氣

箴 16 [32]不輕易發怒的，勝過勇士；治服己心的，強如取城。

箴 29 [11]愚妄人怒氣全發；智慧人忍氣含怒。

雅 1 [19]我親愛的弟兄們，這是你們所知道的，但你們各人要快快地聽，慢慢地說，慢慢地動怒，[20]因為人的怒氣並不成就上帝的義。

4.6. 運用自由

一般人對自由的理解，就是可以按自己的意願作決定。屬靈上對自由的定義是，非因責任與形式的要求而履行宗教要求，以發自內心的愛與崇敬回應上帝的呼喚。新約聖經展示了一種脫離律法轄制，不被世界捆綁，不犯罪的屬靈自由。上帝的恩典與真理使我們經驗生命的釋放，同時提醒我們不要濫用自由犯罪，亦不要自我中心，成為別人的絆腳石。上帝的心意是容許我們自由地回應祂的呼召，實行祂的要求，作祂的僕人。上帝賦予人自由，卻不是要人完全脫離上帝自己作決定，上帝的計劃是要我們尋求祂的心意，在其中自由作決定。

4.6.1. 自由的定義

4.6.1.1. 靈裏的自由

林後 3 [17]……主的靈在哪裏，那裏就得以自由。

加 5 [1]基督釋放了我們，叫我們得以自由。……不要再被奴僕
的軛挾制。

4.6.1.2. 脫離律法的轄制

羅 6 [14]罪必不能作你們的主；因你們不在律法之下，乃在恩典
之下。……[16]豈不曉得你們獻上自己作奴僕，順從誰，就
作誰的奴僕嗎？或作罪的奴僕，以至於死；或作順命的奴
僕，以致成義。

加 3 [21]這樣，律法是與上帝的應許反對嗎？斷乎不是！若曾傳
一個能叫人得生的律法，義就誠然本乎律法了。[22]但聖經
把眾人都圈在罪裏，使所應許的福因信耶穌基督，歸給
那信的人。

4.6.1.3. 不被世界和罪捆綁

利 26 [13]我是耶和華——你們的上帝，曾將你們從埃及地領出
來，使你們不作埃及人的奴僕；我也折斷你們所負的軛，
叫你們挺身而走。

羅 5 [21]就如罪作王叫人死；照樣，恩典也藉著義作王，叫人因
我們的主耶穌基督得永生。

林前 7 [23]你們是重價買來的，不要作人的奴僕。

【另參：彼後二19】

4.6.2. 如何得到自由

4.6.2.1. 上帝使人自由

出 6 [6]所以你要對以色列人說：「我是耶和華……救贖你們脫離

他們的重擔，不做他們的苦工。」
詩 31 [8]你未曾把我交在仇敵手裏；你使我的腳站在寬闊之處。
約 8 [36]所以天父的兒子若叫你們自由，你們就真自由了。

4.6.2.2. 真理和恩典使人得自由

約 8 [31]耶穌對信他的猶太人說：「你們若常常遵守我的道，就真是我
的門徒；[32]你們必曉得真理，真理必叫你們得以自由。」……
[36]所以天父的兒子若叫你們自由，你們就真自由了。
羅 5 [20]律法本是外添的，叫過犯顯多；只是罪在哪裏顯多，恩
典就更顯多了。

4.6.3. 如何運用自由

4.6.3.1. 不可濫用自由

傳 11 [9]少年人哪，你在幼年時當快樂。在幼年的日子，使你的
心歡暢，行你心所願行的，看你眼所愛看的；卻要知道，
為這一切的事，上帝必審問你。
林前 6 [12]凡事我都可行，但不都有益處。凡事我都可行，但無論
哪一件，我總不受它的轄制。【參13～20節，十23～24】
加 5 [13]弟兄們，你們蒙召是要得自由，只是不可將你們的自由
當作放縱情欲的機會……。

【另參：林前八9；彼前二16】

4.6.3.2. 在自由中作僕人

林前 9 [19]我雖是自由的，無人轄管；然而我甘心作了眾人的僕
人，為要多得人。
加 5 [13]弟兄們，你們蒙召是要得自由，只是不可將你們的自由
當作放縱情欲的機會，總要用愛心互相服事。
彼前 2 [16]你們雖是自由的……總要作上帝的僕人。

4.7. 對外表的看法

注重儀容外貌是禮貌的表現；衣服髮式整齊清潔可增強自己的信心。不過，我們對人的態度卻不是取決於人的衣著、身形或身分，而是要以彼此尊重的原則待人。我們十分容易按人的外貌、身形、才華或成就來決定待人的親切程度，可是人的品格內涵才是最重要。在一個注重廣告包裝的年代，人愈來愈懂得修飾外表，但是講究的包裝與內容素質的優劣沒有必然的關係，我們得更加倍小心。同樣，我們不能以貌取人，亦不應憑外貌判斷是非。相反，我們應該尋求上帝的心意，以公平公正的原則處事。

4.7.1. 不可過於注重外表

4.7.1.1. 上帝不會憑外表認人

撒上16 [7]……耶和華不像人看人：人是看外貌；耶和華是看內心。

加 2 [6]……上帝不以外貌取人。

4.7.1.2. 美貌不能永遠長存，而且是虛浮的

箴 31 [30]艷麗是虛假的，美容是虛浮的；惟敬畏耶和華的婦女必得稱讚。

太 23 [27]你們這假冒為善的……有禍了！因為你們好像粉飾的墳墓，外面好看，裏面卻裝滿了死人的骨頭和一切的污穢。

雅 1 [9]卑微的弟兄升高，就該喜樂；[10]富足的降卑，也該如此；因為他必要過去，如同草上的花一樣。[11]太陽出來，熱風颳起，草就枯乾，花也凋謝，美容就消沒了……。

4.7.1.3. 美貌會帶來禍害及憂慮

撒下14 [25]……無人像押沙龍那樣俊美……[26]他的頭髮甚重……

18 [9]押沙龍……的頭髮被樹枝繞住，就懸掛起來……[14]約押……就刺透他的心。【參十四～十八章】

太 6 [28]何必為衣裳憂慮呢？你想野地裏的百合花怎麼長起來……[30]……野地裏的草今天還在，明天就丟在爐裏，上帝還給它這樣的妝飾，何況你們呢！[31]所以，不要憂慮說……穿甚麼？

4.7.1.4. 不要單憑外表或身分認人

約 7 [24]不可按外貌斷定是非，總要按公平斷定是非。

林後11 [14]……連撒但也裝作光明的天使。[15]所以他的差役，若裝作仁義的差役，也不算希奇。他們的結局必然照著他們的行為。

加 2 [6]至於那些有名望的，不論他是何等人，都與我【指保羅】

無干。上帝不以外貌取人。那些有名望的，並沒有加增我
甚麼……。

【另參：雅二1】

4.7.1.5. 只需注重清潔整齊的外表

傳　9 [8]你的衣服當時常潔白，你頭上也不要缺少膏油。

太　6 [17]你禁食的時候，要梳頭洗臉。

4.8. 能力

聖經教導我們上帝是能力的源頭，人類的才智聰明和知識才幹都無法與上帝相提並論。舊約聖經記載摩西憑著上帝的能力帶領以色列人出埃及，士師被上帝的靈充滿成為大能的勇士。新約聖經記載聖靈降臨使人充滿能力佈道見證。基督徒相信全能的上帝，能夠使不可能變為可能。禱告就是向這位充滿權能的上帝祈求能力。當人感覺疲乏和到達自己能力極限的時候，懷著信心向上帝求能力，上帝不單藉聖靈加強人的意志，同時藉聖經教導人明白上帝是能力的源頭，幫助人經歷上帝的能力。

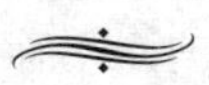

4.8.1. 能力的來源

4.8.1.1. 是從上帝而來

書 3 [15]他們到了約旦河，腳一入水……[16]那從上往下流的水便在極遠之地、撒拉但旁的亞當城那裏停住，立起成壘；那往亞拉巴的海，就是鹽海，下流的水全然斷絕。於是百姓在耶利哥的對面過去了。

代下14 [11]亞撒呼求耶和華——他的上帝說：「耶和華啊，惟有你能幫助軟弱的，勝過強盛的……因為我們仰賴你，奉你的名來攻擊這大軍。」

耶 32 [27]我是耶和華，是凡有血氣者的上帝，豈有我難成的事嗎？

【另參：出四2～4；書二11；耶十6】

4.8.1.2. 耶穌滿有權能

可 7 [29]耶穌對她【指一個信心的婦人】說：「……你回去吧；鬼已經離開你的女兒了。」

路 4 [32]他們【指眾人】很希奇他【指耶穌】的教訓，因為他的話裏有權柄。

林後12 [9]他【指耶穌】對我【指保羅】說：「我的恩典夠你用的，因為我的能力是在人的軟弱上顯得完全。」所以，我更喜歡誇自己的軟弱，好叫基督的能力覆庇我。

【另參：徒一3；來一1～3】

4.8.1.3. 是來自聖靈及聖經

徒 1 [8]但聖靈降臨在你們身上，你們就必得著能力，並要在耶路撒冷、猶太全地，和撒馬利亞，直到地極，作我的見證。

羅 8 [11]然而，叫耶穌從死裏復活者的靈若住在你們心裏，那叫基督耶穌從死裏復活的，也必藉著住在你們心裏的聖靈，使你們必死的身體又活過來。

弗 6 [13]所以，要拿起上帝所賜的全副軍裝，好在磨難的日子抵
擋仇敵，並且成就了一切，還能站立得住。……[17]並戴上
救恩的頭盔，拿著聖靈的寶劍，就是上帝的道。

4.8.1.4. 上帝有能力降禍降福

代下26 [17]祭司亞撒利雅率領耶和華勇敢的祭司八十人，跟隨他進
去。……[20]大祭司亞撒利雅和眾祭司觀看，見他額上發出
大痲瘋……因為耶和華降災與他。

詩 29 [10]洪水泛濫之時，耶和華坐著為王；耶和華坐著為王，直
到永遠。[11]耶和華必賜力量給他的百姓；耶和華必賜平安
的福給他的百姓。

賽 14 [5]耶和華折斷了惡人的杖，轄制人的圭，[6]就是在忿怒中
連連攻擊眾民的，在怒氣中轄制列國，行逼迫無人阻
止的。

【另參：詩二十6～8】

4.8.1.5. 其他：禱告可得能力；信上帝就能勝過世界

雅 5 [16]所以你們要彼此認罪，互相代求，使你們可以得醫治。
義人祈禱所發的力量是大有功效的。

約壹 5 [4]因為凡從上帝生的，就勝過世界；使我們勝了世界的，
就是我們的信心。[5]勝過世界的是誰呢？不是那信耶穌是
上帝兒子的嗎？

4.9. 理財

基督徒在世界上的任務是作上帝的管家，託管上帝所賜的恩賜。基督徒對錢財作出中性的價值判斷：金錢不是萬能的，但金錢卻是生活所需。關鍵的問題是我們如何判斷需要與欲求的分別。基督徒需要以敬畏上帝為優先，累積財富是次要的。基督徒要學習事奉上帝，甘心樂意奉獻金錢，以公平正直的方法獲得財富，不欺詐貧窮人，亦不重富輕貧。在一個崇尚以最短時間賺取最多金錢的世俗社會中，我們要時刻緊記錢財不能永存，要懂得處理金錢，免得使快速得來的金錢亦會快速失去，或者因為無節制地使用信用卡而陷入龐大的債務中。

4.9.1. 錢財的好處與壞處

4.9.1.1. 財富可保障人

箴 18 [11]富足人的財物是他的堅城，在他心想，猶如高牆。
傳 10 [19]設擺筵席是為喜笑。酒能使人快活；錢能叫萬事
應心。

4.9.1.2. 阻礙人跟從上帝

書 7 [1]以色列人在當滅的物上犯了罪；因為……亞干取了當滅
的物；耶和華的怒氣就向以色列人發作。【參六17～19，
七章】
詩 10 [3]因為惡人以心願自誇；貪財的背棄耶和華，並且輕
慢他。
可 10 [21]耶穌……說：「……去變賣你【指少年財主】所有的，
分給窮人……你還要來跟從我。」[22]他……憂憂愁愁地
走了，因為他的產業很多。【參太十九16～22；路十八
18～23】

4.9.2. 信徒的價值觀

4.9.2.1. 錢財不是萬能的

詩 49 [6]那些倚仗財貨自誇錢財多的人，[7]一個也無法贖自己的弟
兄，也不能替他將贖價給上帝……[11]他們心裏思想：他們
的家室必永存……[12]但人居尊貴中不能長久，如同死亡的
畜類一樣。
番 1 [18]當耶和華發怒的日子，他們的金銀不能救他們；他的
忿怒如火必燒滅全地，毀滅這地的一切居民，而且大大
毀滅。
徒 8 [18]西門看見使徒按手，便有聖靈賜下，就拿錢給使徒，
[19]說：「把這權柄也給我，叫我手按著誰，誰就可以受聖

靈。」[20]彼得說：「你的銀子和你一同滅亡吧！因你想上帝
的恩賜是可以用錢買的。」

【另參：箴十一28；結七19；提前六17～19】

4.9.2.2. 錢財不能永存

詩102 [26]天地都要滅沒，你卻要長存；天地都要如外衣漸漸舊
了。你要將天地如裏衣更換，天地就改變了。

傳 5 [15]他怎樣從母胎赤身而來，也必照樣赤身而去；他所勞碌
得來的，手中分毫不能帶去。

雅 5 [1]唶！你們這些富足人哪……[2]你們的財物壞了，衣服也被
蟲子咬了。[3]你們的金銀都長了銹；那銹要證明你們的不
是……你們在這末世只知積攢錢財。

【另參：詩三十九6；傳一2】

4.9.2.3. 速速得來的財產不一定是好的

箴 20 [21]起初速得的產業，終久卻不為福。

箴 28 [20]誠實人必多得福；想要急速發財的，不免受罰。

4.9.2.4. 敬畏上帝比錢財更好

箴 15 [16]少有財寶，敬畏耶和華，強如多有財寶，煩亂不安。

詩 19 [9]耶和華的道理潔淨，存到永遠；耶和華的典章真實，
全然公義—— [10]都比金子可羨慕，且比極多的精金可
羨慕……。

詩119 [127]所以，我愛你【指上帝】的命令勝於金子，更勝於精金。
[128]你一切的訓詞，在萬事上我都以為正直；我卻恨惡一切
假道。

4.9.2.5. 智慧比錢財珍貴

箴 16 [16]得智慧勝似得金子；選聰明強如選銀子。

箴 20 [15]有金子和許多珍珠，惟有知識的嘴乃為貴重的珍寶。

4.9.2.6. 心靈比錢財重要

箴 19 [1]行為純正的貧窮人勝過乖謬愚妄的富足人。【參二十二1】

可 12 [42]有一個窮寡婦來，往裏投了兩個小錢……。[43]耶穌……
說：「……這窮寡婦投入庫裏的，比眾人所投的更多。
[44]……這寡婦是自己不足，把她一切養生的都投上了。」
【參路二十一1～4】

4.9.3. 處理錢財的態度

4.9.3.1. 不要過於看重錢財

太 6 [19]不要為自己積攢財寶在地上；地上有蟲子咬……。[20]只要
積攢財寶在天上；天上沒有蟲子咬，不能銹壞，也沒有賊
挖窟窿來偷。[21]因為你的財寶在哪裏，你的心也在那裏。
【參路十二33～34】

太 6 [24]一個人不能事奉兩個主；不是惡這個、愛那個，就是重這個、輕那個。你們不能又事奉上帝，又事奉瑪門。【參路十六13】

太 6 [26]你們看那天上的飛鳥，也不種，也不收，也不積蓄在倉裏，你們的天父尚且養活牠。你們不比飛鳥貴重得多嗎？【參路十二24】

4.9.3.2. 要奉獻給上帝

創 14 [20]「至高的上帝把敵人交在你手裏，是應當稱頌的！」亞伯蘭就把所得的拿出十分之一來，給麥基洗德。

代上29 [3]且因我心中愛慕我上帝的殿，就在預備建造聖殿的材料之外，又將我自己積蓄的金銀獻上，建造我上帝的殿。

瑪 3 [10]萬軍之耶和華說：「你們要將當納的十分之一全然送入倉庫，使我家有糧，以此試試我，是否為你們敞開天上的窗戶，傾福與你們，甚至無處可容。」

【另參：民三十一28；本書信仰篇3.2.學習奉獻】

4.9.3.3. 要學習儲蓄

創 6 [21]你要拿各樣食物積蓄起來，好作你和牠們的食物。

創 12 [5]亞伯蘭將他妻子撒萊和姪兒羅得，連他們在哈蘭所積蓄的財物、所得的人口，都帶往迦南地去。他們就到了迦南地。

箴 21 [20]智慧人家中積蓄寶物膏油；愚昧人隨得來隨吞下。

【另參：創四十一49】

4.9.3.4. 不可貪財

箴 15 [27]貪戀財利的，擾害己家；恨惡賄賂的，必得存活。

路 16 [10]人在最小的事上忠心，在大事上也忠心；在最小的事上
不義，在大事上也不義。[11]倘若你們在不義的錢財上不忠
心，誰還把那真實的錢財託付你們呢？

提前 6 [10]貪財是萬惡之根。有人貪戀錢財，就被引誘離了真道，用許多愁苦把自己刺透了。

【另參：王下五16；詩一一九36；傳五10；何十二8～14；摩三10～11；可十一15～17；來十三5】

4.9.3.5. 不可欺詐貧窮人

雅 5 [4]工人給你們收割莊稼，你們虧欠他們的工錢，這工錢有
聲音呼叫，並且那收割之人的冤聲已經入了萬軍之主的
耳了。……[6]你們定了義人的罪，把他殺害，他也不抵擋
你們。

【另參：本書社會篇16.1.欺凌】

4.9.3.6. 借貸的問題

詩 15 [5]他不放債取利，不受賄賂以害無辜。行這些事的人必永不動搖。

詩 37 [21]惡人借貸而不償還；義人卻恩待人，並且施捨。

路 6 [35]你們……借給人不指望償還，你們的賞賜就必大了，你們也必作至高者的兒子，因為他恩待那忘恩的和作惡的。

4.10. 不作愚妄人

愚妄是不成熟的表現，對人對己都沒有好處。愚妄表示人對自己有錯誤的理解、對事情有不準確的評估，然後作出不合宜的決定。愚妄人拒絕接納別人的意見、自以為是、行事急進，最後自食其果。作為基督徒，我們可以向智慧的主祈求，使我們發現自己的愚妄，幫助我們找出合宜的處事方法。避免愚妄的另一方法是虛心聆聽別人的意見，特別是與自己相反的意見，給自己機會從另一個角度思考，發現自己的盲點。人必須面對自己的愚妄，才能有進步與突破。當我們願意承認自己有限的時候，上帝就會打開我們智慧的心眼。

4.10.1. 愚昧人的表現

4.10.1.1. 不認識上帝

詩 14 [1]愚頑人心裏說：沒有上帝。他們都是邪惡，行了可憎惡的事；沒有一個人行善。

箴 1 [22]說：你們愚昧人喜愛愚昧，褻慢人喜歡褻慢，愚頑人恨惡知識，要到幾時呢？【參7節】

4.10.1.2. 易於發怒

箴 12 [16]愚妄人的惱怒立時顯露；通達人能忍辱藏羞。

箴 29 [11]愚妄人怒氣全發；智慧人忍氣含怒。

4.10.1.3. 說出沒有智慧的言語

箴 14 [7]到愚昧人面前，不見他嘴中有知識。

箴 26 [7]瘸子的腳空存無用；箴言在愚昧人的口中也是如此。……
[9]箴言在愚昧人的口中，好像荊棘刺入醉漢的手。

4.10.1.4. 其他：沒有知識；喜喧嚷；拒絕受教

伯 11 [12]空虛的人卻毫無知識；人生在世好像野驢的駒子。

箴 9 [13]愚昧的婦人喧嚷；她是愚蒙，一無所知。[14]她坐在自己的
家門口，坐在城中高處的座位上，[15]呼叫過路的，就是直
行其道的人，[16]說：誰是愚蒙人，可以轉到這裏來！

箴 15 [5]愚妄人藐視父親的管教；領受責備的，得著見識。

4.10.2. 愚昧帶來的結局

4.10.2.1. 引致犯罪及敗壞

民 12 [11]……亞倫一看米利暗長了大痲瘋，就對摩西說：「我主啊，求你不要因我們愚昧犯罪【她毀謗摩西；參1～10節】，便將這罪加在我們身上。」

箴 10 [14]智慧人積存知識；愚妄人的口速致敗壞。

傳　4 [5]愚昧人抱著手，吃自己的肉。

4.10.3. 如何對待愚昧人

4.10.3.1. 不要將事情交託給愚昧人

箴 26 [6]藉愚昧人手寄信的，是砍斷自己的腳，自受損害。

箴 26 [10]雇愚昧人的，與雇過路人的，就像射傷眾人的弓箭手。

4.10.3.2. 不要將尊榮歸給愚昧人

箴 26 [8]將尊榮給愚昧人的，好像人把石子包在機弦裏。

箴 26 [12]你見自以為有智慧的人嗎？愚昧人比他更有指望。

5. 培養個人品德

5.1. 忍耐

忍耐是當人或事未能符合自己要求時所表現的一種積極反應。每個人都有自己的容忍限度及底線。忍耐是極其高尚的美德，聖經形容忍耐是聖靈所結的果子，人無法憑自己的意志接納難以接受的人和事。基督徒藉禱告學習易地而處，切身處地從對方的角度理解事情，嘗試以最良善的態度詮釋對方的想法，求上帝幫助自己發現固有的盲點，以清潔的良心堅持自己認為正確的觀點。忍耐並非表示默然承受，或者放棄自己立場，忍耐是以主動積極的態度面對理想與現實的差異。忍耐是基於對上帝的愛，對永遠生命的盼望，面對限制。

5.1.1. 忍耐的原因

5.1.1.1. 是一種美德

加　5 [22]聖靈所結的果子，就是仁愛、喜樂、和平、忍耐……。

西　1 [11]照他榮耀的權能，得以在各樣的力上加力，好叫你們凡事歡歡喜喜地忍耐寬容。

雅　5 [7]弟兄們哪，你們要忍耐，直到主來。看哪，農夫忍耐等候地裏寶貴的出產，直到得了秋雨春雨。

【另參：羅十二12；來六12】

5.1.1.2. 是愛的表現

創 29 [20]雅各就為拉結服事了七年；他因為深愛拉結，就看這七年如同幾天。【參二十九章】

林前13 [4]愛是恆久忍耐，又有恩慈……。

5.1.1.3. 帶來好結局

箴 25 [15]恆常忍耐可以勸動君王；柔和的舌頭能折斷骨頭。

傳　7 [8]事情的終局強如事情的起頭；存心忍耐的，勝過居心驕傲的。

5.1.1.4. 不忍耐會帶來禍患

撒上13 [11]……掃羅說：「因為我見百姓離開我散去……[12]……我就勉強獻上燔祭。」[13]撒母耳對掃羅說：「你做了糊塗事了……[14]現在你的王位必不長久……。」【參十三章】

箴 29 [20]你見言語急躁的人嗎？愚昧人比他更有指望。

5.1.2. 學習忍耐

5.1.2.1. 學習上帝的包容

民14 [18]耶和華不輕易發怒，並有豐盛的慈愛，赦免罪孽和過

犯……。【參詩八十六15】

彼後 3 [9]主所應許的尚未成就，有人以為他是耽延，其實不是耽延，乃是寬容你們，不願有一人沉淪，乃願人人都悔改。

5.1.2.2. 彼此要以忍耐／包容相待

弗 4 [2]凡事謙虛、溫柔、忍耐，用愛心互相寬容……。

西 3 [13]倘若這人與那人有嫌隙，總要彼此包容，彼此饒恕；主怎樣饒恕了你們，你們也要怎樣饒恕人。

5.1.2.3. 要忍耐等候上帝的工作

詩 37 [7]你當默然倚靠耶和華，耐性等候他；不要因那道路通達的和那惡謀成就的心懷不平。

詩 37 [34]你當等候耶和華，遵守他的道，他就抬舉你，使你承受地土；惡人被剪除的時候，你必看見。

詩 40 [1]我曾耐性等候耶和華；他垂聽我的呼求。

【另參：詩一三〇5；箴十三12；賽二十五9；羅八24】

5.1.2.4. 在苦難中要學習忍耐

帖後 1 [4]甚至我們在上帝的各教會裏為你們誇口，都因你們在所受的一切逼迫患難中，仍舊存忍耐和信心。[5]這正是上帝公義判斷的明證，叫你們可算配得上帝的國；你們就是為這國受苦。

啟 3 [10]你既遵守我忍耐的道，我必在普天下人受試煉的時候，保守你免去你的試煉。

5.1.2.5. 要勸勉人忍耐

多 2 [2]勸老年人要有節制、端莊、自守，在信心、愛心、忍耐上都要純全無疵。

來 10 [34]因為你們……甘心忍受，知道自己有更美長存的家業。……[36]你們必須忍耐，使你們行完了上帝的旨意，就可以得著所應許的。

雅 5 [11]那先前忍耐的人，我們稱他們是有福的。你們聽見過約
伯的忍耐，也知道主給他的結局，明顯主是滿心憐憫，大
有慈悲。

5.2. 勇氣

勇氣並非匹夫之勇，真正的勇氣是來自對上帝的信任。上帝賜我們勇氣，目的是建立我們的生命，完成上帝委派的任務。作為基督徒，我們應該明白上帝對我們人生的召命，在上帝安排的職分上努力向前，為主爭戰。當我們認清上帝的旨意的時候，應該堅定不移地排除萬難，依靠上帝完成目標。合乎上帝心意的勇氣是放下自我中心的勇氣，敢於承認過失，放膽主持正義，拒絕不擇手段達到目的，專心以榮耀上帝為最重要的原則，將成敗得失拋諸腦後。

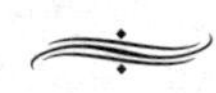

5.2.1. 勇氣的來源

5.2.1.1. 來自上帝

詩138 [3]我呼求的日子，你就應允我，鼓勵我，使我心裏有能力。

賽 41 [10]你不要害怕，因為我與你同在；不要驚惶，因為我是你的上帝。我必堅固你，我必幫助你；我必用我公義的右手扶持你。

徒 4 [31]禱告完了，聚會的地方震動，他們就都被聖靈充滿，放膽講論上帝的道。

【另參：賽五十7；徒十八9～11】

5.2.1.2. 來自人的鼓勵

申 31 [7]摩西……對他說：「你【指約書亞】當剛強壯膽！……也不要驚惶。」

代上28 [20]你【指所羅門】當剛強壯膽去行【指建聖殿】！不要懼怕，也不要驚惶。因為耶和華上帝就是我【指大衛】的上帝，與你同在……直到耶和華殿的工作都完畢了。

代下32 [7]「你們【指猶大百姓】當剛強壯膽，不要因亞述王和跟隨他的大軍恐懼……[8]……」百姓就靠猶大王希西家的話，安然無懼了。

【另參：代下十九9～11】

5.2.2. 勇氣在信仰上帶來的結果

5.2.2.1. 使人可以坦然面對上帝

來 4 [16]所以，我們只管坦然無懼地來到施恩的寶座前，為要得憐恤，蒙恩惠，作隨時的幫助。

來 10 [19]弟兄們，我們既因耶穌的血得以坦然進入至聖所。

約壹 2 [28]小子們哪，你們要住在主裏面。這樣，他若顯現，我們就可以坦然無懼；當他來的時候，在他面前也不至於慚愧。

【另參：約壹三21，四17，五14】

5.2.2.2. 使人可以放膽傳揚上帝的話

詩119 [46]我也要在君王面前論說你的法度，並不至於羞愧。

弗 6 [19]也為我祈求，使我得著口才，能以放膽開口講明福音的奧祕，（[20]我為這福音的奧祕作了帶鎖鍊的使者，）並使我照著當盡的本分放膽講論。

5.2.2.3. 使人可以有力量爭戰

出 14 [13]摩西對百姓說：「不要懼怕，只管站住！……因為，你們今天所看見的埃及人必永遠不再看見了。[14]耶和華必為你們爭戰；你們只管靜默，不要作聲。」

士 7 [10]「倘若你怕下去，就帶你的僕人普拉下到那營裏去。[11]你必聽見他們所說的，然後你就有膽量下去攻營。」於是基甸帶著僕人普拉下到營旁。

弗 6 [10]……你們要靠著主，倚賴他的大能大力作剛強的人。[11]要穿戴上帝所賜的全副軍裝，就能抵擋魔鬼的詭計。……[18]靠著聖靈，隨時多方禱告祈求；並要在此警醒不倦，為眾聖徒祈求。

5.2.2.4. 使人不逃避上帝給予的職分

耶 1 [17]所以你當束腰，起來將我所吩咐你的一切話告訴他們；不要因他們驚惶，免得我使你在他們面前驚惶。

林後 4 [1]我們既然蒙憐憫，受了這職分，就不喪膽，[2]乃將那些暗昧可恥的事棄絕了；不行詭詐，不謬講上帝的道理，只將真理表明出來，好在上帝面前把自己薦與各人的良心。

5.2.2.5. 使人可以堅持為上帝作工

書 14 [10]……耶和華照他所應許的使我【指迦勒】存活這四十五年；

其間以色列人在曠野行走。看哪，現今我八十五歲了，[11]我
還是強壯……我的力量那時如何，現在還是如何。

結　2 [6]人子啊【指以西結】，雖有荊棘和蒺藜在你那裏，你又住
在蠍子中間，總不要怕他們……[7]他們或聽，或不聽，你
只管將我的話告訴他們；他們是極其悖逆的。

徒 20 [22]現在我【指保羅】往耶路撒冷去……不知道在那裏要遇見
甚麼事……[24]我卻不以性命為念，也不看為寶貴，只要行
完我的路程，成就我從主耶穌所領受的職事，證明上帝恩
惠的福音。

【另參：帖前二1】

5.2.3. 勇氣在生活上帶來的結果

5.2.3.1. 使人可以面對敵人

撒上17 [32]大衛對掃羅說：「人都不必因那非利士人膽怯。你的僕人
要去與那非利士人戰鬥。」……[50]這樣，大衛用機弦甩石，
勝了那非利士人，打死他；大衛手中卻沒有刀。

結　3 [9]我使你的額像金鋼鑽，比火石更硬。他們雖是悖逆之
家，你不要怕他們，也不要因他們的臉色驚惶。

腓　1 [28]凡事不怕敵人的驚嚇，這是證明他們沉淪，你們得救都
是出於上帝。

【另參：士五21，八11；代下三十二6～7；詩三6；賽八12～14】

5.2.3.2. 使人可以面對苦難

徒 21 [13]保羅說：「你們為甚麼這樣痛哭，使我心碎呢？我為
主耶穌的名，不但被人捆綁，就是死在耶路撒冷也是願
意的。」

弗　3 [13]所以，我求你們不要因我為你們所受的患難喪膽，這原
是你們的榮耀。

5.2.3.3. 使人可以面對任何環境與事物

創 46 [3]上帝說：「……你下埃及去不要害怕……[4]我要和你同下埃及去，也必定帶你上來；約瑟必給你送終。」

書 1 [9]我豈沒有吩咐你嗎？你當剛強壯膽！不要懼怕，也不要驚惶；因為你無論往哪裏去，耶和華──你的上帝必與你同在。

腓 1 [20]照著我所切慕、所盼望的，沒有一事叫我羞愧。只要凡事放膽，無論是生是死，總叫基督在我身上照常顯大。

5.2.3.4. 使人會承認己過

撒上14 [29]約拿單說：「我父親連累你們了【約拿單誤違父命，但他承認己過；參24～29節】。你看，我嘗了這一點蜜，眼睛就明亮了。」

撒下12 [13]大衛對拿單說：「我得罪耶和華了！」【參十一1～27】拿單說：「耶和華已經除掉你的罪，你必不至於死。」

5.2.3.5. 使人可以大膽作應作的事

斯 3 [2]在朝門的一切臣僕都跪拜哈曼……惟獨末底改不跪不拜。……[4]他們天天勸他，他還是不聽，他們就告訴哈曼，要看末底改的事站得住站不住，因他已經告訴他們自己是猶大人。

詩106 [30]那時，非尼哈站起，刑罰惡人，瘟疫這才止息。[31]那就算為他的義，世世代代，直到永遠。【參民二十五1～9】

林後10 [1]我──保羅，就是與你們見面的時候是謙卑的，不在你們那裏的時候向你們是勇敢的……。

5.2.3.6. 使人面對死亡而不畏懼

林前15 [55]死啊！你得勝的權勢在哪裏？死啊！你的毒鉤在哪裏？[56]死的毒鉤就是罪，罪的權勢就是律法。[57]感謝上帝，使我們藉著我們的主耶穌基督得勝。

林後 5 [8]我們坦然無懼，是更願意離開身體與主同住。

5.3. 決心

基督信仰強調上帝的主權，同時亦強調人要下決心，離開罪惡，信仰基督。在人生的規律裏，要成功克服困難，必須下定決心，勇往直前。在信仰的路上，我們並非依靠自己，而是依賴上帝。不過，我們總不能沒有付出代價卻埋怨未能體驗上帝的真實。我們應該決心歸順上帝，跟隨上帝，事奉上帝，拒絕誘惑、負面的情緒，甚至對上帝的疑惑；這種決心必然幫助我們經歷上帝的能力。若我們在知識上接受宇宙間神的存在，卻沒有下決心認識這位真神，我們仍然在信仰的大門以外徘徊。

5.3.1. 要決心跟隨上帝

詩 44 18我們的心沒有退後；我們的腳也沒有偏離你的路。
詩119 10我一心尋求了你；求你不要叫我偏離你的命令。
可 8 34於是叫眾人和門徒來，對他們說：「若有人要跟從我，就當捨己，背起他的十字架來跟從我。【參太十六24；路九23】
【另參：撒上七3】

5.3.2. 要決心事奉上帝

書 24 15若是你們以事奉耶和華為不好，今日就可以選擇所要事奉的：是你們列祖在大河那邊所事奉的神呢？是你們所住這地的亞摩利人的神呢？至於我和我家，我們必定事奉耶和華。
撒上 7 3撒母耳對以色列全家說：「你們若一心歸順耶和華，就要把外邦的神……從你們中間除掉，專心歸向耶和華，單單地事奉他。」

5.3.3. 要決心保守自己的心

伯 31 1我與眼睛立約，怎能戀戀瞻望處女呢？
猶 20親愛的弟兄啊，你們卻要在至聖的真道上造就自己，在聖靈裏禱告，21保守自己常在上帝的愛中，仰望我們主耶穌基督的憐憫，直到永生。

5.3.4. 上帝幫助決心倚靠祂的人

賽 26 3堅心倚賴你的，你必保守他十分平安，因為他倚靠你。
賽 50 7主耶和華必幫助我，所以我不抱愧。我硬著臉面好像堅石；我也知道我必不致蒙羞。

5.4. 慷慨施予

施予是愛上帝的表現，施予者必須甘心。施予要考慮別人的需要，自己亦要量力而為。施予不是表現自己的慷慨，而是要使上帝的名得榮耀。上帝應許賞賜樂意施予的人，使他們心裏充滿喜樂。因此，我們要歡喜快樂地施予，樂意在暗中施予。我們行善不是為了炫耀自己，而是為了感恩，多謝上帝各種的恩賜。我們施予不是出於勉強，亦不必斤斤計較，而是對上帝的愛的回應。我們施予是要叫更多人獲得幫助，讓他們對人生充滿熱誠及希望，並且經歷上帝的祝福。

5.4.1. 施予的態度

5.4.1.1. 慷慨施予是信徒的品德

申 10 [19]所以你們要憐愛寄居的，因為你們在埃及地也作過寄居的。

得 2 [14]到了吃飯的時候，波阿斯對路得說：「你到這裏來吃餅，將餅蘸在醋裏。」路得就在收割的人旁邊坐下；他們把烘了的穗子遞給她。

羅 12 [13]聖徒缺乏，要幫補；客，要一味地款待。

【另參：彼前四9～10】

5.4.1.2. 施予必須要甘心

出 25 [2]你【指摩西】告訴以色列人當為我送禮物來；凡甘心樂意的，你們就可以收下歸我【指上帝】。【參三十五5】

林後 9 [7]各人要隨本心所酌定的，不要作難，不要勉強，因為捐得樂意的人是上帝所喜愛的。

提前 6 [17]你要囑咐那些今世富足的人……[18]……行善，在好事上富足，甘心施捨，樂意供給人。

【另參：出三十五21～22】

5.4.1.3. 要量力而為

申 16 [17]各人要按自己的力量，照耶和華——你上帝所賜的福分，奉獻禮物。

徒 11 [29]於是門徒定意照各人的力量捐錢，送去供給住在猶太的弟兄。

林後 9 [7]各人要隨本心所酌定的，不要作難，不要勉強，因為捐得樂意的人是上帝所喜愛的。[8]上帝能將各樣的恩惠多多地加給你們，使你們凡事常常充足，能多行各樣善事。

【另參：拉二68】

5.4.1.4. 要暗地施予給有需要的人

太 6 [1]你們要小心，不可將善事行在人的面前，故意叫他們看見，若是這樣，就不能得你們天父的賞賜了。

太 19 [21]耶穌說：「你若願意作完全人，可去變賣你所有的，分給窮人，就必有財寶在天上；你還要來跟從我。」【參可十21；路十八22】

徒 28 [10]他們又多方地尊敬我們；到了開船的時候，也把我們所需用的送到船上。

5.4.2. 施予的結果

5.4.2.1. 在信仰上建立美好的根基

林後 9 [12]因為辦這供給的事，不但補聖徒的缺乏，而且叫許多人越發感謝上帝。

提前 6 [17]你要囑咐那些今世富足的人……[18]……行善，在好事上富足，甘心施捨，樂意供給人，[19]……叫他們持定那真正的生命。

約壹 3 [17]凡有世上財物的，看見弟兄窮乏，卻塞住憐恤的心，愛上帝的心怎能存在他裏面呢？

5.4.2.2. 上帝必賞賜好施予的人

瑪 3 [10]萬軍之耶和華說：你們要將當納的十分之一全然送入倉庫，使我家有糧，以此試試我，是否為你們敞開天上的窗戶，傾福與你們，甚至無處可容。

可 9 [41]凡因你們是屬基督，給你們一杯水喝的，我實在告訴你們，他不能不得賞賜。【參太十42】

來 13 [2]不可忘記用愛心接待客旅；因為曾有接待客旅的，不知不覺就接待了天使。

【另參：代上二十九9；太二十五34～40；林後九13～14】

5.5. 誠實

誠實面對自己能夠使人更準確地作自我評價，誠實面對上帝使人獲得真正的自我肯定和接納。當人覺得上帝無條件地接納了自己的時候，就不必再在別人面前裝假。當人能夠活出真我的時候，亦能自然誠實地待人處事。上帝喜愛誠實的人，讓他們獲得別人的尊重和信任。縱使誠實的人會有機會吃虧，但是上帝格外祝福誠實的人。敬畏上帝的人行為正直，並且手潔心清敬拜上帝。誠實使人有長遠的益處，誠實的人內心平安，生活充滿上帝的恩典；較之因虛偽而終日承受的驚徨、自責，這份賞賜實在珍貴。

5.5.1. 誠實的重要性

5.5.1.1. 是誡命的其中一條

出 20 [16]不可作假見證陷害人。

箴 19 [5]作假見證的，必不免受罰；吐出謊言的，終不能逃脫。

【另參：申五20；箴十九9】

5.5.1.2. 上帝喜愛誠實

詩 51 [6]你所喜愛的是內裏誠實；你在我隱密處，必使我得智慧。

箴 12 [22]說謊言的嘴為耶和華所憎惡；行事誠實的，為他所喜悅。

結 45 [9]主耶和華如此說：「以色列的王啊，你們應當……施行公平和公義，不再勒索我的民。……[10]你們要用公道天平、公道伊法、公道罷特。」

【另參：箴十六11】

5.5.1.3. 只有誠實的人才可敬拜上帝

詩 24 [3]誰能登耶和華的山？誰能站在他的聖所？[4]就是手潔心清、不向虛妄、起誓不懷詭詐的人。

箴 14 [2]行動正直的，敬畏耶和華；行事乖僻的，卻藐視他。

5.5.1.4. 信徒務要說誠實話

箴 30 [7]我求你兩件事，在我未死之先，不要不賜給我：[8]求你使虛假和謊言遠離我……。

太 5 [37]你們的話，是，就說是；不是，就說不是；若再多說就是出於那惡者。

弗 4 [15]惟用愛心說誠實話，凡事長進，連於元首基督。

【另參：弗四25；西三9～10】

5.5.2. 誠實的益處

5.5.2.1. 誠實人可見證上帝的真實

箴 12 [17]說出真話的，顯明公義；作假見證的，顯出詭詐。

林後 1 [12]我們所誇的是自己的良心，見證我們憑著上帝的聖潔和誠實；在世為人不靠人的聰明，乃靠上帝的恩惠，向你們更是這樣。

5.5.2.2. 誠實人必蒙上帝賜福

箴 20 [7]行為純正的義人，他的子孫是有福的！

代下16 [9]耶和華的眼目遍察全地，要顯大能幫助向他心存誠實的人。

尼 9 [8]你【指上帝】見他【指亞伯拉罕】在你面前心裏誠實，就與他立約，應許把迦南人……之地賜給他的後裔，且應驗了你的話，因為你是公義的。

【另參：王上九4～5；詩三十一23】

5.5.2.3. 其他：誠實人得人信任；誠實讓人行事正直；誠實勝過財寶；誠實使他人得益處

王下12 [15]且將銀子交給辦事的人轉交做工的人，不與他們算賬，因為他們辦事誠實。【參二十二7】

箴 11 [3]正直人的純正【「純正」《現代中文譯本修訂版》譯作「誠實」】必引導自己；奸詐人的乖僻必毀滅自己。

箴 19 [1]行為純正的貧窮人勝過乖謬愚妄的富足人。

箴 24 [26]應對正直的，猶如與人親嘴。【參二十七5】

5.5.3. 不誠實的代價

5.5.3.1. 為上帝所憎惡

詩101 [7]行詭詐的，必不得住在我家裏；說謊話的，必不得立在我眼前。

箴　6 [16]耶和華所恨惡的有六樣，連他心所憎惡的共有七樣：[17]就
是高傲的眼，撒謊的舌，流無辜人血的手。

箴 17 [15]定惡人為義的，定義人為惡的，這都為耶和華所憎惡。

【另參：箴二十10，二十四24】

5.6. 盼望

盼望首先基於對上帝真實存在的信心，並且相信上帝的權能和祂樂意賜恩予人。盼望並非將人的意志無限放大，相反是確信上帝對我們有最美好的旨意和安排。盼望不是以人為中心，卻是從人心底裏所產生的以上帝為中心的信靠。盼望的內容包括很多方面：個人今生的事、兒女將來的事、教會整體的事、社會公眾的事、上帝國度的事、永遠生命的事等。按上帝的旨意，我們不要單單盼望個人的事，更重要的是盼望上帝永恆國度的事。當我們按上帝的旨意盼望合乎上帝心意的事，上帝必然讓我們看見祂正不斷地工作。

5.6.1. 盼望的源頭

5.6.1.1. 從上帝而來

詩 3 [3]但你——耶和華是我四圍的盾牌，是我的榮耀，又是叫我抬起頭來的。

詩 71 [5]主——耶和華啊，你是我所盼望的；從我年幼，你是我所倚靠的。

羅 15 [13]但願使人有盼望的上帝，因信將諸般的喜樂、平安充滿你們的心，使你們藉著聖靈的能力大有盼望！

5.6.1.2. 從基督及聖靈而來

羅 15 [13]但願使人有盼望的上帝，因信將諸般的喜樂、平安充滿你們的心，使你們藉著聖靈的能力大有盼望！

彼前 1 [3]願頌讚歸與我們主耶穌基督的父上帝！他……藉著耶穌基督從死裏復活，重生了我們，叫我們有活潑的盼望。

5.6.2. 如何才有盼望

5.6.2.1. 要帶謙卑和信心仰望上帝

詩123 [2]看哪，僕人的眼睛怎樣望主人的手，使女的眼睛怎樣望主母的手，我們的眼睛也照樣望耶和華——我們的上帝，直到他憐憫我們。

羅 5 [2]我們又藉著他，因信得進入現在所站的這恩典中，並且歡歡喜喜盼望上帝的榮耀。[3]……患難生忍耐，[4]忍耐生老練，老練生盼望；[5]盼望不至於羞恥……。

林後 4 [18]原來我們不是顧念所見的，乃是顧念所不見的；因為所見的是暫時的，所不見的是永遠的。

【另參：林後五6～8】

5.6.3. 有盼望的人的表現

5.6.3.1. 會忘記今生的苦難

詩 25 [3]凡等候你的必不羞愧；惟有那無故行奸詐的必要羞愧。

箴 13 [12]所盼望的遲延未得，令人心憂；所願意的臨到，卻是生命樹。

羅 8 [17]……如果我們和他一同受苦，也必和他一同得榮耀。
[18]我想，現在的苦楚若比起將來要顯於我們的榮耀就不足介意了。

【另參：羅四18】

5.6.3.2. 必行在真理中

詩119 [43]求你叫真理的話總不離開我口，因我仰望你的典章。

西 1 [5]是為那給你們存在天上的盼望；這盼望就是你們從前在福音真理的道上所聽見的。

5.6.3.3. 有勇氣面對將來

詩 31 [24]凡仰望耶和華的人，你們都要壯膽，堅固你們的心！

羅 4 [18]他【指亞伯拉罕】在無可指望的時候，因信仍有指望，就得以作多國的父，正如先前所說：「你的後裔將要如此。」

5.6.4. 盼望的結局

5.6.4.1. 使人得賞賜

詩147 [11]耶和華喜愛敬畏他和盼望他慈愛的人。……[13]因為他堅固了你的門閂，賜福給你中間的兒女。

提後 4 [7]那美好的仗我已經打過了，當跑的路我已經跑盡了，所信的道我已經守住了。[8]從此以後，有公義的冠冕為我存留，就是按著公義審判的主到了那日要賜給我的……。

來 6 [17]照樣，上帝願意為那承受應許的人格外顯明他的旨意是
不更改的……[18]……上帝決不能說謊，好叫我們這逃往避
難所、持定擺在我們前頭指望的人可以大得勉勵。

5.6.4.2. 使人得享救恩

耶 31 [16]……你【指拉結】禁止聲音不要哀哭，禁止眼目不要流
淚，因你所做之工必有賞賜；他們【指以色列人】必從敵國
歸回。……[17]耶和華說：你末後必有指望；你的兒女必回
到自己的境界。

羅 8 [24]我們得救是在乎盼望；只是所見的盼望不是盼望，誰還
盼望他所見的呢？[25]但我們若盼望那所不見的，就必忍耐
等候。

約壹 2 [24]論到你們，務要將那從起初所聽見的，常存在心
裏。……[25]主所應許我們的就是永生。

【另參：羅八20～22】

5.6.4.3. 信徒的盼望不止於今生

林前15 [19]我們若靠基督，只在今生有指望，就算比眾人更可憐。

帖前 4 [16]……主必親自從天降臨……那在基督裏死了的人必先復
活。[17]以後我們這活著還存留的人必和他們一同被提到雲
裏，在空中與主相遇。這樣，我們就要和主永遠同在。

5.7. 謙卑

世俗社會強調自信心、自我肯定、自我實現；聖經則強調謙卑、不表現自已、不突顯自己。究竟謙卑的人如何在世俗社會生存？在競爭激烈的社會裏，謙卑被動、不主動展露自已的長處，怎能有出人頭地的機會呢？主耶穌基督謙卑自已，為讓人獲得豐盛生命而甘心服事；我們應該以基督為榜樣，盡心竭力服事有需要的人。上帝必定將我們從卑微的位置提升，為上帝作更重要的事。上帝喜愛謙卑的人，賜他們智慧和喜樂，因此謙卑的人表面上容易吃虧，但卻是一直蒙福的。

5.7.1. 上帝恩待謙卑的人

5.7.1.1. 上帝扶持謙卑的人並與他們同在

詩 75 [6]因為高舉非從東，非從西，也非從南而來。[7]惟有上帝斷
定；他使這人降卑，使那人升高。

賽 57 [15]……我【指上帝】住在至高至聖的所在，也與心靈痛悔
謙卑的人同居；要使謙卑人的靈甦醒，也使痛悔人的心
甦醒。

太 23 [12]凡自高的，必降為卑；自卑的，必升為高。【參路十八14】

【另參：詩一四七6；箴二十二4；賽二12；雅四10；彼前五6】

5.7.1.2. 上帝拯救謙卑的人

撒下22 [28]困苦的百姓，你必拯救；但你的眼目察看高傲的人，使
他降卑。【參詩十八27】

王上21 [29]亞哈在我【指上帝】面前這樣自卑，你看見了嗎？因他在
我面前自卑，他還在世的時候，我不降這禍……。

番 2 [3]世上遵守耶和華典章的謙卑人哪，你們都當尋求耶和
華！當尋求公義謙卑，或者在耶和華發怒的日子可以隱藏
起來。

【另參：代下七14；賽六十六2】

5.7.2. 如何學習謙卑

5.7.2.1. 要在上帝面前謙卑自己

詩131 [1]耶和華啊，我的心不狂傲，我的眼不高大；重大和測不
透的事，我也不敢行。

太 18 [2]耶穌……[3]說：「我實在告訴你們，你們若不回轉，變成
小孩子的樣式，斷不得進天國。[4]所以，凡自己謙卑像這
小孩子的，他在天國裏就是最大的。」【參可十13～16】

腓 2 [3]……只要存心謙卑，各人看別人比自己強。……[5]你們當

以基督耶穌的心為心……[8]既有人的樣子，就自己卑微，
存心順服，以至於死，且死在十字架上。

5.7.2.2. 不可自誇

箴 27 [2]要別人誇獎你，不可用口自誇；等外人稱讚你，不可用
嘴自稱。

耶 9 [23]智慧人不要因他的智慧誇口，勇士不要因他的勇力誇
口，財主不要因他的財物誇口。[24]誇口的卻因他有聰明，
認識我是耶和華，又知道我喜悅在世上施行慈愛、公平，
和公義，以此誇口。

林後 4 [7]我們有這寶貝放在瓦器裏，要顯明這莫大的能力是出於
上帝，不是出於我們。

【另參：弗二8～10；提前六17～19】

5.7.2.3. 只誇自己的軟弱

林後11 [30]我若必須自誇，就誇那關乎我軟弱的事便了。

林後13 [9]即使我們軟弱，你們剛強，我們也歡喜；並且我們所求
的，就是你們作完全人。

5.7.2.4. 謙卑對待別人

可 9 [35]耶穌坐下，叫十二個門徒來，說：「若有人願意作首先
的，他必作眾人末後的，作眾人的用人。」

羅 12 [10]愛弟兄，要彼此親熱；恭敬人，要彼此推讓。……[16]要彼
此同心；不要志氣高大，倒要俯就卑微的人。不要自以為
聰明。

5.7.3. 謙卑的結果

5.7.3.1. 謙卑的人必得智慧

箴 11 [2]驕傲來，羞恥也來；謙遜人卻有智慧。

箴 16 [19]心裏謙卑與窮乏人來往，強如將擄物與驕傲人同分。

5.7.3.2. 謙卑的人必得喜樂

賽 29 [19]謙卑人必因耶和華增添歡喜；人間貧窮的必因以色列的
聖者快樂。

雅 1 [9]卑微的弟兄升高，就該喜樂。

5.8. 正直

正直的人按公平正義行事，對人不存偏見，亦無機心，以事論事。正直的人不會討好有權勢的人，亦不會輕視弱者。正直的人尊重別人，肯定別人的貢獻，亦指出別人的錯誤，行事光明磊落。正直的人做事不存個人野心，只求問心無愧，在上帝面前忠心。聖經教訓我們，上帝喜悅正直的人，祝福正直的人。聖經強調作領袖的要正直，以身作則。今日的社會流行將專業與道德分割，一個人只要在工作上表現出色，個人生活一團糟也不要緊。不過，聖經卻強調人內心的正直純潔比能力才幹更重要。

5.8.1. 上帝看正直

5.8.1.1. 上帝親自以正直行事

箴 16 [11]公道的天平和秤都屬耶和華；囊中一切法碼都為他所定。

賽 25 [1]耶和華啊，你是我的上帝；我要尊崇你，我要稱讚你的名。因為你以忠信誠實行過奇妙的事，成就你古時所定的。

5.8.1.2. 行事正直是一種福氣

詩 24 [3]誰能登耶和華的山？誰能站在他的聖所？[4]就是手潔心清、不向虛妄、起誓不懷詭詐的人。

詩 32 [2]凡心裏沒有詭詐、耶和華不算為有罪的，這人是有福的！

箴 19 [1]行為純正的貧窮人勝過乖謬愚妄的富足人。

【另參：箴二十7，二十四26】

5.8.2. 信徒要行事正直

5.8.2.1. 說正直的話

伯 27 [4]我的嘴決不說非義之言；我的舌也不說詭詐之語。……[6]我持定我的義，必不放鬆；在世的日子，我心必不責備我。

詩101 [6]我【指上帝】眼要看國中的誠實人，叫他們與我同住；行為完全的，他要伺候我。

弗 4 [25]所以，你們要棄絕謊言，各人與鄰舍說實話，因為我們是互相為肢體。

【另參：本篇5.13.謹慎言語】

5.8.2.2. 行正直的事，且要遠離不正直的事

詩101 [4]彎曲的心思，我必遠離；一切的惡人，我不認識。[5]在暗中讒謗他鄰居的，我必將他滅絕；眼目高傲、心裏驕縱

的，我必不容他。

箴 3 [3]不可使慈愛、誠實離開你，要繫在你頸項上，刻在你心
版上。[4]這樣，你必在上帝和世人眼前蒙恩寵，有聰明。

西 3 [9]不要彼此說謊；因你們已經脫去舊人和舊人的行為，[10]穿上
了新人。這新人在知識上漸漸更新，正如造他主的形像。

【另參：箴十一3；亞八16～17】

5.8.2.3. 作領袖的必須正直行事

出 18 [21]並要從百姓中揀選有才能的人，就是敬畏上帝、誠實無妄、恨不義之財的人，派他們……管理百姓。

詩 78 [72]於是，他【指大衛】按心中的純正牧養他們，用手中的巧妙引導他們。

多 2 [7]你【指提多】自己凡事要顯出善行的榜樣；在教訓上要正直、端莊。

5.9. 愛

愛是上帝的其中一種本性，祂愛自己所創造的人類，藉著獨生兒子耶穌基督的死拯救世人。上帝對人的愛表現於祂對人無條件的接納和包容，使人要以感恩的心愛上帝、愛人。一個感受到自己是被愛的人，可以突破自我中心的限制，擺脫自卑、自憐或自私的心態，以無私的心愛人如己。聖經所講的愛，並非對志趣相投的人的愛、浪漫的愛，而是以上帝的愛對待那些不可愛的人。聖經所教導的愛是以真誠去愛仇敵，以寬恕代替仇恨。一個內心有愛的人，會留心被忽略的人，關心他們的無助，以關懷的態度接待他們，令有需要的人得到鼓勵。

5.9.1. 上帝的愛

5.9.1.1. 上帝愛世上的人

路 12 [7]就是你們的頭髮，也都被數過了。不要懼怕，你們比許
多麻雀還貴重！【參太十30】

羅 8 [35]誰能使我們與基督的愛隔絕呢？難道是……[39]……都不
能叫我們與上帝的愛隔絕；這愛是在我們的主基督耶穌
裏的。

約壹 4 [16]上帝愛我們的心，我們也知道也信。上帝就是愛；住在
愛裏面的，就是住在上帝裏面，上帝也住在他裏面。

【另參：民十四18～19；約三16；約壹四9～10】

5.9.1.2. 上帝藉著基督將愛賜給我們

約 3 [16]上帝愛世人，甚至將他的獨生子賜給他們，叫一切信他
的，不致滅亡，反得永生。

約 13 [1]逾越節以前，耶穌知道自己離世歸父的時候到了。他既
然愛世間屬自己的人，就愛他們到底。

弗 3 [17]使基督因你們的信，住在你們心裏，叫你們的愛心有根
有基，[18]能以和眾聖徒一同明白基督的愛是何等長闊高
深，[19]並知道這愛是過於人所能測度的，便叫上帝一切所
充滿的，充滿了你們。

5.9.1.3. 上帝藉著聖靈將愛賜給我們

羅 5 [2]我們又藉著他，因信得進入現在所站的這恩典中，並且
歡歡喜喜盼望上帝的榮耀。……[5]盼望不至於羞恥，因為
所賜給我們的聖靈將上帝的愛澆灌在我們心裏。

西 1 [8]也把你們因聖靈所存的愛心告訴了我們。

5.9.2. 愛的定義

5.9.2.1. 愛是人生的重要元素

林前13 [13]如今常存的有信，有望，有愛這三樣，其中最大的是愛。

西 3 [12]所以，你們既是上帝的選民，聖潔蒙愛的人……總要彼
此包容，彼此饒恕……[14]……愛心就是聯絡全德的。

5.9.2.2. 愛是恆久的

耶 31 [3]古時耶和華向以色列顯現，說：我以永遠的愛愛你，因
此我以慈愛吸引你。

林前13 [4]愛是恆久……[8]愛是永不止息。

5.9.2.3. 愛是遵守命令

約 14 [21]有了我的命令又遵守的，這人就是愛我的；愛我的必蒙
我父愛他，我也要愛他，並且要向他顯現。【約壹二5】

提前 1 [5]但命令的總歸就是愛；這愛是從清潔的心和無虧的良
心，無偽的信心生出來的。

5.9.2.4. 愛是服事上帝

書 22 [5]只要切切地謹慎遵行耶和華僕人摩西所吩咐你們的誡命
律法，愛耶和華——你們的上帝，行他一切的道，守他的
誡命，專靠他，盡心盡性事奉他。

約 21 [15]……耶穌對西門・彼得說：「約翰的兒子西門，你愛
我比這些更深嗎？」彼得說：「主啊，是的，你知道我
愛你。」……[17]……耶穌說：「你餵養我的羊。……」【參
二十一章】

5.9.2.5. 其他：包括思念；包括管教

腓 1 [8]我體會基督耶穌的心腸，切切地想念你們眾人；這是上
帝可以給我作見證的。

來 12 [5]……我兒，你不可輕看主的管教，被他責備的時候也不
可灰心；[6]因為主所愛的，他必管教……。【參啟三19】

5.9.3. 人的愛

5.9.3.1. 人的愛心會冷淡

太 24 [12]只因不法的事增多，許多人的愛心才漸漸冷淡了。

啟 2 [4]然而有一件事我要責備你，就是你把起初的愛心離棄了。

5.9.3.2. 人會偏心

創 25 [28]以撒愛以掃，因為常吃他的野味；利百加卻愛雅各。

創 37 [3]以色列原來愛約瑟過於愛他的眾子，因為約瑟是他年老
生的；他給約瑟做了一件彩衣。

5.9.4. 信徒要如何實踐愛

5.9.4.1. 要真誠地愛

羅 12 [9]愛人不可虛假。惡，要厭惡；善，要親近。

弗 5 [1]所以，你們該效法上帝，好像蒙慈愛的兒女一樣。[2]也要
憑愛心行事，正如基督愛我們，為我們捨了自己……。

約壹 3 [18]小子們哪，我們相愛，不要只在言語和舌頭上，總要在
行為和誠實上。

【另參：羅十三10；彼前四8】

5.9.4.2. 要愛上帝

申 6 [5]你要盡心、盡性、盡力愛耶和華──你的上帝。【參太
二十二37；可十二29～31；路十25～37】

林前16 [22]若有人不愛主，這人可詛可咒。主必要來！

5.9.4.3. 要愛人如己

太 22 [37]耶穌對他說：「……[39]其次也相倣，就是要愛人如己。
[40]這兩條誡命是律法和先知一切道理的總綱。」【參可十二29～31；路十25～37】

羅 13 [9]像那不可姦淫，不可殺人，不可偷盜，不可貪婪，或有別的誡命，都包在愛人如己這一句話之內了。

林前10 [24]無論何人，不要求自己的益處，乃要求別人的益處。

【另參：加五14】

5.9.4.4. 信徒要彼此相愛

約 13 [34]我賜給你們一條新命令，乃是叫你們彼此相愛；我怎樣愛你們，你們也要怎樣相愛。
[35]你們若有彼此相愛的心，眾人因此就認出你們是我的門徒了。【參十五12～18】

羅 13 [8]凡事都不可虧欠人，惟有彼此相愛要常以為虧欠，因為愛人的就完全了律法。

帖前 3 [12]又願主叫你們彼此相愛的心，並愛眾人的心都能增長，充足，如同我們愛你們一樣……。

【另參：彼後一7】

5.9.4.5. 要愛自己的親人

箴 17 [17]朋友乃時常親愛，弟兄為患難而生。

弗 5 [25]你們作丈夫的，要愛你們的妻子……
[28]丈夫也當照樣愛妻子，如同愛自己的身子；愛妻子便是愛自己了。【參33節】

弗 6 [1]你們作兒女的，要在主裏聽從父母，這是理所當然的。……
[4]你們作父親的，不要惹兒女的氣，只要照著主的教訓和警戒養育他們。

5.9.4.6. 要愛敵人

利 19 [18]不可報仇，也不可埋怨你本國的子民，卻要愛人如己。我是耶和華。

太 5 [38]你們聽見有話說：「以眼還眼，以牙還牙。」……[44]只是
我告訴你們，要愛你們的仇敵，為那逼迫你們的禱告。
【參路六29～30】

路 6 [35]你們倒要愛仇敵，也要善待他們，並要借給人不指望償
還，你們的賞賜就必大了，你們也必作至高者的兒子，因
為他恩待那忘恩的和作惡的。【參27節】

【另參：羅十二19～21】

5.10. 喜樂

人往往在順境的時候感到喜樂，為自己的辛苦經營獲得成績而滿足。人的喜樂頗受外在環境因素影響，不過在眾多原因中，哪個是最根本的呢？事業成功或發展順利都不是人能夠控制的，而是在乎上帝的恩典。因此，人要學習歸回上帝，並以上帝為樂。艱苦努力過後，等待成果的時候，要存著歡喜快樂的心，因為上帝會成就祂的應許，賜我們超乎想像的祝福。當我們認識上帝的時候，應該憑信心面對考驗，存喜樂的心待人處事，常存感恩的心與眾人分享喜樂，鼓勵哀傷的人依靠上帝獲得喜樂。

5.10.1. 使人喜樂的

5.10.1.1. 上帝使人喜樂

詩 30 [11]你【指上帝】已將我的哀哭變為跳舞，將我的麻衣脫去，
給我披上喜樂。

詩103 [5]他用美物使你所願的得以知足，以致你如鷹返老還童。

5.10.1.2. 智慧之子使父親喜樂

箴 15 [20]智慧子使父親喜樂；愚昧人藐視母親。

箴 17 [21]生愚昧子的，必自愁苦；愚頑人的父毫無喜樂。

箴 29 [17]管教你的兒子，他就使你得安息，也必使你心裏喜樂。

5.10.1.3. 美好的事使人喜樂

箴 12 [20]圖謀惡事的，心存詭詐；勸人和睦的，便得喜樂。

箴 15 [23]口善應對，自覺喜樂；話合其時，何等美好。……[30]眼有
光，使心喜樂；好信息，使骨滋潤。

傳 7 [14]遇亨通的日子你當喜樂；遭患難的日子你當思想；
因為上帝使這兩樣並列，為的是叫人查不出身後有甚
麼事。

【另參：箴二十一15，二十九2～6】

5.10.1.4. 人會在勞碌中喜樂

傳 3 [22]故此，我見人莫強如在他經營的事上喜樂，因為這是他
的分。他身後的事誰能使他回來得見呢？

傳 5 [19]上帝賜人資財豐富，使他能以吃用，能取自己的分，在
他勞碌中喜樂，這乃是上帝的恩賜。[20]他不多思念自己一
生的年日，因為上帝應他的心使他喜樂。

5.10.1.5. 守節儀時會喜樂

申 27 [7]又要獻平安祭，且在那裏吃，在耶和華——你的上帝面

前歡樂。

尼 8 [10]又對他們說：「……因為今日是我們主的聖日。你們不要
憂愁，因靠耶和華而得的喜樂是你們的力量。」……[17]……
於是眾人大大喜樂。

5.10.2. 喜樂的表現

5.10.2.1. 正直人充滿喜樂

詩 97 [11]散布亮光是為義人；預備喜樂是為正直人。

箴 29 [6]惡人犯罪，自陷網羅；惟獨義人歡呼喜樂。

5.10.2.2. 其他：喜樂會形於色；享樂未必喜樂

箴 15 [13]心中喜樂，面帶笑容；心裏憂愁，靈被損傷。

傳 2 [1]我心裏說：「來吧，我以喜樂試試你，你好享福！」誰
知，這也是虛空。[2]我指嬉笑說：「這是狂妄。」論喜樂
說：「有何功效呢？」

5.10.3. 學習喜樂

5.10.3.1. 以喜樂醫治人心

箴 17 [22]喜樂的心乃是良藥；憂傷的靈使骨枯乾。

傳 3 [12]我知道世人，莫強如終身喜樂行善。

5.10.3.2. 其他：惡人的喜樂是暫時的；喜樂未必能分享；與人同樂同憂

伯 20 [5]惡人誇勝是暫時的，不敬虔人的喜樂不過轉眼之間嗎？

箴 14 [10]心中的苦楚，自己知道；心裏的喜樂，外人無干。

羅 12 [15]與喜樂的人要同樂；與哀哭的人要同哭。

5.10.4. 如何得喜樂

5.10.4.1. 以上帝為樂

伯 22 [26]你就要以全能者為喜樂，向上帝仰起臉來。
詩 16 [8]我將耶和華常擺在我面前，因他在我右邊，我便不致搖動。
[9]因此，我的心歡喜，我的靈快樂；我的肉身也要安然居住。
約 15 [11]這些事我已經對你們說了，是要叫我的喜樂存在你們心裏，並叫你們的喜樂可以滿足。

【另參：詩五11，十六11，三十七4，六十九32，九十14；賽三十五10；腓四4】

5.10.4.2. 為曾經付出而喜樂

詩126 [5]流淚撒種的，必歡呼收割！
傳 3 [22]故此，我見人莫強如在他經營的事上喜樂，因為這是他的分。他身後的事誰能使他回來得見呢？【參九7】

5.10.4.3. 在試煉中有喜樂

雅 1 [2]我的弟兄們，你們落在百般試煉中，都要以為大喜樂；
[3]因為知道你們的信心經過試驗，就生忍耐。[4]但忍耐也當成功，使你們成全、完備，毫無缺欠。
彼前 1 [6]因此，你們是大有喜樂；但如今，在百般的試煉中暫時憂愁，[7]叫你們的信心既被試驗，就比那被火試驗仍然能壞的金子更顯寶貴，可以在耶穌基督顯現的時候得著稱讚、榮耀、尊貴。

5.10.4.4. 信仰的果子就是喜樂

加 5 [22]聖靈所結的果子，就是……喜樂。
彼前 1 [8]你們雖然沒有見過他，卻是愛他；如今雖不得看見，卻因信他就有說不出來、滿有榮光的大喜樂；[9]並且得著你們信心的果效，就是靈魂的救恩。

5.10.4.5. 其他：行善就有喜樂；行在真理中就喜樂

傳 3 [12]我知道世人，莫強如終身喜樂行善。

約叁 [3]有弟兄來證明你心裏存的真理，正如你按真理而行，我
就甚喜樂。[4]我聽見我的兒女們按真理而行，我的喜樂就
沒有比這個大的。

5.11. 慈憐

上帝是既公義又慈愛的，祂對罪惡施行審判，卻對罪人寬容，給予他們悔改的機會。上帝要求人承認自己的罪孽，然後以慈愛覆庇祂的兒女。以往曾經出現一個不正確的講法：舊約的上帝是公義的，新約的上帝是慈愛的。其實，上帝由始至終都是既公義又慈愛的。上帝在公義的審判中有慈愛，在慈愛的體諒中有公義。當我們經歷上帝的慈愛後，應該以恩慈的態度待人處事，存憐憫的心彼此饒恕。當我們幫助別人的時候，我們不必期望別人的答謝或回報，只要以此為感謝上帝對自己的愛的回應。

5.11.1. 上帝的慈憐

5.11.1.1. 上帝有永遠的恩慈

詩 30 [5]因為，他的怒氣不過是轉眼之間；他的恩典乃是一生之
久。一宿雖然有哭泣，早晨便必歡呼。

詩117 [2]因為他向我們大施慈愛；耶和華的誠實存到永遠。你們
要讚美耶和華！

哀 3 [31]因為主必不永遠丟棄人。[32]主雖使人憂愁，還要照他諸
般的慈愛發憐憫。[33]因他並不甘心使人受苦，使人憂愁。

【另參：耶三12～13；彌七18】

5.11.1.2. 上帝不永遠懷怒

詩145 [8]耶和華有恩惠，有憐憫，不輕易發怒，大有慈愛。[9]耶和
華善待萬民；他的慈悲覆庇他一切所造的。【參鴻一3】

何 14 [4]我必醫治他們背道的病，甘心愛他們；因為我的怒氣向
他們轉消。

5.11.1.3. 上帝的恩慈不會離開人

詩 23 [6]我一生一世必有恩惠慈愛隨著我；我且要住在耶和華的
殿中，直到永遠。

詩 30 [5]因為，他的怒氣不過是轉眼之間；他的恩典乃是一生之
久。一宿雖然有哭泣，早晨便必歡呼。

詩 37 [25]我從前年幼，現在年老，卻未見過義人被棄，也未見過
他的後裔討飯。[26]他【指上帝】終日恩待人，借給人；他的
後裔也蒙福！

【另參：賽五十四10】

5.11.2. 信徒要以恩慈待人

5.11.2.1. 要效法上帝的慈憐

彌 6 [8]世人哪，耶和華已指示你何為善。他向你所要的是甚麼呢？只要你行公義，好憐憫，存謙卑的心，與你的上帝同行。

太 6 [14]你們饒恕人的過犯，你們的天父也必饒恕你們的過犯。【參可十一25】

弗 4 [32]並要以恩慈相待，存憐憫的心，彼此饒恕，正如上帝在基督裏饒恕了你們一樣。

【另參：太五48；路六36；西三12】

5.11.2.2. 施恩不圖報

路 6 [34]你們若借給人，指望從他收回，有甚麼可酬謝的呢？……[35]……你們的賞賜就必大了，你們也必作至高者的兒子。

羅 12 [13]聖徒缺乏，要幫補；客，要一味地款待。

5.11.2.3. 以恩慈對待所有人

創 50 [19]約瑟對他們說：「不要害怕，我豈能代替上帝呢？[20]從前你們的意思是要害我，但上帝的意思原是好的，要保全許多人的性命，成就今日的光景。」【約瑟的哥哥曾惡待約瑟；參三十七12～36】

利 19 [34]和你們同居的外人，你們要看他如本地人一樣，並要愛他如己，因為你們在埃及地也作過寄居的。我是耶和華——你們的上帝。

弗 4 [32]並要以恩慈相待，存憐憫的心，彼此饒恕，正如上帝在基督裏饒恕了你們一樣。

【另參：帖前五15】

5.11.2.4. 行憐憫的人必得賞賜

箴 14 [21]藐視鄰舍的，這人有罪……[22]……謀善的，必得慈愛和誠
實。……[31]……憐憫窮乏的，乃是尊敬主。

太 5 [7]憐恤人的人有福了！因為他們必蒙憐恤。

5.12. 智慧

上帝是智慧的源頭，祂以智慧創造天地，掌管人心。上帝是既慈愛又公義的，祂樂意賜智慧給尋求祂的人。敬畏上帝是智慧的開端，遵行祂命令的是聰明人。人追尋世上的知識，是有意義的，不過屬靈的智慧比一切更重要。智慧人懂得謙卑，接納勸告，避免因心高氣傲而破壞人與人之間的關係。智慧人懂得從不同角度思考，慎思明辨，從大處著眼，作全盤整體及長遠考慮，釐定方向。他們按實際情況訂定具體步驟，因時制宜，解決問題及繼續前進。智慧是根據上帝創造宇宙的原則行事，以敬畏上帝的心行事。

5.12.1. 智慧的來源

5.12.1.1. 上帝是智慧的源頭

王上 4 29上帝賜給所羅門極大的智慧聰明和廣大的心，如同海沙
不可測量。30所羅門的智慧超過東方人和埃及人的一切智
慧。……34天下列王聽見所羅門的智慧，就都差人來聽他
的智慧話。

箴　3 19耶和華以智慧立地，以聰明定天，20以知識使深淵裂開，
使天空滴下甘露。

路 12 11人帶你們到會堂，並官府和有權柄的人面前，不要思慮
怎麼分訴，說甚麼話；12因為正在那時候，聖靈要指教你們
當說的話。【參太十19～20；可十三11；路二十一14～15】

【另參：王上十1；賽五十五9；但一17；路二十一15；約壹五20】

5.12.2. 如何得智慧

5.12.2.1. 智慧是要專心尋求的

箴　2 1我兒，你若……2側耳聽智慧，專心求聰明，3呼求明哲，
揚聲求聰明，4尋找它，如尋找銀子，搜求它，如搜求隱
藏的珍寶，5你就明白敬畏耶和華，得以認識上帝。

雅　1 5你們中間若有缺少智慧的，應當求那厚賜與眾人、也不
斥責人的上帝，主就必賜給他。

5.12.2.2. 敬畏上帝是智慧的源頭

撒上18 14大衛做事無不精明，耶和華也與他同在。

詩111 10敬畏耶和華是智慧的開端；凡遵行他命令的是聰明人。
耶和華是永遠當讚美的！

箴　1 7敬畏耶和華是知識的開端；愚妄人藐視智慧和訓誨。

【另參：箴二6～12】

5.12.2.3. 從世界而來的不是真智慧

賽 47 [10]你素來倚仗自己的惡行，說：無人看見我。你的智慧聰明
使你偏邪，並且你心裏說：惟有我，除我以外再沒有別的。

林前 2 [1]弟兄們，從前我到你們那裏去，並沒有用高言大智對你
們宣傳上帝的奧祕。[2]因為我曾定了主意，在你們中間不
知道別的，只知道耶穌基督並他釘十字架。

林前 3 [18]人不可自欺。你們中間若有人在這世界自以為有智慧，
倒不如變作愚拙，好成為有智慧的。[19]因這世界的智慧，
在上帝看是愚拙。如經上記著說：「主叫有智慧的，中了
自己的詭計」。

5.12.3. 智慧人的表現

5.12.3.1. 智慧人不以智慧誇口

箴 13 [10]驕傲只啟爭競；聽勸言的，卻有智慧。

耶 9 [23]耶和華如此說：「智慧人不要因他的智慧誇口……[24]誇
口的卻因他有聰明，認識我是耶和華，又知道我喜悅在
世上施行慈愛、公平，和公義，以此誇口。這是耶和華
說的。」

5.12.3.2. 遵守上帝的話

申 4 [6]所以你們要謹守遵行；這就是你們在萬民眼前的智慧、
聰明。他們聽見這一切律例，必說：「這大國的人真是有
智慧，有聰明！」

太 7 [24]……凡聽見我【指耶穌】這話就去行的，好比一個聰明
人，把房子蓋在磐石上；[25]雨淋，水沖，風吹，撞著那房
子，房子總不倒塌，因為根基立在磐石上。

5.12.3.3. 謹守智慧

箴 3 [21]我兒，要謹守真智慧和謀略，不可使她離開你的眼目。

箴 4 [5]要得智慧，要得聰明，不可忘記，也不可偏離我口中的
言語。[6]不可離棄智慧，智慧就護衛你；要愛她，她就保
守你。[7]智慧為首；所以，要得智慧。在你一切所得之內
必得聰明。

5.12.3.4. 其他：智慧人明白事理；智慧使人得益；以智慧行事

箴 14 [8]通達人的智慧在乎明白己道；愚昧人的愚妄乃是詭詐。
箴 19 [8]得著智慧的，愛惜生命；保守聰明的，必得好處。
太 10 [16]我【指耶穌】差你們去，如同羊進入狼羣；所以你們要靈
巧像蛇，馴良像鴿子。

5.13. 謹慎言語

說話的影響力非常大，虛謊的言語誤導人作錯誤的決定，合宜的言語能排難解紛。說話反映人的情緒狀態，亦反映人的性格和價值取向。作為基督徒，我們應該戒除驕傲、暴戾、急躁、污穢、人身攻擊的言語。我們要特別小心避免被憤怒的情緒控制，到處說長道短、將別人的私事作為笑話、製造事端。我們應該謹慎自己的言語，公平地論述，在批評的同時亦要懂得欣賞。我們需要時刻反省，甚至抽離個人情緒感受看事情，這樣所說出的話會更客觀、合宜。

5.13.1. 不該說的話

5.13.1.1. 謊言及謠言

出 23 [1]不可隨夥佈散謠言；不可與惡人連手妄作見證。

箴 11 [13]往來傳舌的，洩漏密事；心中誠實的，遮隱事情。

箴 12 [22]說謊言的嘴為耶和華所憎惡；行事誠實的，為他所喜悅。

【另參：詩十五3；箴十18，十六28，十七4、20，十八8，二十19，二十五18，二十六20，二十九12；提前五13】

5.13.1.2. 惡言及污穢的言語

詩 34 [12]有何人喜好存活，愛慕長壽，得享美福，[13]就要禁止舌頭不出惡言，嘴唇不說詭詐的話。

詩140 [3]他們【指凶惡的人】使舌頭尖利如蛇，嘴裏有虺蛇的毒氣。

弗 4 [29]污穢的言語一句不可出口……[31]一切苦毒、惱恨、忿怒、嚷鬧、毀謗，並一切的惡毒，都當從你們中間除掉。

【另參：詩五十19，五十二2～4；箴四24，六12，十11，十一9；弗五4】

5.13.1.3. 怒罵的言語

民 23 [8]上帝沒有咒詛的，我焉能咒詛？耶和華沒有怒罵的，我焉能怒罵？

傳 10 [20]你不可咒詛君王，也不可心懷此念；在你臥房也不可咒詛富戶。因為空中的鳥必傳揚這聲音，有翅膀的也必述說這事。

彼前 3 [9]不以惡報惡，以辱罵還辱罵……[10]……人若愛生命，願享美福，須要禁止舌頭不出惡言，嘴唇不說詭詐的話……。

【另參：詩六十九20；箴十五1】

5.13.1.4. 論斷人的言語

太 7 [1]你們不要論斷人，免得你們被論斷。[2]因為你們怎樣論斷人，也必怎樣被論斷；你們用甚麼量器量給人，也必用甚

麼量器量給你們。【參3～5節；路六37】

羅 14 [13]所以，我們不可再彼此論斷，寧可定意誰也不給弟兄放
下絆腳跌人之物。

5.13.1.5. 多言多語

箴 17 [27]寡少言語的，有知識……。

傳 5 [2]你在上帝面前不可冒失開口，也不可心急發言；因為上
帝在天上，你在地下，所以你的言語要寡少。[3]事務多，
就令人做夢；言語多，就顯出愚昧。

帖後 3 [11]因我們聽說，在你們中間有人不按規矩而行，甚麼工都
不做，反倒專管閒事。[12]我們靠主耶穌基督吩咐、勸戒這
樣的人，要安靜做工，吃自己的飯。

【另參：傳十14】

5.13.1.6. 其他：驕傲的話；別神的名號；急躁的言語；荒渺及爭辯的話

撒上 2 [3]人不要誇口說驕傲的話，也不要出狂妄的言語；因耶和
華是大有智識的上帝，人的行為被他衡量。

詩 16 [4]以別神代替耶和華的，他們的愁苦必加增；他們所澆奠
的血我不獻上；我嘴唇也不提別神的名號。

箴 29 [20]你見言語急躁的人嗎？愚昧人比他更有指望。

提前 4 [7]只是要棄絕那世俗的言語和老婦荒渺的話，在敬虔上操
練自己。【參提後二14】

5.13.2. 惡言帶來的傷害

5.13.2.1. 引起紛爭及傷害人心

箴 6 [19]吐謊言的假見證，並弟兄中布散紛爭的人。

箴 12 [18]說話浮躁的，如刀刺人；智慧人的舌頭卻為醫人的良藥。

箴 26 [28]虛謊的舌恨他所壓傷的人；諂媚的口敗壞人的事。

5.13.3. 該說的話

5.13.3.1. 誠實話

申 17 [6]要憑兩三個人的口作見證將那當死的人治死；不可憑一
個人的口作見證將他治死。【參十九15】

箴 12 [17]說出真話的，顯明公義；作假見證的，顯出詭詐。

提前 5 [19]控告長老的呈子，非有兩三個見證就不要收。

5.13.3.2. 合宜的話

箴 12 [25]……一句良言，使心歡樂。

箴 25 [11]一句話說得合宜，就如金蘋果在銀網子裏。

弗 4 [29]……只要隨事說造就人的好話，叫聽見的人得益處。

【另參：箴十五23，十六24；多二8】

5.13.3.3. 公義與真理的話

申 32 [2]我的教訓要淋漓如雨；我的言語要滴落如露，如細雨降
在嫩草上，如甘霖降在菜蔬中。

箴 8 [8]我口中的言語都是公義，並無彎曲乖僻。

箴 10 [21]義人的口教養多人；愚昧人因無知而死亡。

5.13.3.4. 溫柔及使人和睦的話

箴 15 [1]回答柔和，使怒消退。……[4]溫良的舌是生命樹；乖謬的
嘴使人心碎。

西 4 [6]你們的言語要常常帶著和氣，好像用鹽調和，就可知道
該怎樣回答各人。

5.13.3.5. 謹慎的言語

詩 39 [1]我曾說：我要謹慎我的言行，免得我舌頭犯罪；惡人在
我面前的時候，我要用嚼環勒住我的口。

雅 1 [26]若有人自以為虔誠，卻不勒住他的舌頭，反欺哄自己的

心，這人的虔誠是虛的。

雅 3 [5]……看哪，最小的火能點著最大的樹林。[6]舌頭就是火，
在我們百體中，舌頭是個罪惡的世界，能污穢全身，也能
把生命的輪子點起來，並且是從地獄裏點著的。

5.13.3.6. 不可洩漏祕密

詩141 [3]耶和華啊，求你禁止我的口，把守我的嘴！

箴 25 [9]你與鄰舍爭訟，要與他一人辯論，不可洩漏人的密事。

雅 3 [2]……若有人在話語上沒有過失，他就是完全人，也能勒
住自己的全身。

【另參：提前三8】

5.13.4. 附加的提醒

5.13.4.1. 不能藐視上帝的言語

民 15 [31]因他藐視耶和華的言語，違背耶和華的命令，那人總要
剪除；他的罪孽要歸到他身上。

申 32 [1]諸天哪，側耳，我要說話；願地也聽我口中的言語。

詩 12 [6]耶和華的言語是純淨的言語，如同銀子在泥爐中煉過
七次。

【另參：代下三十六16；詩三十三4】

5.13.4.2. 上帝察看人的言語

詩101 [5]在暗中讒謗他鄰居的，我必將他滅絕；眼目高傲、心裏
驕縱的，我必不容他。

箴 12 [13]惡人嘴中的過錯是自己的網羅；但義人必脫離患難。

箴 22 [12]耶和華的眼目……傾敗奸詐人的言語。

5.13.4.3. 說惡言的人必不堅立

詩 59 [12]因他們口中的罪和嘴裏的言語，並咒罵虛謊的話，願他

們在驕傲之中被纏住了。

詩 64 [8]他們必然絆跌，被自己的舌頭所害；凡看見他們的必都搖頭。

詩140 [11]說惡言的人在地上必堅立不住；禍患必獵取強暴的人，將他打倒。

5.13.4.4. 稱讚的話能試煉人心

箴 27 [2]要別人誇獎你，不可用口自誇；等外人稱讚你，不可用嘴自稱。……[21]鼎為煉銀，爐為煉金，人的稱讚也試煉人。

箴 28 [23]責備人的，後來蒙人喜悅，多於那用舌頭諂媚人的。

6. 處理負面情緒

6.1. 人人都有情緒

人有喜怒哀樂的情緒反應，情緒的變化有時會不受控制地變為過分強烈，但在理性的控制下可適當地表達。傳統華人文化並不鼓勵人表達自己的情緒，可是現今的潮流文化卻令人變得相當著重情感。在這個情況下，我們需要學習取得情緒與理性的平衡。至於靈性與情緒的關係，亦需要平衡發展。基督徒在屬靈生命的成長歷程中，亦會經驗情緒低落的時刻；我們的情緒會在困難和危難中，起伏波動。這時我們需要接納自己的限制，另一方面學習仰望上帝的恩典，將成敗得失的結果交託給上帝。

6.1.1. 影響情緒的原因

6.1.1.1. 當看見上帝的榮耀

撒下6 2大衛……要從巴拉．猶大將上帝的約櫃運來……5大衛和
以色列的全家在耶和華面前……作樂跳舞。【參2～14節】

路 24 50耶穌領他們【指門徒】到伯大尼的對面，就舉手給他們祝
福。51正祝福的時候，他就離開他們，被帶到天上去了。
52他們就拜他，大大地歡喜，回耶路撒冷去，53常在殿裏稱
頌上帝。

6.1.1.2. 因屬靈的事

拉 3 11……他們讚美耶和華……因耶和華殿的根基已經立定。
12然而有許多……老年人……大聲哭號，也有許多人大聲
歡呼，13甚至百姓不能分辨歡呼的聲音和哭號的聲音。【參
1～13節】

尼 8 9省長尼希米和作祭司的文士以斯拉，並教訓百姓的利未
人，對眾民說：「今日是耶和華——你們上帝的聖日，不
要悲哀哭泣。」這是因為眾民聽見律法書上的話都哭了。

6.1.1.3. 因與人相認

創 43 29約瑟舉目看見……便雅憫……30約瑟愛弟之情發動，就
急忙尋找可哭之地，進入自己的屋裏，哭了一場。【參
四十五1～2，四十六29】

路 24 36……耶穌親自站在他們當中，說：「願你們平安！」37他
們卻驚慌害怕……41他們正喜得不敢信，並且希奇。【參約
二十19～20】

6.1.1.4. 因親人遇難或離世

創 23 1撒拉享壽一百二十七歲，這是撒拉一生的歲數。2撒拉死
在迦南地的基列．亞巴，就是希伯崙。亞伯拉罕為她哀慟

哭號。

撒上30 [1]……亞瑪力人……[2]擄了城內的婦女和其中的大小人
口……都帶著走了。[3]大衛……到了那城，不料，城已燒
毀，他們的妻子兒女都被擄去了。[4]大衛……就放聲大
哭，直哭得沒有氣力。

約 11 [33]耶穌看見她【指馬利亞】哭……又甚憂愁，[34]便說：「你
們把他安放在哪裏？」他們回答說：「請主來看。」[35]耶穌
哭了。

【另參：撒下一11～12，三33，十二15～17，十九2】

6.1.1.5. 因自己的同胞／國家

拉 9 [3]我一聽見這事【指以色列人沒有離開罪；參1～2節】，就
撕裂衣服和外袍，拔了頭髮和鬍鬚，驚懼憂悶而坐。

尼 1 [3]他們【指猶太人】對我【指尼希米】說：「那些被擄歸回剩下
的人在猶大省遭大難，受凌辱……」[4]我聽見這話，就坐下
哭泣，悲哀幾日，在天上的上帝面前禁食祈禱……。

詩137 [1]我們曾在巴比倫的河邊坐下，一追想錫安就哭了。[2]我們
把琴掛在那裏的柳樹上；[3]因為在那裏，擄掠我們的要我
們唱歌……說：給我們唱一首錫安歌吧！[4]我們怎能在外
邦唱耶和華的歌呢？

【另參：耶九1；哀一8～16；路十九41～44】

6.1.1.6. 其他：失敗；罪疚；面對厄運

書 7 [5]艾城的人擊殺了他們【指以色列人】……眾民的心就消化
如水。[6]約書亞便撕裂衣服；他和以色列的長老把灰撒在
頭上，在耶和華的約櫃前俯伏在地，直到晚上。

撒上24 [16]大衛向掃羅說完這話【參8～15節】，掃羅說：「我兒
大衛，這是你的聲音嗎？」就放聲大哭，[17]對大衛說：
「你比我公義；因為你以善待我，我卻以惡待你。」【參
拉十1】

太 26 [37]於是帶著彼得和西庇太的兩個兒子同去，就憂愁起來，
極其難過，[38]便對他們說：「我心裏甚是憂傷，幾乎要死；
你們在這裏等候，和我一同警醒。」【參可十四33】

6.2. 憤怒

憤怒是人其中一種自然情緒反應，可是我們必須學習控制自己的情緒及辨別憤怒的原因是否合理。有些時候，人會為事情的發展未如己意而發怒。不過，憤怒不能解決問題，只會令人以消極負面的角度看事情，或以片面的資料與假設作出盲目和衝動的決定。因此，我們應該以禱告止息怒氣，消解怨憤的情緒，並且相信上帝是信實公義的，必定會祝福我們面對的各種困難。一個屬靈生命強壯的人會懂得以愛回應各種情況，甚至是不合理的事情。不過，一個愛上帝愛真理的人亦會為上帝的尊嚴而發義怒。

6.2.1. 發義怒

6.2.1.1. 因人不尊重上帝

出 32 [22]亞倫說：「求我主【指摩西】不要發烈怒。這百姓專於作
惡，是你知道的。……」【參22～24節】

約 2 [13]……耶穌……[14]看見殿裏有賣……[15]耶穌就……把牛羊都
趕出殿去……[17]……經上記著說：「我為你的殿心裏焦
急，如同火燒。」【參太二十一12～13；可十一15～17；
路十九45～46】

6.2.1.2. 因自己的親人被辱

民 16 [15]摩西就甚發怒，對耶和華說：「求你不要享受他們的供
物。我並沒有奪過他們一匹驢，也沒有害過他們一個
人。」【參12～19節】

撒下13 [21]大衛王聽見這事【指暗嫩玷辱他妹妹她瑪；參1～21
節】，就甚發怒。

6.2.2. 不應有的怒氣

6.2.2.1. 因上帝不順人意

創 4 [3]有一日，該隱拿地裏的出產為供物獻給耶和華；[4]亞伯也
將他羊羣中頭生的和羊的脂油獻上。耶和華看中了亞伯和
他的供物，[5]只是看不中該隱和他的供物。該隱就大大地
發怒，變了臉色。

拿 4 [1]這事【指上帝沒有毀滅尼尼微城；參一～四章】約拿大大
不悅，且甚發怒。

6.2.2.2. 因別人不順己意

斯 3 [5]哈曼見末底改不跪不拜，他就怒氣填胸。

但 3 [18]「……即或不然，王啊，你當知道我們【指但以理和他的

同伴】決不事奉你的神，也不敬拜你所立的金像。」[19]當
時，尼布甲尼撒怒氣填胸……。
加 4 [16]如今我將真理告訴你們，就成了你們的仇敵嗎？

6.2.3. 不可發怒的原因

6.2.3.1. 發怒會大顯愚妄

箴 12 [16]愚妄人的惱怒立時顯露；通達人能忍辱藏羞。
箴 14 [29]不輕易發怒的，大有聰明；性情暴躁的，大顯愚妄。
傳 7 [9]你不要心裏急躁惱怒，因為惱怒存在愚昧人的懷中。

6.2.3.2. 其他：發怒會引起爭端；發怒不是上帝的心意

箴 30 [33]搖牛奶必成奶油；扭鼻子必出血。照樣，激動怒氣必起
爭端。
雅 1 [20]因為人的怒氣並不成就上帝的義。

6.2.4. 發怒帶來的後果

6.2.4.1. 使人行惡

詩 37 [8]當止住怒氣，離棄忿怒；不要心懷不平，以致作惡。
箴 29 [22]好氣的人挑啟爭端；暴怒的人多多犯罪。

6.2.4.2. 或會使人殺人

創 4 [3]……耶和華看中了亞伯和他的供物，[5]只是看不中該隱和他
的供物。該隱就大大地發怒，變了臉色。……[8]該隱與他兄
弟……二人正在田間。該隱起來打他兄弟亞伯，把他殺了。
斯 3 [5]哈曼見末底改不跪不拜，他就怒氣填胸。[6]他們已將末底
改的本族告訴哈曼；他以為下手害末底改一人是小事，就
要滅絕亞哈隨魯王通國所有的猶大人，就是末底改的本
族。【參三章】

6.2.4.3. 帶來上帝的懲罰

摩 1 [11]耶和華如此說：以東三番四次地犯罪，我必不免去她的
刑罰；因為她拿刀追趕兄弟，毫無憐憫，發怒撕裂，永懷
忿怒。

太 5 [22]只是我告訴你們，凡向弟兄動怒的，難免受審斷；凡罵
弟兄是拉加的，難免公會的審斷；凡罵弟兄是魔利的，難
免地獄的火。

6.2.5. 處理怒氣

6.2.5.1. 不懷怒在心

詩 37 [8]當止住怒氣，離棄忿怒；不要心懷不平，以致作惡。

箴 29 [11]愚妄人怒氣全發；智慧人忍氣含怒。

弗 4 [26]生氣卻不要犯罪；不可含怒到日落，[27]也不可給魔鬼留
地步。

【另參：箴十五18；弗四31；西三8；多一7】

6.2.5.2. 慢慢動怒

箴 16 [32]不輕易發怒的，勝過勇士；治服己心的，強如取城。

雅 1 [19]我親愛的弟兄們，這是你們所知道的，但你們各人要快
快地聽，慢慢地說，慢慢地動怒，[20]因為人的怒氣並不成
就上帝的義。

6.2.5.3. 忍讓發怒的人

創 27 [45]你哥哥【指以掃】向你消了怒氣、忘了你向他所作的事，
我便打發人去把你從那裏帶回來。為甚麼一日喪你們二
人呢？

羅 12 [19]親愛的弟兄，不要自己伸冤，寧可讓步，聽憑主怒；因
為經上記著：「主說：『伸冤在我；我必報應。』」

6.2.5.4. 以愛及禱告遮蓋怒氣

林前13 [4]愛是……不輕易發怒，不計算人的惡。

提前 2 [8]我願男人無忿怒，無爭論，舉起聖潔的手，隨處禱告。

6.2.5.5. 其他：溫柔對答；寬恕人；不效法發怒的人

箴 15 [1]回答柔和，使怒消退；言語暴戾，觸動怒氣。

箴 19 [11]人有見識就不輕易發怒；寬恕人的過失便是自己的榮耀。

箴 22 [24]好生氣的人，不可與他結交；暴怒的人，不可與他來
往；[25]恐怕你效法他的行為，自己就陷在網羅裏。

【另參：箴十九19（幫助發怒的人）；詩一一三1（與人和睦共處）】

6.3. 發怨言

當人的需要不能獲得滿足的時候，就會容易發出怨言。人會將矛頭指向領袖、甚至上帝。產生埋怨的原因來自各方面：有些人因生存的基本條件得不到滿足，有些人因在心理上覺得被忽略、被排擠，有些人因理想無法實現，有些人因虛榮及對權力的欲望未被滿足。面對極不合理的事情，發怨言未必是最好的解決方法，我們需要以積極的態度尋找應變的途徑。對基督徒來說，我們相信上帝對我們的帶領是最美好的，艱難過後將會是光輝的未來。我們應該以感謝代替埋怨，積極生活。

6.3.1. 發怨言的原因

6.3.1.1. 犯罪後不甘受罰

民 16 [41]第二天，以色列全會眾都向摩西、亞倫發怨言說：「你們殺了耶和華的百姓了。」【因可拉一黨叛變而受上帝的擊殺；參1～35節】

哀 3 [39]活人因自己的罪受罰，為何發怨言呢？

6.3.1.2. 不能認同別人的行為

路 5 [30]法利賽人和文士就向耶穌的門徒發怨言說：「你們為甚麼和稅吏並罪人一同吃喝呢？」

路 10 [40]馬大伺候的事多，心裏忙亂，就進前來，說：「主啊，我的妹子留下我一個人伺候，你不在意嗎？請吩咐她來幫助我。」

6.3.1.3. 不能接受上帝的作為

民 11 [10]摩西聽見百姓各在各家的帳棚門口哭號。耶和華的怒氣便大發作，摩西就不喜悅。[11]摩西對耶和華說：「你為何苦待僕人？我為何不在你眼前蒙恩？……」

羅 9 [20]你這個人哪，你是誰，竟敢向上帝強嘴呢？受造之物豈能對造他的說：「你為甚麼這樣造我呢？」[21]窯匠難道沒有權柄從一團泥裏拿一塊做成貴重的器皿，又拿一塊做成卑賤的器皿嗎？

6.3.1.4. 不能面對逆境

出 5 [22]摩西回到耶和華那裏，說：「主啊，你為甚麼苦待這百姓呢？為甚麼打發我去呢？[23]自從我去見法老，奉你的名說話，他就苦待這百姓，你一點也沒有拯救他們。」

出 14 [10]法老臨近的時候，以色列人舉目看見埃及人趕來，就甚懼怕，向耶和華哀求。[11]他們對摩西說：「難道在埃及沒有墳地，你把我們帶來死在曠野嗎？……」

民 14 [1]當下【因聽到十個探子負面的匯報；參十三25～31】，全
會眾大聲喧嚷；那夜百姓都哭號。[2]以色列眾人向摩西、
亞倫發怨言……。

【另參：出十六2～3；民十一1～6】

6.3.1.5. 不滿足

出 16 [8]摩西又說：「耶和華晚上必給你們肉吃，早晨必給你們
食物得飽；因為你們向耶和華發的怨言，他都聽見了。
我們算甚麼，你們的怨言不是向我們發的，乃是向耶和華
發的。」

出 17 [2]所以與摩西爭鬧【因為他們急不及待地要喝水；參1～2
節】，說：「給我們水喝吧！」摩西對他們說：「你們為甚麼
與我爭鬧？為甚麼試探耶和華呢？」

6.3.1.6. 其他：被忽略；常發怨言

徒 6 [1]那時，門徒增多，有說希臘話的猶太人向希伯來人發怨
言，因為在天天的供給上忽略了他們的寡婦。

猶 [16]這些人是私下議論，常發怨言的，隨從自己的情欲而
行，口中說誇大的話，為得便宜諂媚人。

6.3.2. 處理怨言

6.3.2.1. 將心中的怨言帶到上帝面前

出 16 [12]我【指耶和華】已經聽見以色列人的怨言。你【指摩西】告
訴他們說：「到黃昏的時候，你們要吃肉，早晨必有食物
得飽，你們就知道我是耶和華——你們的上帝。」

詩142 [1]我發聲哀告耶和華，發聲懇求耶和華。[2]我在他面前吐露
我的苦情，陳說我的患難。

耶 12 [1]耶和華啊……惡人的道路為何亨通呢？……[2]你栽培了

他們，他們也扎了根，長大，而且結果。他們的口是與
你相近，心卻與你遠離。[3]耶和華啊……求你將他們拉
出來……。

6.3.2.2. 不彼此發怨言

腓 2 [14]凡所行的，都不要發怨言，起爭論。

雅 5 [9]弟兄們，你們不要彼此埋怨，免得受審判。看哪，審判
的主站在門前了。

6.3.2.3. 常發怨言及彼此埋怨終必受罰

民14 [26]耶和華……說：[27]「這惡會眾向我發怨言，我忍耐他們要
到幾時呢？以色列人向我所發的怨言，我都聽見
了。……[29]你們的屍首必倒在這曠野……[30]必不得進我起誓
應許叫你們住的那地……。」

雅 5 [9]弟兄們，你們不要彼此埋怨，免得受審判。看哪，審判
的主站在門前了。

6.4. 沮喪與絕望

當人遇到挫折失敗的時候，難免會感到灰心沮喪。若負面的情緒不斷累積，會令人變得自怨自艾、逃避現實和憤世嫉俗，更嚴重的會令人意志消沉、失去生存的勇氣。基督徒應該認清困難挫折無法避免，這是人生的現實。基督信仰並非一種心理上的逃避，而是邀請人以信心迎接考驗。我們在困難裏更加能夠體會上帝的主權、旨意和拯救。上帝常常在人感到無能為力的時候，激發人的意志，使我們以忍耐、等候、堅持和積極的態度，嘗試開拓新的出路。

6.4.1. 沮喪的原因

6.4.1.1. 受打擊；遇到驚嚇；工作沒果效

撒下12 [16]所以大衛為這孩子懇求上帝【參11～15節】，而且禁食，
進入內室，終夜躺在地上。[17]……不肯起來，也不同他們
吃飯。

王上19 [3]以利亞見這光景【參2節】就起來逃命……來到一棵羅騰樹
下，就坐在那裏求死，說：「耶和華啊，罷了！求你取我
的性命，因為我不勝於我的列祖。」

拿 4 [1]這事【上帝沒有毀滅尼尼微城；參一1～四1】約拿大大不
悅，且甚發怒，[2]就禱告耶和華說：「……[3]耶和華啊，現在
求你取我的命吧！因為我死了比活著還好。」

6.4.2. 沮喪帶來的結果

6.4.2.1 有求死的意欲，逃避現實

民 11 [10]摩西聽見百姓各在各家的帳棚門口哭號。耶和華的怒氣
便大發作，摩西就不喜悅。[11]摩西對耶和華說：「……[15]你
這樣待我，我若在你眼前蒙恩，求你立時將我殺了，不叫
我見自己的苦情。」

王上19 [3]以利亞見這光景【參2節】就起來逃命……來到一棵羅騰樹
下，就坐在那裏求死……。

拿 4 [1]這事【上帝沒有毀滅尼尼微城；參一1～四1】約拿大大不
悅，且甚發怒，[2]就禱告耶和華說：「……[3]耶和華啊，現在
求你取我的命吧！因為我死了比活著還好。」

6.4.3. 應當如何面對沮喪

6.4.3.1. 要等候上帝

創 49 [18]耶和華啊，我向來等候你的救恩。

詩 40 [1]我曾耐性等候耶和華；他垂聽我的呼求。[2]他從禍坑裏，
從淤泥中，把我拉上來，使我的腳立在磐石上，使我腳步
穩當。

詩 62 [5]我的心哪，你當默默無聲，專等候上帝，因為我的盼望
是從他而來。

6.4.3.2. 仍要對將來有盼望

羅 4 [18]他【指亞伯拉罕】在無可指望的時候，因信仍有指望……
[21]且滿心相信上帝所應許的必能做成。[22]所以，這就算為他
的義。

林後 4 [16]所以，我們不喪膽。外體雖然毀壞，內心卻一天新似一
天。……[18]原來我們不是顧念所見的，乃是顧念所不見
的；因為所見的是暫時的，所不見的是永遠的。

6.4.3.3. 以喜樂勝過沮喪

箴 17 [22]喜樂的心乃是良藥；憂傷的靈使骨枯乾。

彼前 4 [12]親愛的弟兄啊，有火煉的試驗臨到你們，不要以為奇
怪，[13]倒要歡喜；因為你們是與基督一同受苦，使你們在
他榮耀顯現的時候，也可以歡喜快樂。

6.4.3.4. 將重擔交託給上帝

詩 55 [22]你要把你的重擔卸給耶和華，他必撫養你；他永不叫義
人動搖。

太 11 [28]凡勞苦擔重擔的人可以到我這裏來，我就使你們得安
息。[29]我心裏柔和謙卑，你們當負我的軛，學我的樣式；
這樣，你們心裏就必得享安息。[30]因為我的軛是容易的，
我的擔子是輕省的。

6.4.3.5. 不要被沮喪打倒

路 18 [1]耶穌設一個比喻，是要人常常禱告，不可灰心。

林後 4 [8]我們四面受敵，卻不被困住；心裏作難，卻不至失
望；[9]遭逼迫，卻不被丟棄；打倒了，卻不至死
亡。……[16]所以，我們不喪膽。外體雖然毀壞，內心卻
一天新似一天。

6.4.3.6. 在沮喪中思念上帝的恩典

詩 42 [6]我的上帝啊，我的心在我裏面憂悶，所以我從約旦地，
從黑門嶺，從米薩山記念你。

來 11 [13]這些人【指以色列人的祖先】都是存著信心死的，並沒有
得著所應許的；卻從遠處望見，且歡喜迎接，又承認自己
在世上是客旅，是寄居的。

6.4.3.7. 在沮喪中要忍耐和堅持

來 10 [36]你們必須忍耐，使你們行完了上帝的旨意，就可以得著
所應許的。[37]因為還有一點點時候，那要來的就來，並不
遲延。

來 12 [4]你們與罪惡相爭，還沒有抵擋到流血的地步。……[6]因為
主所愛的，他必管教，又鞭打凡所收納的兒子。

6.4.4. 上帝看顧沮喪的人

6.4.4.1. 上帝會將我們從沮喪中救出來

撒下22 [17]他從高天伸手抓住我，把我從大水中拉上來。

詩 34 [18]耶和華靠近傷心的人，拯救靈性痛悔的人。

耶 31 [25]疲乏的人，我使他飽飫；愁煩的人，我使他知足。

6.4.4.2. 上帝抹去人的眼淚及醫治受傷的人

詩56 [8]……求你把我眼淚裝在你的皮袋裏。這不都記在你冊子
上嗎？

詩147 [3]他【指上帝】醫好傷心的人，裹好他們的傷處。

啟 21 [4]上帝要擦去他們一切的眼淚；不再有死亡，也不再有悲
哀、哭號、疼痛，因為以前的事都過去了。

6.4.4.3. 上帝是我們的避難所

撒下22 [29]耶和華啊，你是我的燈；耶和華必照明我的黑暗。[30]我藉
著你衝入敵軍，藉著我的上帝跳過牆垣。[31]至於上帝，他
的道是完全的；耶和華的話是煉淨的。凡投靠他的，他便
作他們的盾牌。

詩 46 [1]上帝是我們的避難所，是我們的力量，是我們在患難中
隨時的幫助。[2]所以，地雖改變，山雖搖動到海心。

6.5. 欲念

欲望與人的需要有關，人在生理及心理上的正常需要可視為合理的欲望。不過，人很容易因為缺乏而產生超乎實際需要的渴求，以彌補心底的遺憾。當人任由欲望支配的時候，就會被今生的享樂蒙蔽。若人欲望的層次提升，追求屬靈上的滿足，便能夠擺脫追求物質的纏累，從容自在地生活。中國人強調無欲無求、存天理去人欲；基督徒卻以渴想上帝作為心靈滿足的根基，並且以順服上帝旨意作為人生的目標，達至為使命而奮鬥的境界。

6.5.1. 應有的欲望

6.5.1.1. 渴慕親近上帝

詩 73 [25]除你以外，在天上我有誰呢？除你以外，在地上我也沒有所愛慕的。

賽 26 [9]夜間，我心中羨慕你；我裏面的靈切切尋求你。因為你在世上行審判的時候，地上的居民就學習公義。

腓 3 [8]……我也將萬事當作有損的，因我以認識我主基督耶穌為至寶。我為他已經丟棄萬事，看作糞土，為要得著基督。

【另參：詩三十七4，四十二1，八十四1～2；路六21】

6.5.1.2. 渴望稱謝上帝及明白祂的旨意

詩 86 [12]主我的上帝啊，我要一心稱讚你；我要榮耀你的名，直到永遠。

彼前 4 [2]你們存這樣的心，從今以後就可以不從人的情欲，只從上帝的旨意在世度餘下的光陰。

6.5.1.3. 其他：渴望聽上帝的話；上帝願意人飽足

代上29 [19]又求你賜我兒子所羅門誠實的心，遵守你的命令、法度、律例，成就這一切的事，用我所預備的建造殿宇。【參彼前二2】

詩145 [16]你【指耶和華】張手，使有生氣的都隨願飽足。

6.5.2. 不應有的欲望

6.5.2.1. 行惡事

詩 36 [1]惡人的罪過在他心裏說：我眼中不怕上帝！[2]他自誇自媚，以為他的罪孽終不顯露，不被恨惡。……[4]他在牀上圖謀罪孽，定意行不善的道，不憎惡惡事。

林前10 [6]這些事都是我們的鑒戒，叫我們不要貪戀惡事，像他們
那樣貪戀的……。【參詩一四一4】

6.5.2.2. 放縱私欲

可 4 [19]後來有世上的思慮、錢財的迷惑，和別樣的私欲進來，
把道擠住了，就不能結實。

約 8 [44]你們是出於你們的父魔鬼，你們父的私欲你們偏要行。
他從起初是殺人的，不守真理，因他心裏沒有真理。

弗 2 [3]我們從前也都在他們中間，放縱肉體的私欲，隨著肉體
和心中所喜好的去行，本為可怒之子，和別人一樣。

【另參：弗四19；雅一14】

6.5.2.3. 貪戀不屬自己的東西

出 20 [17]不可貪戀人的房屋；也不可貪戀人的妻子、僕婢、牛
驢，並他一切所有的。

雅 4 [2]你們貪戀，還是得不著；你們殺害嫉妒，又鬥毆爭戰，
也不能得。

6.5.2.4. 其他：貪吃；貪愛金錢

民 11 [4]他們中間的閒雜人大起貪欲的心；以色列人又哭號說：
「誰給我們肉吃呢？」

傳 5 [10]貪愛銀子的，不因得銀子知足；貪愛豐富的，也不因得
利益知足。這也是虛空。

6.5.3. 如何處理自己的欲望

6.5.3.1. 藉著聖經及聖靈更新我們的欲望

太 4 [3]那試探人……對他【指耶穌】說：「你若是上帝的兒子，可
以吩咐這些石頭變成食物。」[4]耶穌卻回答說：「經上記著
說：人活著，不是單靠食物，乃是靠上帝口裏所出的一切

話。」【參路四3】

來 9 [14]何況基督藉著永遠的靈，將自己無瑕無疵獻給上帝，他
的血豈不更能洗淨你們的心，除去你們的死行，使你們事
奉那永生上帝嗎？

6.5.3.2. 要保守自己不被私欲轄制

箴 4 [23]你要保守你心，勝過保守一切，因為一生的果效是由心
發出。[24]你要除掉邪僻的口，棄絕乖謬的嘴。[25]你的眼目要
向前正看；你的眼睛當向前直觀。

約壹 2 [15]不要愛世界和世界上的事……。[16]因為，凡世界上的事，
就像肉體的情欲、眼目的情欲，並今生的驕傲，都不是從
父來的，乃是從世界來的。

6.5.3.3. 要脫離私欲

伯 31 [1]我與眼睛立約，怎能戀戀瞻望處女呢？

弗 4 [22]就要脫去你們從前行為上的舊人，這舊人是因私欲的迷
惑漸漸變壞的。

彼前 1 [14]你們既作順命的兒女，就不要效法從前蒙昧無知的時候
那放縱私欲的樣子。

【另參：加五13、17、19～21；彼前二11】

6.5.3.4. 將自己的欲望交託給上帝

詩 38 [9]主啊，我的心願都在你面前；我的歎息不向你隱瞞。

可 11 [24]……凡你們禱告祈求的，無論是甚麼，只要信是得著
的，就必得著。

6.6. 疑惑

基督徒以信心接近上帝，沒有辦法要求上帝在我們面前顯現，證明祂的真實。因此，在人生順境的時候，我們較少懷疑上帝的真實，但在逆境的時候就容易對上帝產生疑惑。在這樣的處境中，惟有憑著信心和勇氣奮勇前進，尋根究底找出造成這狀況的理由似乎未必是最適合的時機。不過，放下疑惑是否能夠增進自我了解，以及對上帝的信實有更深肯定，則因人而異。疑惑可以令人放棄信仰，亦可以催促人反思信仰，從上帝的眼光看到人生不同片段的關聯，明白上帝塑造我們的心意，因而賦予逆境正面的意義。

6.6.1. 疑惑的原因

6.6.1.1. 因有禍患與挫折來臨

出 5 [22]摩西回到耶和華那裏，說：「主啊，你為甚麼苦待這百姓
呢？為甚麼打發我去呢？[23]自從我去見法老，奉你的名說
話，他就苦待這百姓，你一點也沒有拯救他們。」

伯 4 [3]你素來教導許多的人，又堅固軟弱的手……。[5]但現在禍
患臨到你，你就昏迷，挨近你，你便驚惶。

6.6.1.2. 因面對不尋常的事

太 28 [16]十一個門徒往加利利去，到了耶穌約定的山上。[17]他們見
了耶穌【當時耶穌已經復活，參1～17節】就拜他，然而還
有人疑惑。【參可十六14】

可 16 [11]他們聽見耶穌活了，被馬利亞看見，卻是不信。【參路
二十四11】

路 1 [18]撒迦利亞對天使說：「我憑著甚麼可知道這事呢【指妻子
年老生子；參8～25節】？我已經老了，我的妻子也年紀老
邁了。」

6.6.1.3. 不相信事實真相

創 45 [25]他們從埃及上去，來到迦南地、他們的父親雅各那裏，
[26]告訴他說：「約瑟還在，並且作埃及全地的宰相。」雅各
心裏冰涼，因為不信他們。

民 14 [11]耶和華對摩西說：「這百姓藐視我要到幾時呢？我
在他們中間行了這一切神蹟，他們還不信我要到幾
時呢？」

6.6.1.4. 因為人心剛硬

王下17 [14]他們卻不聽從，竟硬著頸項，效法他們列祖，不信服耶
和華——他們的上帝。

詩 78 [32]雖是這樣，他們仍舊犯罪，不信他奇妙的作為。

約 12 [37]他雖然在他們面前行了許多神蹟，他們還是不信他。[38]這
是要應驗先知以賽亞的話，說：主啊，我們所傳的有誰信
呢？主的膀臂向誰顯露呢？

【另參：太十七17；可九19；路九41】

6.6.2. 疑惑帶來的影響

6.6.2.1. 更易受魔鬼試探

創 3 [2]女人對蛇說：「園中樹上的果子，我們可以吃，[3]惟
有……你們不可吃，也不可摸，免得你們死。』」[4]蛇對
女人說：「你們不一定死……」[6]於是……就摘下果子來
吃了……。

彼後 3 [17]親愛的弟兄啊，你們既然預先知道這事，就當防備，恐
怕被惡人的錯謬誘惑，就從自己堅固的地步上墜落。

6.6.2.2. 失去對上帝的信心

伯 23 [16]上帝使我喪膽；全能者使我驚惶。[17]我的恐懼不是因為黑
暗，也不是因為幽暗蒙蔽我的臉。

伯 30 [20]主啊，我呼求你，你不應允我；我站起來，你就定睛看
我。[21]你向我變心，待我殘忍，又用大能追逼我。

太 14 [31]耶穌趕緊伸手拉住他，說：「你這小信的人哪，為甚麼疑
惑呢？」

6.6.2.3. 破壞人與上帝的關係

約 3 [36]信子的人有永生；不信子的人得不著永生……。

來 3 [12]弟兄們，你們要謹慎，免得你們中間或有人存著不信的
惡心，把永生上帝離棄了。

6.6.3. 面對疑惑的應有態度

6.6.3.1. 回到上帝面前尋求答案

士　6 [13]基甸說：「主啊，耶和華若與我們同在，我們何至遭遇這
一切事呢？……他那樣奇妙的作為在哪裏呢？……」

詩 42 [5]我的心哪，你為何憂悶？為何在我裏面煩躁？應當仰望
上帝，因他笑臉幫助我；我還要稱讚他。[6]我的上帝啊，
我的心在我裏面憂悶，所以我從約旦地，從黑門嶺，從米
薩山記念你。

雅　1 [5]你們中間若有缺少智慧的，應當求那厚賜與眾人、也不
斥責人的上帝，主就必賜給他。[6]只要憑著信心求，一點
不疑惑……。

【另參：伯十三3；哈一2～3】

6.6.3.2. 要尋求真相

詩 77 [3]我想念上帝，就煩燥不安；我沉吟悲傷，心便發
昏。……[7]難道主要永遠丟棄我，不再施恩嗎？[8]難道他的
慈愛永遠窮盡，他的應許世世廢棄嗎？[9]難道上帝忘記開
恩，因發怒就止住他的慈悲嗎？

路　7 [20]那兩個人來到耶穌那裏，說：「施洗的約翰打發我們來問
你：『那將要來的是你嗎？還是我們等候別人呢？』」【參
20～23節；太十一2～6】

6.6.3.3. 不要懷疑上帝的能力

賽 40 [28]你豈不曾知道嗎？你豈不曾聽見嗎？永在的上帝耶和
華，創造地極的主，並不疲乏，也不困倦；他的智慧無法
測度。

提後 1 [12]為這緣故，我也受這些苦難。然而我不以為恥；因為
知道我所信的是誰，也深信他能保全我所交付他的直到
那日。

6.6.3.4. 在疑惑中仍要有信心

創 15 [1]……耶和華……對亞伯蘭說……[5]……「你向天觀看，數算
眾星，能數得過來嗎？」……[6]亞伯蘭信耶和華，耶和華就
以此為他的義。

羅 4 [19]他【指亞伯拉罕】……[20]並且仰望上帝的應許，總沒有因不
信心裏起疑惑，反倒因信心裏得堅固，將榮耀歸給上帝。

6.6.3.5. 相信上帝不會離開我們

詩 31 [22]至於我，我曾急促地說：我從你眼前被隔絕。然而，我
呼求你的時候，你仍聽我懇求的聲音。

賽 49 [15]婦人焉能忘記她吃奶的嬰孩，不憐恤她所生的兒子？即
或有忘記的，我【指上帝】卻不忘記你。

賽 54 [10]大山可以挪開，小山可以遷移；但我的慈愛必不離開
你；我平安的約也不遷移。這是憐恤你的耶和華說的。

【另參：賽五十2】

6.6.3.6. 要憐憫那些疑惑的人

太 11 [4]耶穌回答說：「你們去，把所聽見、所看見的事告訴約
翰。……[6]凡不因我跌倒的就有福了！」【參路七22～23】

可 9 [23]耶穌對他說：「你若能信，在信的人，凡事都能。」[24]孩
子的父親立時喊著說：「我信！但我信不足，求主幫助。」

猶 [22]有些人存疑心，你們要憐憫他們……。

6.7. 恐懼

懼怕是人的自然反應。當跳高運動員試跳更高的高度時，總會有懼怕失敗的壓力。工作中的複雜人際關係亦使人懼怕。面對沒有把握的事情，我們也會懼怕，令我們猶疑不決。要克服懼怕的心理，必須時刻依靠上帝，深信上帝在任何環境都與自己同在，悉心看顧保護。當我們深信上帝的應許的時候，我們的勇氣就會增加。雖然面對的環境沒有改變，可怕的事隨時可能發生，但是我們可以處變不驚。當我們完全信靠上帝，我們能夠無懼人生的風浪，堅定不移地前進。

6.7.1. 人懼怕的原因

6.7.1.1. 突然而來的風暴

伯 15 [24]急難困苦叫他害怕，而且勝了他，好像君王預備上陣
一樣。

可 4 [35]當那天晚上【指門徒遇見風浪；參36～37節】……[38]……
門徒叫醒了他【指耶穌】，說：「夫子！我們喪命，你不顧
嗎？」……[41]他們就大大地懼怕……。【參太八23～27；
路八22】

約 6 [18]忽然狂風大作，海就翻騰起來。[19]門徒搖櫓，約行了
十里多路，看見耶穌在海面上走，漸漸近了船，他們就
害怕。

【另參：箴三25】

6.7.1.2. 內心的恐懼

詩 55 [4]我心在我裏面甚是疼痛……。[5]恐懼戰兢歸到我身；驚恐
漫過了我。[6]我說：但願我有翅膀像鴿子，我就飛去，得
享安息。……[8]我必速速逃到避所，脫離狂風暴雨。

太 26 [38]【指耶穌】便對他們說：「我心裏甚是憂傷，幾乎要死；你
們在這裏等候，和我一同警醒。」【參可十四34】

6.7.1.3. 因不明所以的事

可 16 [2]七日的第一日……她們【指婦女】來到墳墓那裏，【她們發
現耶穌的屍體不見了；參3～7節】……[8]她們就出來，從墳
墓那裏逃跑，又發抖又驚奇，甚麼也不告訴人，因為她們
害怕。

路 1 [11]有主的使者站在香壇的右邊，向他顯現。[12]撒迦利亞【指
施洗約翰的父親】看見，就驚慌害怕。

路 2 [8]在伯利恆之野地裏有牧羊的人，夜間按著更次看守羊
羣。[9]有主的使者站在他們旁邊……牧羊的人就甚懼怕。

6.7.1.4. 上帝使人驚怕

創 35 5他們便起行前往。上帝使那周圍城邑的人都甚驚懼，就不追趕雅各的眾子了。

出 20 20摩西對百姓說：「不要懼怕；因為上帝降臨是要試驗你們，叫你們時常敬畏他，不致犯罪。」

申 2 25從今日起，我要使天下萬民聽見你的名聲都驚恐懼怕，且因你發顫傷慟。

【另參：利二十六36】

6.7.1.5. 其他：暗中行的事被揭發；魔鬼也會懼怕上帝

可 5 33那女人【指患血漏的女人】知道在自己身上所成的事，就恐懼戰兢，來俯伏在耶穌跟前，將實情全告訴他。【參25～33節；太九20～22；路八43～48】

雅 2 19你信上帝只有一位，你信的不錯；鬼魔也信，卻是戰驚。

6.7.2. 應懼怕的事

6.7.2.1. 當懼怕上帝

申 10 17因為耶和華——你們的上帝——他是萬神之神，萬主之主，至大的上帝，大有能力，大而可畏……。

詩 25 12誰敬畏耶和華，耶和華必指示他當選擇的道路。

彼前 1 17你們既稱那不偏待人，按各人行為審判人的主為父，就當存敬畏的心度你們在世寄居的日子。

【另參：伯二十八28；詩一一五13；箴二十二4】

6.7.2.2. 當懼怕那些引誘我們入地獄之事

太 10 27我在暗中告訴你們的……28那殺身體，不能殺靈魂的，不要怕他們；惟有能把身體和靈魂都滅在地獄裏的，正要怕他。

路 12 4……那殺身體以後不能再做甚麼的，不要怕他們。5我【指

耶穌】要指示你們當怕的是誰：當怕那殺了以後又有權柄
丟在地獄裏的。我實在告訴你們，正要怕他。

6.7.3. 不應懼怕的事

6.7.3.1. 不當懼怕任何人

詩 27 [1]耶和華是我的亮光，是我的拯救，我還怕誰呢？耶和華
是我性命的保障，我還懼誰呢？

賽 51 [12]惟有我，是安慰你們的。你是誰，竟怕那必死的人？怕
那要變如草的世人？

腓 1 [28]凡事不怕敵人的驚嚇，這是證明他們沉淪，你們得救都
是出於上帝。[29]因為你們蒙恩，不但得以順服基督，並要
為他受苦。[30]你們的爭戰，就與你們在我身上從前所看
見、現在所聽見的一樣。

【另參：箴二十九25；彼前三14】

6.7.3.2. 不當懼怕聽到壞消息

詩112 [7]他必不怕凶惡的信息；他心堅定，倚靠耶和華。

賽 7 [4]對他【指亞哈斯】說：「你要謹慎安靜，不要因亞蘭王利
汛和利瑪利的兒子這兩個冒煙的火把頭所發的烈怒【指亞
蘭與以法蓮同盟攻打以色列；參2節】害怕，也不要心裏
膽怯。」

6.7.4. 面對懼怕的反應

6.7.4.1. 人會即時埋怨

出 14 [10]法老臨近的時候，以色列人舉目看見埃及人趕來，就甚
懼怕，向耶和華哀求。[11]他們對摩西說：「難道在埃及沒有
墳地，你把我們帶來死在曠野嗎？……」

可 4 [36]門徒離開眾人，耶穌仍在船上……[37]忽然起了暴風，波浪

打入船內，甚至船要滿了水。[38]……門徒叫醒了他【指耶
穌】，說：「夫子！我們喪命，你不顧嗎？」

6.7.4.2. 要倚靠上帝及以愛驅走懼怕

箴 29 [25]懼怕人的，陷入網羅；惟有倚靠耶和華的，必得安穩。
太 17 [7]耶穌進前來，摸他們，說：「起來，不要害怕！」
約壹 4 [18]愛裏沒有懼怕；愛既完全，就把懼怕除去。因為懼怕裏
含著刑罰，懼怕的人在愛裏未得完全。

【另參：太十四27；可四39～40；來十三6】

6.7.4.3. 要壯膽

代上28 [20]大衛又對他兒子所羅門說：「你當剛強壯膽去行！不要懼
怕，也不要驚惶。因為耶和華上帝就是我的上帝，與你同
在；他必不撇下你，也不丟棄你，直到耶和華殿的工作都
完畢了。」
箴 29 [25]懼怕人的，陷入網羅；惟有倚靠耶和華的，必得安穩。
提後 1 [6]為此我提醒你，使你將上帝藉我按手所給你的恩賜再如
火挑旺起來。[7]因為上帝賜給我們，不是膽怯的心，乃是
剛強、仁愛、謹守的心。

【另參：賽三十五3～4】

6.7.5. 上帝的應許

6.7.5.1. 上帝與人同在

創 46 [3]上帝說：「我是上帝，就是你【指雅各】父親的上帝。
你下埃及去不要害怕，因為我必使你在那裏成為大
族。[4]我要和你同下埃及去，也必定帶你上來；約瑟必
給你送終。」
代上28 [20]大衛又對他兒子所羅門說：「你當剛強壯膽去行！不要懼
怕，也不要驚惶。因為耶和華上帝就是我的上帝，與你同

在；他必不撇下你，也不丟棄你，直到耶和華殿的工作都
完畢了。」

賽 41 [10]你不要害怕，因為我與你同在；不要驚惶，因為我是你
的上帝。我必堅固你，我必幫助你；我必用我公義的右手
扶持你。

【另參：書一5；耶一8～10】

6.7.5.2. 上帝保護人

創 15 [1]這事以後，耶和華在異象中有話對亞伯蘭說：「亞伯蘭，
你不要懼怕！我是你的盾牌，必大大地賞賜你。」

申 1 [21]看哪，耶和華你的上帝已將那地擺在你面前，你要照耶
和華你列祖的上帝所說的上去得那地為業；不要懼怕，也
不要驚惶。【參三十一6】

詩 46 [1]上帝是我們的避難所，是我們的力量，是我們在患難中
隨時的幫助。[2]所以，地雖改變，山雖搖動到海心……
[3]……我們也不害怕。

6.7.5.3. 上帝看顧人

創 21 [17]……上帝……呼叫夏甲說：「夏甲，你為何這樣呢？不要
害怕，上帝已經聽見童子【指夏甲的兒子】的聲音了。[18]起
來！把童子抱在懷中，我必使他的後裔成為大國。」

太 10 [29]兩個麻雀不是賣一分銀子嗎？若是你們的父不許，一個
也不能掉在地上；[30]就是你們的頭髮也都被數過了。[31]所
以，不要懼怕，你們比許多麻雀還貴重！【參路十二6～7】

6.7.5.4. 上帝為人爭戰

申 1 [29]我就對你們【指以色列人】說：「不要驚恐，也不要怕他
們。[30]在你們前面行的耶和華你們的上帝必為你們爭
戰……[31]你們在曠野所行的路上，也曾見耶和華你們的上
帝撫養你們……。」

申　9 [1]以色列啊，你當聽！你今日要過約旦河，進去趕出比你強
大的國民……[3]你今日當知道，耶和華——你的上帝在你前
面過去，如同烈火，要滅絕他們，將他們制伏在你面前。

6.7.5.5. 上帝幫助及搭救人

詩 34 [4]我曾尋求耶和華，他就應允我，救我脫離了一切的恐
懼。……[7]耶和華的使者在敬畏他的人四圍安營，搭救他
們。[8]你們要嘗嘗主恩的滋味，便知道他是美善；投靠他
的人有福了！

詩118 [6]有耶和華幫助我，我必不懼怕，人能把我怎麼樣呢？[7]在
那幫助我的人中，有耶和華幫助我，所以我要看見那恨我
的人遭報。[8]投靠耶和華，強似倚賴人。

賽 41 [13]因為我耶和華——你的上帝必攙扶你的右手，對你說：
不要害怕！我必幫助你。

6.7.5.6. 上帝鼓勵人面對懼怕

創 46 [3]上帝說：「我是上帝，就是你【指雅各】父親的上帝。你下
埃及去不要害怕，因為我必使你在那裏成為大族。」

徒 23 [11]當夜，主站在保羅旁邊，說：「放心吧！你怎樣在耶路撒
冷為我作見證，也必怎樣在羅馬為我作見證。」

6.8. 孤單感

孤單與獨處不同，孤單的人希望獲得接納卻無法實現；獨處者則是主動離開人羣、面對自己。上帝創造人過羣體生活，讓人學習彼此尊重、互相幫助的態度。可惜，人卻因自我中心，建造了人與人之間的圍牆，將人分門別類。當人被界定為圈外人，就會體驗被排斥、遺棄的滋味。相對於孤單感的，是歸屬感，人可以在上帝裏面找到真正的接納和肯定。當人在上帝裏面重新肯定自我，就不必依靠人的方法確立自己的價值，亦在任何環境中都體會到上帝的同在。當我們的生命被重整後，就可以藉上帝所賜的愛心與眾人相處，消除孤單感。

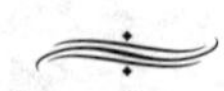

6.8.1. 人感到孤單的原因

6.8.1.1. 因被排斥

詩 31 [11]我因一切敵人成了羞辱，在我的鄰舍跟前更甚；那認識
我的都懼怕我，在外頭看見我的都躲避我。

路 19 [2]有一個人名叫撒該，作稅吏長，是個財主。……[4]就跑到
前頭，爬上桑樹，要看耶穌，因為耶穌必從那裏經
過。……[7]眾人看見，都私下議論說：「他竟到罪人家裏去
住宿。」【參1～10節】

提後 4 [16]我【指保羅】初次申訴，沒有人前來幫助，竟都離棄我；
但願這罪不歸與他們。

6.8.1.2. 因被遺棄

可 15 [34]申初的時候，耶穌大聲喊著說：「以羅伊！以羅伊！拉馬
撒巴各大尼？」（翻出來就是：我的上帝！我的上帝！為甚
麼離棄我？）【參太二十七46】

路 15 [14]既耗盡了一切所有的……就窮苦起來。[15]於是去投靠那地
方的一個人；那人打發他【指浪子】到田裏去放豬。[16]他恨
不得拿豬所吃的豆莢充飢，也沒有人給他。【參十五章】

6.8.1.3. 因有疾病

詩 38 [11]我的良朋密友因我的災病都躲在旁邊站著；我的親戚本
家也遠遠地站立。

約 5 [5]在那裏有一個人【指畢士大池的病人】，病了三十八
年。……[7]病人回答說：「先生，水動的時候，沒有人把我
放在池子裏；我正去的時候，就有別人比我先下去。」【參
五章】

6.8.1.4. 因沒有朋友及親屬

詩142 [4]求你向我右邊觀看，因為沒有人認識我；我無處避難，

也沒有人眷顧我。

傳 4 [8]有人孤單無二，無子無兄，竟勞碌不息，眼目也不以錢
財為足。他說：「我勞勞碌碌，刻苦自己，不享福樂，到
底是為誰呢？」

6.8.1.5. 出於上帝刻意的安排

詩 88 [8]你【指上帝】把我所認識的隔在遠處，使我為他們所憎
惡；我被拘困，不得出來。

哀 3 [28]他【尋求耶和華的人】當獨坐無言，因為這是耶和華加在
他身上的。【參25～30節】

6.8.2. 上帝的幫助

6.8.2.1. 上帝常常與人同在

創 26 [3]你【指以撒】寄居在這地，我必與你同在，賜福給你，因
為我要將這些地都賜給你和你的後裔。我必堅定我向你父
亞伯拉罕所起的誓。

創 28 [15]我也與你【指雅各】同在。你無論往哪裏去，我必保佑
你，領你歸回這地，總不離棄你，直到我成全了向你所應
許的。

創 39 [21]但耶和華與約瑟同在，向他施恩，使他在司獄的眼前
蒙恩。

6.8.2.2. 上帝為人預備同伴，解決孤單的問題

創 2 [18]耶和華上帝說：「那人獨居不好，我要為他造一個配偶幫
助他。」

傳 4 [9]兩個人總比一個人好，因為二人勞碌同得美好的果效。
[10]若是跌倒，這人可以扶起他的同伴……[11]……二人同睡就
都暖和，一人獨睡怎能暖和呢？[12]有人攻勝孤身一人，若
有二人便能敵擋他……。

6.8.2.3. 上帝鼓勵及照顧孤單的人

王上19 [14]他【指以利亞】說：「……只剩下我一個人……」[15]耶和華
對他說：「……[18]但我在以色列人中為自己留下七千人，是
未曾向巴力屈膝的，未曾與巴力親嘴的。」【參16～17節】

詩 68 [6]上帝叫孤獨的有家，使被囚的出來享福；惟有悖逆的住
在乾燥之地。

約 5 [5]在那裏有一個人【指畢士大池的病人】，病了三十八
年。……[8]耶穌對他說：「起來，拿你的褥子走吧！」[9]那人
立刻痊愈，就拿起褥子來走了。【參五章】

6.9. 憂傷／憂愁

人經常會遇到憂傷的事，例如我們會因急難、受壓制、死亡的臨近而憂傷，我們會為家人的事、為教會的事、為國家的事憂傷……。憂傷中的人需要尋找聆聽者；基督徒會將憂傷交給上帝，藉禱告向上帝剖白內心的感受。憂傷中的人需要弟兄姊妹的支持和鼓勵，以學習依靠上帝的功課。我們的上帝至高至聖，願意與心靈哀傷的人同居。上帝藉聖子耶穌基督的受苦，表達祂了解人類疾苦的信息。同時，上帝藉聖靈安慰人，幫助人重新振作，以信心面對各種困難，仰望上帝的恩典解決問題。

6.9.1. 憂傷的原因

6.9.1.1. 死亡帶來憂傷

創 23 [2]撒拉死在迦南地的基列·亞巴，就是希伯崙。亞伯拉罕為她哀慟哭號。

撒下 1 [11]大衛就撕裂衣服，跟隨他的人也是如此，[12]而且悲哀哭號，禁食到晚上，是因掃羅和他兒子約拿單，並耶和華的民以色列家的人，倒在刀下。

徒 8 [2]有虔誠的人把司提反埋葬了，為他捶胸大哭。

【另參：創四十九33；撒上二十五1，三十3；撒下十二15～17；太十七22～23；約十一1～33】

6.9.1.2. 為國家的遭遇而憂傷

詩 80 [4]耶和華——萬軍之上帝啊，你向你百姓的禱告發怒，要到幾時呢？[5]你以眼淚當食物給他們吃，又多量出眼淚給他們喝。[6]你使鄰邦因我們紛爭；我們的仇敵彼此戲笑。

哀 1 [12]她夜間痛哭，淚流滿腮；在一切所親愛的中間沒有一個安慰她的。她的朋友都以詭詐待她，成為她的仇敵。

哀 3 [48]因我眾民遭的毀滅，我就眼淚下流如河。

6.9.1.3. 因在困苦中

詩 69 [1]上帝啊，求你救我！因為眾水要淹沒我。[2]我陷在深淤泥中，沒有立腳之地；我到了深水中，大水漫過我身。[3]我因呼求困乏，喉嚨發乾；我因等候上帝，眼睛失明。

詩102 [3]……我的年日如煙雲消滅；我的骨頭如火把燒着。[4]我的心被傷，如草枯乾，甚至我忘記吃飯。

6.9.1.4. 因看見城市敗落

太 23 [37]耶路撒冷啊，耶路撒冷啊，你常殺害先知，又用石頭打死那奉差遣到你這裏來的人。我多次願意聚集你的兒

女……。[38]看哪，你們的家成為荒場留給你們。【參路十四
34～35】
啟 18 [11]地上的客商也都為她【指巴比倫】哭泣悲哀，因為沒有人
再買他們的貨物了……[17]一時之間，這麼大的富厚就歸於
無有了。……[19]他們又把塵土撒在頭上，哭泣悲哀。

6.9.1.5. 因受壓制及遇到急難

詩 13 [2]我心裏籌算，終日愁苦，要到幾時呢？我的仇敵升高壓
制我，要到幾時呢？
詩 31 [9]耶和華啊，求你憐恤我，因為我在急難之中；我的眼睛
因憂愁而乾癟，連我的身心也不安舒。[10]我的生命為愁苦
所消耗；我的年歲為歎息所曠廢。我的力量因我的罪孽衰
敗；我的骨頭也枯乾。

6.9.1.6. 因罪的緣故

士 2 [4]耶和華的使者向以色列眾人說這話的時候，百姓就放聲
而哭；[5]於是給那地方起名叫波金。眾人在那裏向耶和華
獻祭。
耶 3 [21]在淨光的高處聽見人聲，就是以色列人哭泣懇求之聲，
乃因他們走彎曲之道，忘記耶和華——他們的上帝。

6.9.1.7. 因受感的緣故

得 1 [9]「願耶和華使你們各在新夫家中得平安！」於是拿俄米與
她們【指拿俄米的兩個媳婦】親嘴。她們就放聲而哭。
尼 8 [9]省長尼希米和作祭司的文士以斯拉，並教訓百姓的利未
人，對眾民說：「今日是耶和華——你們上帝的聖日，不
要悲哀哭泣。」這是因為眾民聽見律法書上的話都哭了。

6.9.1.8. 因想念的緣故

創 21 [16]自己【指夏甲】走開約有一箭之遠，相對而坐，說：「我不

忍見孩子死」，就相對而坐，放聲大哭。

提後 1 [3]我感謝上帝，就是我接續祖先用清潔的良心所事奉的上
帝。祈禱的時候，不住的想念你，[4]記念你的眼淚，晝夜
切切地想要見你，好叫我滿心快樂。

6.9.1.9. 為別人的事

撒上15 [11]「我【指上帝】立掃羅為王，我後悔了；因為他轉去不跟
從我，不遵守我的命令。」撒母耳便甚憂愁，終夜哀求耶
和華。

王下13 [14]以利沙得了必死的病，以色列王約阿施下來看他，伏在
他臉上哭泣。

6.9.1.10. 其他：因被欺負；因身上的痛楚；因感到上帝不同在；因未知的事

撒上 1 [7]每年上到耶和華殿的時候，以利加拿都以雙分給哈拿；
毗尼拿仍是激動她，以致她哭泣不吃飯。

伯 14 [22]但知身上疼痛，心中悲哀。

詩 42 [2]我的心渴想上帝，就是永生上帝；我幾時得朝見上帝
呢？[3]我晝夜以眼淚當飲食；人不住地對我說：你的上帝
在哪裏呢？

帖前 4 [13]論到睡了的人，我們不願意弟兄們不知道，恐怕你們憂
傷，像那些沒有指望的人一樣。

【另參：箴十四13(人經常會有憂傷)】

6.9.2. 憂傷的表現

6.9.2.1. 憂傷令身體不適

詩 6 [7]我因憂愁眼睛乾癟，又因我一切的敵人眼睛昏花。

詩 31 [10]我的生命為愁苦所消耗；我的年歲為歎息所曠廢。我的
力量因我的罪孽衰敗；我的骨頭也枯乾。

6.9.2.2. 憂傷帶來歎息

創 23 [1]撒拉享壽一百二十七歲，這是撒拉一生的歲數。[2]撒拉死
在迦南地的基列·亞巴，就是希伯崙。亞伯拉罕為她哀慟
哭號。

書 7 [6]約書亞便撕裂衣服；他和以色列的長老把灰撒在頭上，
在耶和華的約櫃前俯伏在地，直到晚上。

伯 3 [23]人的道路既然遮隱，上帝又把他四面圍困，為何有光賜
給他呢？[24]我未曾吃飯就發出歎息；我唉哼的聲音湧出如
水。[25]因我所恐懼的臨到我身，我所懼怕的迎我而來。

【另參：創二十一14～16，二十七34，四十二24；伯七11】

6.9.3. 上帝如何對待憂傷的人

6.9.3.1. 上帝也會憂傷，亦容許人經歷憂傷

創 6 [6]耶和華就後悔造人在地上，心中憂傷。[7]耶和華說：「我要
將所造的人和走獸，並昆蟲，以及空中的飛鳥，都從地上
除滅，因為我造他們後悔了。」

林後 7 [10]因為依著上帝的意思憂愁，就生出沒有後悔的懊悔來，
以致得救；但世俗的憂愁是叫人死。[11]……你們依著上帝
的意思憂愁，從此就生出何等的殷勤……你們都表明自己
是潔淨的。

6.9.3.2. 上帝安慰憂傷的人

伯 35 [9]他使人夜間歌唱。

詩 34 [18]耶和華靠近傷心的人，拯救靈性痛悔的人。

詩 56 [8]我幾次流離，你都記數。

【另參：詩一四五14；賽六十一1～3】

6.9.3.3. 耶穌及聖靈安慰人

約 16 [33]我【指耶穌】將這些事告訴你們，是要叫你們在我裏面有

平安。在世上，你們有苦難；但你們可以放心，我已經勝
了世界。
徒 9 [31]那時，猶太、加利利、撒馬利亞各處的教會都得平安，
被建立；凡事敬畏主，蒙聖靈的安慰，人數就增多了。
羅 8 [26]況且我們的軟弱有聖靈幫助，我們本不曉得當怎樣禱
告，只是聖靈親自用說不出來的歎息替我們禱告。

【另參：賽五十三4～5；弗四30】

6.9.3.4. 上帝的話會帶來安慰

詩119 [143]我遭遇患難愁苦，你的命令卻是我所喜愛的。[144]你的法
度永遠是公義的；求你賜我悟性，我就活了。
羅 15 [4]從前所寫的聖經都是為教訓我們寫的，叫我們因聖經所
生的忍耐和安慰可以得著盼望。

6.9.4. 人面對憂傷的態度

6.9.4.1. 在憂傷中仍不離開上帝

伯 1 [20]約伯……[21]說：「我赤身出於母胎，也必赤身歸回；賞賜
的是耶和華，收取的也是耶和華。耶和華的名是應當稱
頌的。」[22]在這一切的事上約伯並不犯罪，也不以上帝為
愚妄。
詩 18 [6]我在急難中求告耶和華，向我的上帝呼求。他從殿中聽
了我的聲音；我在他面前的呼求入了他的耳中。

6.9.4.2. 將憂傷交託給上帝

伯 5 [6]禍患原不是從土中出來；患難也不是從地裏發生。[7]人生
在世必遇患難，如同火星飛騰。[8]至於我，我必仰望上
帝，把我的事情託付他。[9]他行大事不可測度，行奇事不
可勝數。
詩 55 [22]你要把你的重擔卸給耶和華，他必撫養你；他永不叫義

人動搖。

詩 86 [1]耶和華啊，求你側耳應允我，因我是困苦窮乏的。[2]求
你保存我的性命，因我是虔誠人。我的上帝啊，求你拯
救這倚靠你的僕人！[3]主啊，求你憐憫我，因我終日求
告你。

6.9.4.3. 憑信心依上帝的意思面對憂傷

林後 5 [7]因我們行事為人是憑著信心，不是憑著眼見。

林後 7 [10]因為依著上帝的意思憂愁，就生出沒有後悔的懊悔來，
以致得救；但世俗的憂愁是叫人死。

6.9.4.4. 要知道憂傷之後會有喜樂

詩 30 [5]因為，他的怒氣不過是轉眼之間；他的恩典乃是一生之
久。一宿雖然有哭泣，早晨便必歡呼。……[11]你已將我的
哀哭變為跳舞，將我的麻衣脫去，給我披上喜樂，

賽 65 [19]我必因耶路撒冷歡喜，因我的百姓快樂；其中必不再聽
見哭泣的聲音和哀號的聲音。

啟 7 [17]因為寶座中的羔羊必牧養他們，領他們到生命水的泉
源；上帝也必擦去他們一切的眼淚。

【另參：賽三十五10；林後七9；啟二十一3～4】

6.9.4.5. 相信憂傷的人會經歷安慰

太 5 [4]哀慟的人有福了！因為他們必得安慰。

林後 1 [3]願頌讚歸與我們的主耶穌基督的父上帝，就是發慈悲的
父，賜各樣安慰的上帝。[4]我們在一切患難中，他就安慰
我們，叫我們能用上帝所賜的安慰去安慰那遭各樣患難
的人。

6.9.4.6. 與傷心的人同哭

箴 25 [20]對傷心的人唱歌，就如冷天脫衣服，又如鹼上倒醋。

約 11 [33]耶穌看見她哭，並看見與她同來的猶太人也哭，就心裏
悲歎，又甚憂愁，[34]便說：「你們把他安放在哪裏？」他們
回答說：「請主來看。」[35]耶穌哭了。

6.10. 憂慮

聖經教訓我們不要為生活上的物質需要憂慮，因為上帝尚且照顧大自然裏的野地的花草，同樣人亦不必為將來憂慮，因為上帝是人類生命的主。基督徒應該學習將前途交託上帝，放下心中的憂慮。上帝在聖經裏應許，祂不會撇下我們，因此我們要學習凡事交託，等候上帝的幫助。我們已明白這個道理，可惜很多時候卻無法實踐。其實，我們需要屬靈的團契生活，弟兄姊妹彼此分享分擔，互相代禱。同時，我們亦需要與牧者或屬靈導師分享，透過屬靈上的分析，讓我們更深入了解自己的問題。人生總會遇到危機，若我們懂得歸向上帝，危機將會化成轉機。

6.10.1. 不要憂慮

6.10.1.1. 不要為生命及將來憂慮

太　6 25……不要為生命憂慮……26你們看那天上的飛鳥，也不
種，也不收……你們的天父尚且養活牠。你們不比飛鳥貴
重得多嗎？27你們哪一個能用思慮使壽數多加一刻呢？【參
路十二22～34】

太　6 34所以，不要為明天憂慮，因為明天自有明天的憂慮；一天的難處一天當就夠了。

6.10.1.2. 不要為困境憂慮

詩 13 2我心裏籌算，終日愁苦，要到幾時呢？我的仇敵升高壓制我，要到幾時呢？

太 10 19你們被交的時候，不要思慮怎樣說話，或說甚麼話。到
那時候，必賜給你們當說的話；20因為不是你們自己說
的，乃是你們父的靈在你們裏頭說的。

6.10.1.3. 憂慮使人失掉上帝的道

太 13 22撒在荊棘裏的，就是人聽了道，後來有世上的思慮、錢財的迷惑把道擠住了，不能結實。【參可四18～19】

路 21 34你們要謹慎，恐怕因貪食、醉酒，並今生的思慮累住你們的心，那日子就如同網羅忽然臨到你們。

6.10.2. 處理憂慮

6.10.2.1. 不要記念過往不快樂的事

賽 43 18耶和華如此說：你們不要記念從前的事，也不要思想古時的事。

腓　3 13弟兄們，我不是以為自己已經得著了；我只有一件事，就是忘記背後，努力面前……。

6.10.2.2. 凡事交託

腓 4 [6]應當一無掛慮，只要凡事藉著禱告、祈求，和感謝，將
你們所要的告訴上帝。[7]上帝所賜、出人意外的平安必在
基督耶穌裏保守你們的心懷意念。

提後 1 [12]為這緣故，我也受這些苦難。然而我不以為恥；因為知
道我所信的是誰，也深信他能保全我所交付他的，直到
那日。

6.10.2.3. 學習讚美上帝及聽取良言

詩 42 [8]白晝，耶和華必向我施慈愛；黑夜，我要歌頌禱告賜我
生命的上帝。

箴 12 [25]人心憂慮，屈而不伸；一句良言，使心歡樂。

6.10.2.4. 深信上帝不會撇下我們

徒 2 [25]大衞指著他【指上帝】說……[26]……我心裏歡喜，我的靈快
樂；並且我的肉身要安居在指望中。[27]因你必不將我的靈
魂撇在陰間，也不叫你的聖者見朽壞。【參詩十六8～11】

羅 4 [18]他【指亞伯拉罕】在無可指望的時候，因信仍有指望，就
得以作多國的父……[20]並且仰望上帝的應許……[21]且滿心相
信上帝所應許的必能做成。[22]所以，這就算為他的義。

6.11. 嫉妒

嫉妒是人性的表現，正好說明人的罪性，顯明人無法接受別人比自己出色或成功。當別人被抬舉、推崇、獲得發揮的機會的時候，我們會感到失落。面對這種人性的自然反應，我們應該回歸上帝裏面，以歡喜快樂的心慶賀別人的成功，同時欣然接納自己的貢獻和限制。上帝對每一個人都有美好的旨意和安排，有些時候我們的願望與上帝的計劃未必相同。在個人理想與現實的差距下，人很容易嫉妒別人的順利。若我們能夠擺脫這種負面情緒，以感恩的心看人生，將可克服嫉妒這弱點。

6.11.1. 人會嫉妒的原因

6.11.1.1. 來自人的罪性

羅 1 [28]他們既然故意不認識上帝，上帝就任憑他們存邪僻的
心，行那些不合理的事；[29]……滿心是嫉妒、凶殺、爭
競、詭詐、毒恨。

多 3 [3]我們從前也是無知……常存惡毒嫉妒的心，是可恨的，
又是彼此相恨。

6.11.1.2. 因不被寵愛

創 27 [41]以掃因他父親給雅各祝的福，就怨恨雅各，心裏說：
「為我父親居喪的日子近了，到那時候，我要殺我的兄弟
雅各。」

創 37 [3]以色列原來愛約瑟過於愛他的眾子，因為約瑟是他年老
生的；他給約瑟做了一件彩衣。[4]約瑟的哥哥們見父親愛
約瑟過於愛他們，就恨約瑟，不與他說和睦的話。

徒 7 [9]先祖【指約瑟的兄弟】嫉妒約瑟，把他賣到埃及去；上帝
卻與他【指約瑟】同在。【參創三十七12～36】

【另參：創四5】

6.11.1.3. 不服別人比自己強

創 26 [14]他有羊羣牛羣，又有許多僕人，非利士人就嫉妒他。

民 11 [28]約書亞……說：「請我主摩西禁止他們【上帝把降臨在
摩西的靈降在長老身上；參25～28節】。」[29]摩西對他
說：「你為我的緣故嫉妒人嗎？惟願耶和華的百姓都受感
說話！……」

太 9 [34]法利賽人卻說：「他【指耶穌】是靠著鬼王趕鬼。」【參
32～34節，十二22～24；路十一14～15】

【另參：傳四4】

6.11.1.4. 不服別人被羣眾擁戴

撒上18 [6]大衛打死了那非利士人……婦女……迎接掃羅王。[7]眾
婦女舞蹈唱和，說：「掃羅殺死千千，大衛殺死萬萬。」
[8]掃羅甚發怒，不喜悅這話……[9]從這日起，掃羅就怒視
大衛。

可 15 [10]……祭司長是因為嫉妒才把耶穌解了來。【參6～15節】

徒 13 [42]他們【指巴拿巴和保羅】出會堂的時候，眾人請他們到下
安息日再講這話給他們聽。……[44]到下安息日，合城的
人……要聽上帝的道。[45]但猶太人看見人這樣多，就滿心
嫉妒……。【參十七5】

6.11.1.5. 其他：不服上帝恩待人；不服惡人享平安；貪圖虛榮

創 26 [12]以撒在那地耕種，那一年有百倍的收成。耶和華賜福給
他，[13]他就昌大，日增月盛，成了大富戶。[14]……非利士人
就嫉妒他。

詩 73 [2]至於我，我的腳幾乎失閃；我的腳險些滑跌。[3]我見惡人
和狂傲人享平安就心懷不平。【參箴二十四19】

加 5 [26]不要貪圖虛名，彼此惹氣，互相嫉妒。

6.11.2. 嫉妒帶來的後果

6.11.2.1. 帶來破壞的力量

箴 6 [34]因為人的嫉恨成了烈怒，報仇的時候決不留情。

箴 27 [4]忿怒為殘忍，怒氣為狂瀾，惟有嫉妒，誰能敵得住呢？

雅 3 [16]在何處有嫉妒、紛爭，就在何處有擾亂和各樣的壞事。

6.11.2.2. 使人抵擋真理

徒 17 [5]但那不信的猶太人心裏嫉妒，招聚了些市井匪類，搭夥
成羣，聳動合城的人闖進耶孫的家，要將保羅、西拉帶到
百姓那裏。

雅　3 [14]你們心裏若懷著苦毒的嫉妒和紛爭，就不可自誇，不可
說謊話抵擋真道。[15]這樣的智慧不是從上頭來的，乃是屬
地的，屬情欲的，屬鬼魔的。

6.11.2.3. 毀滅人

伯　5 [2]……嫉妒殺死癡迷人【「癡迷人」《現代中文譯本修訂版》譯
作「幼稚的人」】。

箴 14 [30]心中安靜是肉體的生命；嫉妒是骨中的朽爛。

6.11.3. 如何處理嫉妒

6.11.3.1. 除去妒忌心

箴 23 [17]你心中不要嫉妒罪人，只要終日敬畏耶和華。

箴 24 [1]你不要嫉妒惡人，也不要起意與他們相處。

彼前 2 [1]所以，你們既除去一切的惡毒、詭詐，並假善、嫉妒，
和一切毀謗的話。

6.11.3.2. 其他：倚靠上帝行事；看嫉妒為虛空；要有愛心

詩 37 [1]不要為作惡的心懷不平，也不要向那行不義的生出嫉
妒。[2]因為他們如草快被割下，又如青菜快要枯乾。[3]你當
倚靠耶和華而行善，住在地上，以他的信實為糧。

傳　4 [4]我又見人為一切的勞碌和各樣靈巧的工作就被鄰舍嫉
妒。這也是虛空，也是捕風。

林前13 [4]愛是恆久忍耐，又有恩慈；愛是不嫉妒；愛是不自誇，
不張狂……。

7. 克服個人障礙

7.1. 邪惡

苦難是一種現象，邪惡是對現象的價值判斷。當我們對人世間的事物作更深層的評價的時候，就引伸出善與惡兩股勢力角力的情況。當我們宣認上帝是忌邪的時候，即表示惡並非從上帝而來。當然良善的上帝不應帶來邪惡，但當我們將邪惡歸咎於上帝以外的力量時，會帶來上帝的主權被局限的危險。因此我們會以上帝容許邪惡出現，作為強調上帝的主權，以及上帝不必為邪惡負責的出路。這種觀點提醒我們要離開惡事，但當我們遇到惡事的時候，仍然要深信上帝掌權。當然上帝為何容許惡事在我們身上出現，只有上帝才能夠解答。

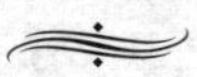

7.1.1. 上帝如何對待邪惡

7.1.1.1. 上帝是忌邪的

出 20 [5]不可跪拜那些像，也不可事奉它，因為我耶和華——你
的上帝是忌邪的上帝。恨我的，我必追討他的罪，自父及
子，直到三四代。

結 8 [5]上帝對我說：「人子啊，你舉目向北觀看。」我就舉目向
北觀看，見祭壇門的北邊，在門口有這惹忌邪的偶像。

鴻 1 [2]耶和華是忌邪施報的上帝。耶和華施報大有忿怒；向他
的敵人施報，向他的仇敵懷怒。

【另參：申四24】

7.1.1.2. 上帝恨惡行邪惡的人

箴 6 [16]耶和華所恨惡的有六樣，連他心所憎惡的共有七樣：
[17]就是高傲的眼，撒謊的舌，流無辜人血的手，[18]圖謀惡計
的心，飛跑行惡的腳，[19]吐謊言的假見證，並弟兄中布散
紛爭的人。

箴 10 [3]耶和華不使義人受飢餓；惡人所欲的，他必推開。

7.1.1.3. 上帝幫助人離開邪惡

詩 19 [13]求你攔阻僕人不犯任意妄為的罪，不容這罪轄制我，我
便完全，免犯大罪。

詩 73 [1]上帝實在恩待以色列那些清心的人！[2]至於我，我的腳幾
乎失閃；我的腳險些滑跌。

帖後 3 [2]也叫我們脫離無理之惡人的手；因為人不都是有信心。
[3]但主是信實的，要堅固你們，保護你們脫離那惡者。

7.1.1.4. 行惡的人不能逃脫上帝的憤怒

伯 20 [4]你豈不知亙古以來，自從人生在地……[6]他的尊榮雖達到
天上，頭雖頂到雲中，[7]他終必滅亡，像自己的糞一樣。

詩 54 [4]上帝是幫助我的，是扶持我命的。[5]他要報應我仇敵所行
的惡；求你【指上帝】憑你的誠實滅絕他們。

耶 17 [5]耶和華如此說：倚靠人血肉的膀臂，心中離棄耶和華
的，那人有禍了！[6]因他必像沙漠的杜松，不見福樂來
到，卻要住曠野乾旱之處，無人居住的鹼地。

【另參：賽四十七10～11】

7.1.2. 面對邪惡的事

7.1.2.1. 惡人會輕看上帝，並自食其果

詩 7 [14]試看惡人因奸惡而劬勞，所懷的是毒害，所生的是虛
假。……[16]他的毒害必臨到他自己的頭上；他的強暴必落
到他自己的腦袋上。

詩 10 [4]惡人面帶驕傲，說：耶和華必不追究；他一切所想的都
以為沒有上帝……。[6]他心裏說：我必不動搖，世世代代
不遭災難。

7.1.2.2. 要離開邪惡的事

民 16 [26]他吩咐會眾說：「你們離開這惡人的帳棚吧，他們的物
件，甚麼都不可摸，恐怕你們陷在他們的罪中，與他們一
同消滅。」

申 12 [30]……不可在他們除滅之後隨從他們的惡俗，陷入網羅，
也不可訪問他們的神說：「這些國民怎樣事奉他們的神，
我也要照樣行。」

帖前 5 [22]各樣的惡事要禁戒不做。[23]……又願你們的靈與魂與身子
得蒙保守，在我們主耶穌基督降臨的時候，完全無可指
摘！[24]那召你們的本是信實的，他必成就這事。

【另參：民三十三55；弗五11～13】

7.1.2.3. 只有敬畏上帝的人才得真正的福樂

申 5 [29]惟願他們【指以色列人】存這樣的心敬畏我【指上帝】，常
遵守我的一切誡命，使他們和他們的子孫永遠得福。
箴 8 [13]敬畏耶和華在乎恨惡邪惡；那驕傲、狂妄，並惡道，以
及乖謬的口，都為我所恨惡。
傳 8 [12]罪人雖然作惡百次，倒享長久的年日；然而我準知道，
敬畏上帝的，就是在他面前敬畏的人，終久必得福樂。

7.2. 貪婪

貪婪是不知足及佔有欲的表現，是屬靈生命成長的一大障礙。貪婪令人被物欲蒙蔽，沉醉在今生的享樂中。當人無止境地追求物質享受的時候，貪婪的心就增加。貪婪的人未必以違法手段達到目的，但是會千方百計務求得到心中的喜好。貪婪是對上帝的抗拒，對上帝賜福的方式及程度的不滿足。貪婪的錯誤在於高舉自我，沉迷今生短暫的逸樂，忘記上帝永恆的祝福。貪婪的人容易與人引起爭端，並且傷害自已及家人。貪婪引起邪惡及痛苦。作為基督徒應該禁戒貪婪，不可忘記上帝永恆的祝福。

7.2.1. 貪婪的表現

7.2.1.1. 不知足

傳 5 [10]貪愛銀子的，不因得銀子知足；貪愛豐富的，也不因得
利益知足。

賽 56 [11]這些狗貪食，不知飽足。這些牧人不能明白──各人偏
行己路，各從各方求自己的利益。

7.2.2. 貪婪的後果

7.2.2.1. 行邪惡

撒上 8 [3]他兒子不行他的道，貪圖財利，收受賄賂，屈枉正直。

詩 52 [7]說：看哪，這就是那不以上帝為他力量的人，只倚仗他
豐富的財物，在邪惡上堅立自己。

耶 22 [17]惟有你的眼和你的心專顧貪婪，流無辜人的血，行欺壓
和強暴。

7.2.2.2. 引起爭端

箴 28 [25]心中貪婪的，挑起爭端；倚靠耶和華的，必得豐裕。

雅 4 [1]你們中間的爭戰鬥毆是從哪裏來的呢？……[2]你們貪戀，
還是得不著；你們殺害嫉妒，又鬥毆爭戰，也不能得。

7.2.2.3. 帶來痛苦

提前 6 [10]貪財是萬惡之根。有人貪戀錢財，就被引誘離了真道，
用許多愁苦把自己刺透了。

雅 5 [3]你們的金銀都長了銹；那銹要證明你們的不是，又要吃
你們的肉，如同火燒。你們在這末世只知積攢錢財。

7.2.2.4. 其他：擾害己家；成了愚頑人；不可進天國

箴 15 [27]貪戀財利的，擾害己家。

耶 17 [11]那不按正道得財的，好像鷓鴣菢不是自己下的蛋；到了
中年，那財都必離開他，他終久成為愚頑人。

弗 5 [5]因為你們確實地知道，無論是淫亂的，是污穢的，是有
貪心的，在基督和上帝的國裏都是無分的。有貪心的，就
與拜偶像的一樣。

7.2.3. 如何處理貪婪

7.2.3.1. 謹慎自守

路 12 [15]於是對眾人說：「你們要謹慎自守，免去一切的貪心，因
為人的生命不在乎家道豐富。」

弗 5 [3]至於淫亂並一切污穢，或是貪婪，在你們中間連提都不
可，方合聖徒的體統。

多 1 [7]監督既是上帝的管家，必須無可指責，不任性，不暴
躁，不因酒滋事，不打人，不貪無義之財。

7.2.3.2. 要逃避貪婪

太 6 [19]不要為自己積攢財寶在地上……。[21]因為你的財寶在哪
裏，你的心也在那裏。【參路十二33～34】

西 3 [4]基督是我們的生命，他顯現的時候，你們也要與他一同
顯現在榮耀裏。[5]所以，要治死你們在地上的肢體，就
如……和貪婪（貪婪就與拜偶像一樣）。

7.3. 憎恨

聖經教訓我們，要愛我們的仇敵，因此我們的心中不可有仇恨。可是當我們遇到惡意或無理的攻擊的時候，怎樣可以避免憎恨、還擊或報復的意念呢？我們要相信上帝為無辜者伸冤的應許，懇求上帝按公義審判罪惡，並且以愛心對待那些與我們為敵的人。當我們為別人的罪而發義怒時，要反省自己，我們亦不是聖潔完美的，我們要追求上帝的聖潔，並且存著愛心指出別人的錯誤。在等待上帝公義的審判的時候，我們要忍耐，並且藉著禱告平復內心激動的情緒，使自己更客觀中肯地看事情。

7.3.1. 當恨惡的

7.3.1.1. 邪惡的事

詩 26 [5]我恨惡惡人的會，必不與惡人同坐。

詩101 [3]邪僻的事，我都不擺在我眼前；悖逆人所做的事，我甚恨惡，不容沾在我身上。

羅 12 [9]愛人不可虛假；惡要厭惡，善要親近。

【另參：詩四十五7，一一九128；來一9】

7.3.1.2. 謊話

詩119 [163]謊話是我所恨惡所憎嫌的；惟你的律法是我所愛的。

箴 13 [5]義人恨惡謊言；惡人有臭名，且致慚愧。

7.3.1.3. 拜偶像

申 12 [31]你不可向耶和華——你的上帝這樣行【指拜偶像】……甚至將自己的兒女用火焚燒，獻與他們的神。

申 16 [21]你為耶和華——你的上帝築壇，不可在壇旁栽甚麼樹木作為木偶。[22]也不可為自己設立柱像；這是耶和華——你上帝所恨惡的。

詩 31 [6]我恨惡那信奉虛無之神的人；我卻倚靠耶和華。

【另參：出二十5；申三十二16、21】

7.3.1.4. 罪惡

詩 11 [5]耶和華試驗義人；惟有惡人和喜愛強暴的人，他心裏恨惡。

詩 97 [10]你們愛耶和華的，都當恨惡罪惡；他保護聖民的性命，搭救他們脫離惡人的手。

賽 61 [8]因為我——耶和華喜愛公平，恨惡搶奪和罪孽；我要憑誠實施行報應，並要與我的百姓立永約。

7.3.1.5. 不義之財

箴 15 [27]貪戀財利的，擾害己家；恨惡賄賂的，必得存活。

箴 23 [5]你豈要定睛在虛無的錢財上嗎？因錢財必長翅膀，如鷹向天飛去。

7.3.1.6. 其他：恨惡上帝的人；虛假；謀害人；惡待妻子

詩139 [21]耶和華啊，恨惡你的，我豈不恨惡他們嗎？攻擊你的，我豈不憎嫌他們嗎？

賽 1 [14]你們的月朔和節期，我心裏恨惡，我都以為麻煩；我擔當，便不耐煩。

亞 8 [17]誰都不可心裏謀害鄰舍，也不可喜愛起假誓，因為這些事都為我所恨惡。這是耶和華說的。

瑪 2 [16]耶和華——以色列的上帝說：「休妻的事和以強暴待妻的人都是我所恨惡的！所以當謹守你們的心，不可行詭詐。」

7.3.2. 不可恨惡的

7.3.2.1. 不可憎恨弟兄

利 19 [17]不可心裏恨你的弟兄；總要指摘你的鄰舍，免得因他擔罪。

約壹 2 [9]人若說自己在光明中，卻恨他的弟兄，他到如今還是在黑暗裏。……[11]惟獨恨弟兄的，是在黑暗裏，且在黑暗裏行，也不知道往哪裏去，因為黑暗叫他眼睛瞎了。

約壹 3 [15]凡恨他弟兄的，就是殺人的；你們曉得凡殺人的，沒有永生存在他裏面。

【另參：約壹四20～21】

7.3.2.2. 其他：不可憎恨仇敵；不可恨惡自己的身子

太 5 [43]你們聽見有話說：「當愛你的鄰舍，恨你的仇敵。」[44]只是我告訴你們，要愛你們的仇敵，為那逼迫你們的禱告。
【參路六27～28】

弗 5 [29]從來沒有人恨惡自己的身子，總要保養顧惜，正像基督
待教會一樣。

7.3.3. 憎恨帶來的後果

7.3.3.1. 能導致不和

創 37 [4]約瑟的哥哥們見父親愛約瑟過於愛他們，就恨約瑟，不
與他說和睦的話。

箴 10 [12]恨能挑啟爭端；愛能遮掩一切過錯。

7.3.3.2. 能使人殺人

創 4 [4]……耶和華看中了亞伯和他的供物，[5]……該隱就大大地發
怒……[8]……該隱起來打他兄弟亞伯，把他殺了。【參1～8節】

創 27 [41]以掃因他父親給雅各祝的福，就怨恨雅各，心裏說：
「為我父親居喪的日子近了，到那時候，我要殺我的兄弟
雅各。」

7.3.4. 信徒會被憎恨

7.3.4.1. 信徒會因持守信仰而被憎惡

太 10 [22]並且你們要為我的名被眾人恨惡。惟有忍耐到底的必然
得救。

約 7 [7]世人不能恨你們，卻是恨我，因為我指證他們所做的事
是惡的。

約 17 [14]我【指耶穌】已將你【指上帝】的道賜給他們【指門徒】。世
界又恨他們；因為他們不屬世界，正如我不屬世界一樣。

【另參：太二十四9～10；可十三13；路六22，二十一17；約十五18～23】

7.3.4.2. 信徒會因為上帝作工而被恨惡

尼 4 [1]參巴拉聽見我們【指尼希米等人】修造城牆就發怒，大大惱恨，嗤笑猶大人。

哀 3 [60]他們【指猶太人】仇恨我【指耶利米】，謀害我。

7.3.4.3. 信徒會因說誠實及正直的話而被憎恨

箴 29 [10]好流人血的，恨惡完全人，索取正直人的性命。

代下16 [10]亞撒因此惱恨先見，將他囚在監裏。那時亞撒也虐待一些人民。

摩 5 [10]你們怨恨那在城門口責備人的，憎惡那說正直話的。

【另參：王上二十二8；可六18～19】

7.3.5. 處理憎恨的方法

7.3.5.1. 要看人在基督裏是平等，又要棄絕憎恨人的事

利 19 [17]不可心裏恨你的弟兄；總要指摘你的鄰舍，免得因他擔罪。

加 3 [28]並不分猶太人、希臘人……因為你們在基督耶穌裏都成為一了。[29]你們既屬乎基督，就是亞伯拉罕的後裔，是照著應許承受產業的了。

西 3 [8]但現在你們要棄絕這一切的事，以及惱恨、忿怒、惡毒、毀謗，並口中污穢的言語。

7.3.5.2. 以愛克勝恨

箴 10 [12]……愛能遮掩一切過錯。

箴 15 [17]吃素菜，彼此相愛，強如吃肥牛，彼此相恨。

7.3.5.3. 不可報復

撒上26 [23]今日耶和華將王【指掃羅王】交在我【指大衛】手裏，我卻不肯伸手害耶和華的受膏者。耶和華必照各人的公義誠實

報應他。

箴 24 [29]不可說：人怎樣待我，我也怎樣待他；我必照他所行的報復他。

太 5 [38]你們聽見有話說：「以眼還眼，以牙還牙。」[39]只是我告訴你們，不要與惡人作對。……[41]有人強逼你走一里路，你就同他走二里；[42]有求你的，就給他……。【參路六29～30】

7.3.5.4. 向上帝傾訴

詩 41 [10]耶和華啊，求你憐恤我，使我起來，好報復他們！

詩 69 [4]無故恨我的，比我頭髮還多；無理與我為仇、要把我剪除的，甚為強盛。我沒有搶奪的，要叫我償還。

詩139 [21]耶和華啊，恨惡你的，我豈不恨惡他們嗎？……[24]看在我裏面有甚麼惡行沒有，引導我走永生的道路。【詩人只是在發洩內心不安的情緒】

7.3.5.5. 深信上帝會為你伸冤

申 7 [15]耶和華必使一切的病症離開你；你所知道埃及各樣的惡疾，他不加在你身上，只加在一切恨你的人身上。

羅 12 [19]親愛的弟兄，不要自己伸冤，寧可讓步，聽憑主怒；因為經上記著：「主說：『伸冤在我；我必報應。』」【參來十30】

7.3.5.6. 相信上帝必以公義施報

申 7 [9]所以，你要知道耶和華——你的上帝……是信實的上帝；向愛他、守他誡命的人守約，施慈愛，直到千代；[10]向恨他的人當面報應他們，將他們滅絕。凡恨他的人必報應他們，決不遲延。

士 9 [56]這樣，上帝報應亞比米勒向他父親所行的惡，就是殺了弟兄七十個人的惡。[57]示劍人的一切惡，上帝也都報應在他們頭上……。

撒下12 [12]你【指大衛】在暗中行這事【指與拔示巴同寢，並殺了她的
丈夫；參十一章】，我卻要在以色列眾人面前，日光之
下，報應你。

【另參：賽五十九18；耶五9、29，九9，五十一24；結二十五14～17；珥三4；太十六27；帖後一6】

7.4. 虛偽

信仰要求人坦誠面對上帝，不必在上帝面前假裝。上帝對基督徒的要求嚴格，厭惡虛假的敬拜。上帝看重人的內心多於崇拜的方式或程序，上帝會懲罰在宗教上偽善的人。當人為了私利、個人野心、權力、虛名而熱心於宗教活動的時候，上帝會攔阻虛偽的人。當虛偽的行為被揭穿，人就要承受懲罰。在現實社會裏有很多虛偽的人，我們要避免與他們為友，亦要小心與這類人合作，因為最終受虧損的是自己。作為基督徒，我們要愛慕真理，並且禁戒自己犯上虛偽的錯誤，做一個表裏一致的人。

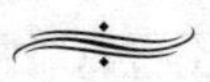

7.4.1. 上帝如何對待虛假的人

7.4.1.1. 上帝厭惡虛假的敬拜

賽 29 [13]主說：因為這百姓親近我，用嘴唇尊敬我，心卻遠離
我；他們敬畏我，不過是領受人的吩咐。[14]所以，我在這
百姓中要行奇妙的事……。他們智慧人的智慧必然消滅，
聰明人的聰明必然隱藏。

太 15 [8]這百姓用嘴唇尊敬我，心卻遠離我；[9]他們將人的吩咐當
作道理教導人，所以拜我也是枉然。

7.4.1.2. 上帝必懲罰虛偽的人

太 23 [15]你們這假冒為善的文士和法利賽人有禍了！因為你們走
遍洋海陸地，勾引一個人入教，既入了教，卻使他作地獄
之子，比你們還加倍。【參25～28節】

路 20 [46]你們要防備文士。他們好穿長衣遊行，喜愛人在街市上問
他們安，又喜愛會堂裏的高位，筵席上的首座；[47]他們侵吞
寡婦的家產，假意作很長的禱告。這些人要受更重的刑罰！

7.4.2. 虛偽人的表現

7.4.2.1 只在人眼前行事

太 6 [2]所以，你施捨的時候，不可在你前面吹號，像那假冒為
善的人在會堂裏和街道上所行的，故意要得人的榮耀。我
實在告訴你們，他們已經得了他們的賞賜。

太 6 [16]你們禁食的時候，不可像那假冒為善的人，臉上帶著愁
容；因為他們把臉弄得難看，故意叫人看出他們是禁食。
【參路十二32～34】

7.4.2.2. 行事與上帝相違背

何 13 [6]這些民照我所賜的食物得了飽足；既得飽足，心就高
傲，忘記了我。

太 15 [5]你們倒說：「無論何人對父母說：我所當奉給你的已經作
了供獻，[6]他就可以不孝敬父母。」這就是你們藉著遺傳，
廢了上帝的誡命。
多 1 [16]他們說是認識上帝，行事卻和他相背；本是可憎惡的，
是悖逆的，在各樣善事上是可廢棄的。

【另參：結三十三31～32】

7.4.3. 對信徒的勸勉

7.4.3.1. 不行虛假的事，虛偽的事必會敗露

詩 40 [4]那倚靠耶和華、不理會狂傲和偏向虛假之輩的，這人便
為有福！
箴 12 [11]耕種自己田地的，必得飽食；追隨虛浮的，卻是無知。
路 12 [1]……耶穌……對門徒說：「你們要防備法利賽人的酵，就
是假冒為善。[2]掩蓋的事沒有不露出來的；隱藏的事沒有
不被人知道的……。」

【另參：詩一一九37】

7.4.3.2. 不與虛偽的人同謀

出 23 [7]當遠離虛假的事。
伯 31 [5]我若與虛謊同行，腳若追隨詭詐……[8]就願我所種的有別
人吃，我田所產的被拔出來。
詩 26 [4]我沒有和虛謊人同坐，也不與瞞哄人的同羣。

7.4.3.3. 虛偽不能得上帝的賞賜

伯 35 [13]虛妄的呼求，上帝必不垂聽；全能者也必不眷顧。
詩 24 [3]誰能登耶和華的山？誰能站在他的聖所？[4]就是手潔心
清、不向虛妄、起誓不懷詭詐的人。
太 6 [1]你們要小心，不可將善事行在人的面前，故意叫他們看
見，若是這樣，就不能得你們天父的賞賜了。

7.5. 懶惰／怠惰

懶惰是一種非常差勁的工作態度，懶惰的人不願費力、工作苟且、推卸責任。懶惰的結局是一無所得、生活貧窮。聖經教導人向螞蟻學習，螞蟻集體行動，在夏天預備食物度過嚴冬。聖經推崇工作殷勤的態度，並且警戒那些閒懶不願工作的人。基督徒應抱著服事上帝、榮耀上帝的態度工作，以忠誠的態度工作，努力提高服務素質，追求在工作上專業及卓越的表現。基督徒不單要在教會內忠誠，將精力投放在教會事奉上，同時在工作上要有美好見證。一個工作勤奮的人，不單是為自己奮鬥，更是為榮耀上帝而努力。

7.5.1. 懶惰人的特徵

7.5.1.1. 會帶來麻煩、破壞

箴 10 [26]懶惰人叫差他的人如醋倒牙，如煙薰目。

箴 18 [9]做工懈怠的，與浪費人為弟兄。

箴 21 [25]懶惰人的心願將他殺害，因為他手不肯做工。

7.5.1.2. 是貪睡的人

箴 19 [15]懶惰能使人沉睡……。

箴 26 [14]門在樞紐轉動，懶惰人在牀上也是如此。

7.5.1.3. 與無知的人同等

箴 24 [30]我經過懶惰人的田地、無知人的葡萄園，[31]荊棘長滿了地皮，刺草遮蓋了田面，石牆也坍塌了。

箴 26 [16]懶惰人看自己比七個善於應對的人更有智慧。

7.5.1.4. 不願付出勞力

箴 12 [27]懶惰的人不烤打獵所得的……。

箴 19 [24]懶惰人放手在盤子裏，就是向口撤回，他也不肯。【參二十六15】

箴 22 [13]懶惰人說：外頭有獅子；我在街上就必被殺。【參二十六13】

7.5.2. 懶惰的結局

7.5.2.1. 一無所得

箴 13 [4]懶惰人羨慕；卻無所得……。

箴 20 [4]懶惰人因冬寒不肯耕種，到收割的時候，他必討飯而無所得。

箴 24 [30]我經過懶惰人的田地……[31]荊棘長滿了地皮，刺草遮蓋了田面，石牆也坍塌了。

7.5.2.2. 必吃苦頭

箴 12 [24]殷勤人的手必掌權；懶惰的人必服苦。

箴 21 [25]懶惰人的心願將他殺害，因為他手不肯做工。

傳 10 [18]因人懶惰，房頂塌下；因人手懶，房屋滴漏。

【另參：箴十五19】

7.5.2.3. 必致貧窮及咒詛

箴 6 [9]懶惰人哪，你要睡到幾時呢？……[11]你的貧窮就必如強盜
速來，你的缺乏彷彿拿兵器的人來到。【參二十四33】

箴 20 [13]不要貪睡，免致貧窮；眼要睜開，你就吃飽。

耶 48 [10]懶惰為耶和華行事的，必受咒詛；禁止刀劍不經血的，必受咒詛。

【另參：箴十4～5】

7.5.3. 克服懶惰

7.5.3.1. 懶惰人要學習勤力

箴 6 [6]懶惰人哪，你去察看螞蟻的動作就可得智慧。[7]螞蟻沒有
元帥，沒有官長，沒有君王，[8]尚且在夏天預備食物，在
收割時聚斂糧食。

箴 14 [23]諸般勤勞都有益處……。

羅 12 [11]殷勤，不可懶惰……。

7.5.3.2. 其他：不可縱容懶惰人；要效法殷勤的人

帖後 3 [10]我們在你們那裏的時候，曾吩咐你們說，若有人不肯做工，就不可吃飯。

來 6 [12]並且不懈怠，總要效法那些憑信心和忍耐承受應許的人。【參彼後三1～10、14】

7.5.4. 不可怠惰的事情

7.5.4.1. 上帝不會把祂的計劃視作等閒

結 12 [25]【上帝說】「我──耶和華說話，所說的必定成就，不再
耽延。……[28]……我的話沒有一句再耽延的，我所說的必
定成就。這是主耶和華說的。」

哈 2 [3]因為這默示有一定的日期，快要應驗，並不虛謊。雖然
遲延，還要等候；因為必然臨到，不再遲延。

太 24 [48]倘若那惡僕心裏說：「我的主人必來得遲」，[49]就動手打
他的同伴……[50]在想不到的日子，不知道的時辰，那僕人
的主人要來，[51]重重地處治他……。【參路十二41～46】

7.5.4.2. 獻祭不可拖延，主再來的日子不會拖延

出 22 [29]你要從你莊稼中【指那些剛熟的莊稼】的穀和酒醡中滴出
來的酒拿來獻上，不可遲延。

太 25 [1]那時，天國好比十個童女拿著燈出去迎接新郎。……[12]他
卻回答說：「我實在告訴你們，我不認識你們。」[13]所以，
你們要警醒；因為那日子，那時辰，你們不知道。

7.5.4.3. 拖延上帝的事會失掉福氣，更會遭懲罰

路 14 [15]「在上帝國裏吃飯的有福了！」[16]……「有一人……請了許
多客。……[21]……家主就動怒……[24]……先前所請的人，沒
有一個得嘗我的筵席。」

耶 7 [13]耶和華說：「現在因你們行了這一切的事，我也從早
起來警戒你們，你們卻不聽從……。[14]所以……[15]我必
將你們從我眼前趕出，正如趕出你們的眾弟兄……。」
【參8～12節】

7.6. 情欲

情欲是人生理及心理的產物：人生理的需要驅使性的幻想和欲望產生；人心理上的佔有欲、權力欲、對物質享樂的渴想，使人陷在情欲的迷惑裏。把短暫、虛浮的事物看得太重要，是人的問題，結果使人無法體驗屬靈生命更新的寶貴。主耶穌基督吩咐我們要脫離情欲的轄制，經歷屬靈生命的重生。基督徒應該過一種分別為聖的生活，避免被情欲控制，要建立有紀律的生活習慣，使自己有正確、高尚的人生觀和世界觀。基督徒的屬靈操練並沒有否定人性的需要，只是反對縱欲的行為和態度，使人按上帝的心意處理人生理和心理需要。

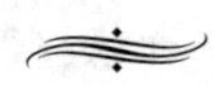

7.6.1. 情欲的定義

7.6.1.1. 從世界而來的，而且與聖靈彼此為敵

加 5 [16]我說，你們當順著聖靈而行，就不放縱肉體的情欲了。
[17]因為情欲和聖靈相爭，聖靈和情欲相爭，這兩個是彼此
相敵，使你們不能做所願意做的。

約壹 2 [16]……凡世界上的事，就像肉體的情欲、眼目的情欲，並
今生的驕傲，都不是從父來的，乃是從世界來的。

7.6.2. 放縱情欲

7.6.2.1. 放縱情欲是罪

太 5 [28]只是我告訴你們，凡看見婦女就動淫念的，這人心裏已
經與她犯姦淫了。

雅 1 [15]私欲既懷了胎，就生出罪來；罪既長成，就生出死來。

7.6.2.2. 放縱情欲是不光明的行為

羅 13 [12]黑夜已深，白晝將近。我們……[13]行事為人要端正，好
像行在白晝。不可荒宴醉酒；不可好色邪蕩；不可爭競
嫉妒。[14]總要披戴主耶穌基督，不要為肉體安排，去放縱
私欲。

帖前 4 [5]不放縱私欲的邪情，像那不認識上帝的外邦人。

7.6.3. 如何面對情欲

7.6.3.1. 相信上帝會懲罰放縱情欲的人

創 6 [2]上帝的兒子們看見人的女子美貌，就隨意挑選，娶來為
妻。[3]耶和華說：「人既屬乎血氣，我的靈就不永遠住在他
裏面；然而他的日子還可到一百二十年。」

羅 1 [26]……上帝任憑他們放縱可羞恥的情欲。他們的女人把

順性的用處變為逆性的用處；[27]……欲火攻心，彼此貪
戀，男和男行可羞恥的事，就在自己身上受這妄為當得
的報應。

7.6.3.2. 要分別為聖

利 20 [26]你們要歸我為聖，因為我——耶和華是聖的，並叫你們
與萬民有分別，使你們作我的民。

彼前 2 [11]親愛的弟兄啊，你們是客旅，是寄居的。我勸你們要禁
戒肉體的私欲；這私欲是與靈魂爭戰的。

7.6.3.3. 要逃避情欲的事

伯 31 [1]我與眼睛立約，怎能戀戀瞻望處女呢？

箴 6 [25]你心中不要戀慕她的美色，也不要被她眼皮勾引。[26]因
為，妓女能使人只剩一塊餅；淫婦獵取人寶貴的生命。

帖前 4 [3]上帝的旨意就是要你們成為聖潔，遠避淫行；[4]要你們各
人曉得怎樣用聖潔、尊貴守著自己的身體。

【另參：提後二22；彼前二11】

7.7. 驕傲自滿

聖經指出始祖犯罪的原因是驕傲，想要與上帝同等。驕傲是遠離上帝的開始。當人不再從上帝的角度看自己，就極容易犯上自視過高或者自貶自卑的錯誤。驕傲是過分高舉自己，對人對事都自我中心，目中無人，藐視及否定別人的價值和貢獻。驕傲可以出於自負，亦可以是自卑的過度反射。上帝阻擋驕傲的人，卻扶持謙卑的人。上帝透過介入人的生命改造人性格的缺陷，使心高氣傲的人在上帝面前屈膝敬拜，又幫助謙卑的人獲得恩賜。基督徒需要依靠上帝建立自信，避免陷入驕傲的陷阱。

7.7.1. 驕傲人的表現

7.7.1.1. 行事狂妄

詩 52 [1]勇士啊，你為何以作惡自誇？上帝的慈愛是常存的。[2]你的舌頭邪惡詭詐，好像剃頭刀，快利傷人。

箴 13 [10]驕傲只啟爭競……。

箴 21 [24]心驕氣傲的人名叫褻慢；他行事狂妄，都出於驕傲。

7.7.1.2. 自欺

耶 49 [16]住在山穴中據守山頂的啊，論到你的威嚇，你因心中的狂傲自欺；你雖如大鷹高高搭窩，我卻從那裏拉下你來。

加 6 [3]人若無有，自己還以為有，就是自欺了。

7.7.2. 驕傲的後果

7.7.2.1. 驕傲帶來羞恥

箴 11 [2]驕傲來，羞恥也來……。

賽 10 [15]斧豈可向用斧砍木的自誇呢？鋸豈可向用鋸的自大呢？好比棍掄起那舉棍的，好比杖舉起那非木的人。

7.7.2.2. 會被自己所害

詩 10 [2]惡人在驕橫中把困苦人追得火急；願他們陷在自己所設的計謀裏。

箴 16 [18]驕傲在敗壞以先；狂心在跌倒之前。

7.7.2.3. 會破壞與上帝的關係

路 18 [9]耶穌向那些仗著自己是義人，藐視別人的……[10]說：「……[14]我告訴你們，這人回家去比那人倒算為義了；因為，凡自高的，必降為卑；自卑的，必升為高。」

提前 6 [3]若有人傳異教……[4]他是自高自大，一無所知，專好問

難，爭辯言詞，從此就生出嫉妒、紛爭、毀謗、妄疑，
[5]並那壞了心術、失喪真理之人的爭競。他們以敬虔為得
利的門路。

7.7.2.4. 上帝不喜悅人驕傲

撒上 2 [1]哈拿禱告說……[3]人不要誇口說驕傲的話，也不要出狂妄的
言語；因耶和華是大有智識的上帝，人的行為被他衡量。
箴 8 [13]敬畏耶和華在乎恨惡邪惡；那驕傲、狂妄，並惡道，以
及乖謬的口，都為我所恨惡。
箴 16 [5]凡心裏驕傲的，為耶和華所憎惡；雖然連手，他必不免
受罰。

7.7.2.5. 上帝會懲罰驕傲的人

王下19 [28]因你【指以色列王希西家】向我【指上帝】發烈怒，又因你
狂傲的話達到我耳中，我就要用鈎子鈎上你的鼻子，把嚼
環放在你口裏，使你從你來的路轉回去。
賽 2 [12]必有萬軍耶和華降罰的一個日子，要臨到驕傲狂妄的；
一切自高的都必降為卑……。
徒 12 [21]希律在所定的日子，穿上朝服，坐在位上，對他們講論
一番。……[23]希律不歸榮耀給上帝，所以主的使者立刻罰
他，他被蟲所咬，氣就絕了。

【另參：賽十四13，二十八1；但四37；番二10～15；林前五1～2；雅四6】

7.7.3. 信徒如何面對驕傲

7.7.3.1. 大的要服事小的

太 23 [11]你們中間誰為大，誰就要作你們的用人。[12]凡自高的，必
降為卑；自卑的，必升為高。
可 9 [34]門徒……在路上彼此爭論誰為大。[35]耶穌坐下，叫十二門

徒來，說：「若有人願意做首先的，他必做眾人末後的，
作眾人的用人。」【參太十八14；路九46～48】

7.7.3.2. 不要貪圖虛名

太 6 [2]所以，你施捨的時候，不可在你前面吹號，像那假冒為
善的人在會堂裏和街道上所行的，故意要得人的榮耀。我
實在告訴你們，他們已經得了他們的賞賜。

加 5 [24]凡屬基督耶穌的人，是已經把肉體連肉體的邪情私欲同
釘在十字架上了。……[26]不要貪圖虛名，彼此惹氣，互相
嫉妒。

7.7.3.3. 承認生命中沒有可誇之處

詩 44 [8]我們終日因上帝誇耀，還要永遠稱謝你的名。

羅 3 [27]既是這樣，哪裏能誇口呢？沒有可誇的了。用何法沒有
的呢？是用立功之法嗎？不是，乃用信主之法。

林前 4 [5]所以，時候未到，甚麼都不要論斷，只等主來，他要照
出暗中的隱情，顯明人心的意念。那時，各人要從上帝那
裏得著稱讚。

【另參：箴二十七1；羅四2～5，十五17】

7.7.3.4. 只誇基督的事及自己的軟弱

羅 15 [17]所以論到上帝的事，我在基督耶穌裏有可誇的。

林後11 [30]我若必須自誇，就誇那關乎我軟弱的事便了。

帖後 1 [4]甚至我們在上帝的各教會裏為你們誇口，都因你們在所
受的一切逼迫患難中，仍舊存忍耐和信心。

【另參：詩三十四2；林後十8】

7.7.3.5. 信徒要彼此謙卑相待

羅 12 [16]要彼此同心；不要志氣高大，倒要俯就卑微的人。不要
自以為聰明。

林前 8 [1]……但知識是叫人自高自大，惟有愛心能造就人。[2]若有
人以為自己知道甚麼，按他所當知道的，他仍是不知道。
[3]若有人愛上帝，這人乃是上帝所知道的。

彼前 5 [5]你們年幼的，也要順服年長的。就是你們眾人也都要以
謙卑束腰，彼此順服；因為上帝阻擋驕傲的人，賜恩給謙
卑的人。

【另參：腓二3；雅一9】

7.8. 嗜酒

上帝所賜的各種美物對人都有好處，但是當人本末倒置，注目於上帝所賜的美物過於上帝自己的時候，人就會迷失自己，沉迷於今生的享樂裏。酒是上帝所賜的禮物，使人心靈暢快，適量飲用對身體健康亦有幫助。可惜，人並非時刻理智，在情緒失控時最容易借酒消愁，不過「酒入愁腸愁更愁」，喝酒不能解決問題。當人情不自禁醉酒作樂，很容易放蕩滋事，做出傷害別人及自己的行為，以致一生後悔莫及。作為基督徒，我們必須節制，生活要有美好見證，在祈禱生活中獲得心靈的滿足及喜樂。

7.8.1. 酒的作用

7.8.1.1. 可作獻祭用

出 22 [29]你要從你莊稼中的穀和酒醡中滴出來的酒拿來獻上，不
可遲延。

出 29 [40]和這一隻羊羔同獻的，要用細麵伊法十分之一與搗成的
油一欣四分之一調和，又用酒一欣四分之一作為奠祭。

7.8.1.2. 可用於筵席

賽 25 [6]在這山上，萬軍之耶和華必為萬民用肥甘設擺筵席，用
陳酒和滿髓的肥甘，並澄清的陳酒，設擺筵席。

約 2 [3]酒用盡了，耶穌的母親對他說：「他們沒有酒
了。」……[9]管筵席的嘗了那水變的酒，並不知道是哪裏
來的，只有舀水的用人知道。管筵席的便叫新郎
來……。【參1～12節】

7.8.1.3. 使人心裏歡暢，又可暫時忘記苦楚

得 3 [7]波阿斯吃喝完了，心裏歡暢，就去睡在麥堆旁邊。

詩104 [15]又得酒能悅人心……。

箴 31 [6]可以把濃酒給將亡的人喝，把清酒給苦心的人喝，[7]讓他
喝了，就忘記他的貧窮，不再記念他的苦楚。

【另參：傳十19】

7.8.1.4. 可作藥用

路 10 [34]上前用油和酒倒在他的傷處，包裹好了，扶他騎上自己
的牲口，帶到店裏去照應他。【參25～37節】

提前 5 [23]因你【指提摩太】胃口不清，屢次患病，再不要照常喝
水，可以稍微用點酒。

7.8.2. 喝酒時要注意的事項

7.8.2.1. 服事上帝的人不可喝酒

利 10 [9]你【指亞倫】和你兒子進會幕的時候，清酒、濃酒都不可
喝，免得你們死亡；這要作你們世世代代永遠的定例。

賽 28 [7]就是這地的人也因酒搖搖晃晃，因濃酒東倒西歪。祭司
和先知因濃酒搖搖晃晃，被酒所困，因濃酒東倒西歪。他
們錯解默示，謬行審判。

路 1 [15]他【指施洗約翰】在主面前將要為大，淡酒濃酒都不喝，
從母腹裏就被聖靈充滿了。

【另參：民六1～8；士十三7；結四十四21】

7.8.2.2. 不可醉酒

箴 31 [4]利慕伊勒啊，君王喝酒，君王喝酒不相宜；王子說濃酒
在那裏也不相宜；[5]恐怕喝了就忘記律例，顛倒一切困苦
人的是非。

弗 5 [18]不要醉酒，酒能使人放蕩……。

7.8.3. 醉酒帶來的害處

7.8.3.1. 使人失控及滋事

斯 1 [10]……亞哈隨魯王飲酒，心中快樂，就……[11]請王后……到
王面前，使各等臣民看她的美貌……。[12]王后瓦實提卻不
肯遵太監所傳的王命而來，所以王甚發怒。

箴 20 [1]酒能使人褻慢，濃酒使人喧嚷；凡因酒錯誤的，就無智慧。

提前 3 [3]不因酒滋事，不打人，只要溫和，不爭競，不貪財。

【另參：多一7】

7.8.3.2. 使人放蕩

創 9 [21]他【指挪亞】喝了園中的酒便醉了，在帳棚裏赤著身子。

[22]迦南的父親含看見他父親赤身，就到外邊告訴他兩個弟
兄。……[24]挪亞醒了酒，知道小兒子向他所做的事。
弗 5 [18]不要醉酒，酒能使人放蕩……。

7.8.3.3. 使人顛倒是非

箴 31 [4]利慕伊勒啊，君王喝酒，君王喝酒不相宜；王子說濃酒
在那裏也不相宜；[5]恐怕喝了就忘記律例，顛倒一切困苦
人的是非。
賽 5 [22]禍哉！那些勇於飲酒，以能力調濃酒的人。[23]他們因受賄
賂，就稱惡人為義，將義人的義奪去。
賽 28 [1]禍哉！以法蓮的酒徒……[7]就是這地的人也因酒搖搖晃
晃，因濃酒東倒西歪。祭司和先知因濃酒搖搖晃晃，被酒
所困，因濃酒東倒西歪。他們錯解默示，謬行審判。

7.8.3.4. 必致貧窮

箴 21 [17]……好酒，愛膏油的，必不富足。
箴 23 [20]好飲酒的，好吃肉的，不要與他們來往；[21]因為好酒貪食
的，必致貧窮……。

7.8.3.5. 會毀人一生

箴 23 [29]……誰無故受傷？誰眼目紅赤？[30]就是那流連飲酒、常去
尋找調和酒的人。[31-32]酒發紅，在杯中閃爍……終久是咬
你如蛇……[35]……人鞭打我，我竟不覺得。我幾時清醒，
我仍去尋酒。
何 4 [11]姦淫和酒，並新酒，奪去人的心。

7.8.3.6. 使人不能警醒生活，亦得不到上帝的喜悅

路 21 [34]你們要謹慎，恐怕因貪食、醉酒，並今生的思慮累住你
們的心，那日子【指人子再來的日子】就如同網羅忽然臨到
你們。

羅 13 [13]行事為人要端正，好像行在白晝。不可荒宴醉酒。
加 5 [19]情欲的事都是顯而易見的，就如……[21]……醉酒、荒宴等
類。我從前告訴你們，現在又告訴你們，行這樣事的人必
不能承受上帝的國。

7.8.3.7. 其他：不要與嗜酒的人同行；不要叫人因酒跌倒

箴 23 [20]好飲酒的，好吃肉的，不要與他們來往……。
羅 14 [21]無論是吃肉，是喝酒，是甚麼別的事，叫弟兄跌倒，一
概不做才好。

8. 面對人生的遭遇

8.1. 面對未知的將來

有人認為人的將來已經被安排，出生的年月日對應天體的星座、人間的曆法、甚至人的掌相。作為基督徒，我們相信上帝在耶穌基督裏揀選了我們成為上帝的兒女，不過上帝卻賦予我們自由，回應上帝的召喚。我們深信上帝掌管我們的一生，不過我們要學習宣認上帝的主權，才能體驗上帝對我們的未來的掌管。我們認定上帝的主權，並非無奈地認命，而是深信上帝對我們有最好的安排。因此，人的將來既是開放的亦是確定的。面對未知的將來，我們確知上帝掌權；在仰望上帝的引領下，我們學習踏上從未想過的路，經歷朝聖及冒險的旅程。

8.1.1. 人的將來與上帝的關係

8.1.1.1. 人的一生都在上帝手中

詩 31 [15]我終身的事在你手中……。

詩 37 [37]你要細察那完全人，觀看那正直人，因為和平人有好結局。

耶 31 [17]耶和華說：你末後必有指望……。

8.1.1.2. 沒有人知道上帝的安排

箴 20 [24]人的腳步為耶和華所定；人豈能明白自己的路呢？

傳 3 [11]上帝造萬物，各按其時成為美好，又將永生安置在世人心裏。然而上帝從始至終的作為，人不能參透。

林前 2 [9]……上帝為愛他的人所預備的是眼睛未曾看見，耳朵未曾聽見，人心也未曾想到的。[10]只有上帝藉著聖靈向我們顯明了，因為聖靈參透萬事，就是上帝深奧的事也參透了。

【另參：箴二十七1；傳三22；彌四12】

8.1.1.3. 上帝照顧敬畏祂的人

創 41 [39]法老對約瑟說：「上帝既將這事都指示你，可見沒有人像你這樣有聰明有智慧。[40]你可以掌管我的家；我的民都必聽從你的話。惟獨在寶座上我比你大。」【參37～49節】

申 5 [29]惟願他們存這樣的心敬畏我，常遵守我的一切誡命，使他們和他們的子孫永遠得福。

詩 25 [14]耶和華與敬畏他的人親密；他必將自己的約指示他們。

8.1.2. 面對將來的正確態度

8.1.2.1. 要仰望上帝

詩 42 [5]我的心哪，你為何憂悶？為何在我裏面煩躁？應當仰望上帝，因他笑臉幫助我；我還要稱讚他。

耶 29 [11]耶和華說：我知道我向你們所懷的意念是賜平安的意
念，不是降災禍的意念，要叫你們末後有指望。[12]你們要
呼求我，禱告我，我就應允你們。

8.1.2.2. 不要以天象定前途

利 20 [6]人偏向交鬼的和行巫術的，隨他們行邪淫，我要向那人
變臉，把他從民中剪除。

申 18 [10]你們中間不可……有占卜的、觀兆的、用法術的、行邪
術的……[12]凡行這些事的都為耶和華所憎惡……。[13]你要在
耶和華——你的上帝面前作完全人。

耶 10 [2]耶和華如此說：「你們不要效法列國的行為，也不要為天
象驚惶，因列國為此事驚惶。[3]眾民的風俗是虛空的；他
們在樹林中用斧子砍伐一棵樹，匠人用手工造成偶像。」

8.2. 面對災難

天災人禍是人類整體生活的一部分，因人為的錯誤與大自然的失衡而起。從基督信仰的角度看來，上帝掌管宇宙萬事，因此災難是上帝所容許的。進一步而言，耶和華會賜福與降禍，基於人的罪施行懲罰，這亦是災難來臨的原因。對於這種觀點，有些人會質疑無辜者受牽連是否公平，這實在是一個難解之謎。不過，我們可以鼓勵患難中的人仰望上帝的憐憫，祈求上帝公義的審判。當人在災難中回歸上帝裏，會經歷出人意外的平安和喜樂。

8.2.1. 災難的來臨

8.2.1.1. 因為人的罪而帶來的懲罰

創 3 [16]又對女人說：「我必多多加增你懷胎的苦楚……你丈夫必
管轄你。」[17]又對亞當說：「……地必為你的緣故受咒詛……
[19]你必汗流滿面才得糊口，直到你歸了土……。」【參三章】

創 6 [11]世界在上帝面前敗壞，地上滿了強暴。……[13]上帝就對挪
亞說：「凡有血氣的人，他的盡頭已經來到我面前；因為
地上滿了他們的強暴，我要把他們和地一併毀滅。」

創 18 [20]「所多瑪和蛾摩拉的罪惡甚重，聲聞於我。」……[32]亞伯
拉罕說：「……假若在那裏見有十個【指義人】呢？」他
【指天使】說：「為這十個的緣故，我也不毀滅那城。」
【參16～33節】

【另參：賽十五1，十六6～7；耶四18】

8.2.1.2. 末世的災難

結 7 [2]……主耶和華對以色列地如此說：「結局到了，結局到了
地的四境！[3]現在你的結局已經臨到，我必使我的怒氣
歸與你，也必按你的行為審判你，照你一切可憎的事刑
罰你。」

太 24 [3]門徒暗暗地來說：「……你降臨和世界的末了有甚麼預兆
呢？」[4]耶穌回答說：「……[7]……多處必有饑荒、地
震。……」【參二十四章】

啟 8 [11](這星名叫「茵蔯」。)眾水的三分之一變為茵蔯；因水變
苦，就死了許多人。[12]……白晝的三分之一沒有光，黑夜
也是這樣。【啟示錄所預言的七號之災；參7～12節】

【另參：結七5；啟六7～8】

8.2.1.3. 不知災難來臨的時間

傳 9 [12]原來人也不知道自己的定期。魚被惡網圈住，鳥被網羅

捉住，禍患忽然臨到的時候，世人陷在其中也是如此。

太 25 [1]那時，天國好比十個童女拿著燈出去迎接新郎。……[13]所
以，你們要警醒；因為那日子，那時辰，你們不知道。

8.2.2. 上帝幫助人面對災難

8.2.2.1. 上帝照顧祂的子民及安慰困苦的人

出 2 [25]上帝看顧以色列人，也知道他們的苦情。……3 [7]耶和華
說：「我的百姓在埃及所受的困苦，我實在看見了；他們
因受督工的轄制所發的哀聲，我也聽見了。我原知道他們
的痛苦。」

伯 35 [10]卻無人說：造我的上帝在哪裏？他使人夜間歌唱。

太 5 [4]哀慟的人有福了！因為他們必得安慰。

【另參：詩十二5；賽四十9～11】

8.2.3. 信徒應如何看災難

8.2.3.1. 看為一種試煉

亞 13 [9]我要使這三分之一經火，熬煉他們，如熬煉銀子；試煉
他們，如試煉金子。

林後 8 [2]就是他們在患難中受大試煉的時候，仍有滿足的快樂，
在極窮之間還格外顯出他們樂捐的厚恩。

啟 2 [10]你將要受的苦你不用怕。魔鬼要把你們中間幾個人下在
監裏，叫你們被試煉，你們必受患難十日。你務要至死忠
心，我就賜給你那生命的冠冕。

【另參：伯二十三10；箴二十七21；彼前一6】

8.2.3.2. 要投靠上帝及仰望上帝

詩 42 [5]我的心哪，你為何憂悶？為何在我裏面煩躁？應當仰望
上帝，因他笑臉幫助我；我還要稱讚他。

詩 57 [1]上帝啊，求你憐憫我，憐憫我！因為我的心投靠你。我
要投靠在你翅膀的蔭下，等到災害過去。

賽 26 [9]夜間，我心中羨慕你；我裏面的靈切切尋求你。因為你
在世上行審判的時候，地上的居民就學習公義。

【另參：詩四十二11】

8.2.3.3. 其他：要互相鼓勵；相信災難終會過去

伯 2 [12]他們遠遠地舉目觀看，認不出他來，就放聲大哭。各人
撕裂外袍，把塵土向天揚起來，落在自己的頭上。[13]他們
就同他七天七夜坐在地上，一個人也不向他說句話，因為
他極其痛苦。

啟 21 [3]看哪，上帝的帳幕在人間。他要與人同住，他們要作他的
子民。……[4]上帝要擦去他們一切的眼淚；不再有死亡，也
不再有悲哀、哭號、疼痛，因為以前的事都過去了。

8.3. 面對個人的苦難

基督徒或會以為信主以後就不會遇見苦難，其實這種想法並不切合實際的情況。人生充滿各種變化，因此經歷苦難是十分自然的。

我們的主耶穌基督亦曾遭遇苦難，他提醒我們這是持守信仰必然遇到的痛苦。不過，痛苦的十架背後是復活的盼望和榮耀的冠冕。當基督徒遇到苦難，信仰必然受到衝擊。我們或許會覺得人生十分灰暗，或者認為上帝不公平，不過苦難的意義本身是一種奧祕，當事人只有向上帝尋求答案。從另一個角度看來，苦難亦有正面的意義，因為苦難使人心志成長，對人生有更深體會，更能包容和諒解別人。

8.3.1. 苦難的來源

8.3.1.1. 可因罪而起

申 28 [15]你若不聽從耶和華——你上帝的話，不謹守遵行他的一
切誡命律例，就是我今日所吩咐你的，這以下的咒詛都必
追隨你，臨到你身上。【參二十八章】

士 6 [6]以色列人因米甸人的緣故，極其窮乏，就呼求耶和華。[7]以
色列人因米甸人的緣故，呼求耶和華。【參六章】

8.3.1.2. 因持守信仰而來

太 16 [21]耶穌才指示門徒，他必須上耶路撒冷去，受……許多的
苦，並且被殺，第三日復活。……[23]耶穌……說：「……若
有人要跟從我，就當捨己，背起他的十字架來跟從我。」
【參可八32～33】

徒 7 [54]眾人聽見這話就極其惱怒，向司提反咬牙切齒。……[57]眾
人……[58]把他推到城外，用石頭打他。……[59]他們正用石頭
打的時候，司提反……[60]……就睡了。【參七章】

徒 20 [22]現在我【指保羅】往耶路撒冷去，心甚迫切……[23]但知道
聖靈……向我指證，說有捆鎖與患難等待我。[24]我卻不以
性命為念，也不看為寶貴，只要……成就我從主耶穌所領
受的職事……。

【另參：帖前三1】

8.3.1.3. 無緣故的苦難

伯 1 [19]不料，有狂風從曠野颳來，擊打房屋的四角，房屋倒塌
在少年人身上，他們就都死了……2 [7]……擊打約伯，使他
從腳掌到頭頂長毒瘡。[8]約伯就坐在爐灰中，拿瓦片刮身
體。【參一～二章】

林後12 [7]……有一根刺加我肉體上……。[8]為這事，我三次求過
主，叫這刺離開我。

8.3.2. 對苦難的看法

8.3.2.1. 人生本是又苦又短

創 47 [9]雅各對法老說：「我寄居在世的年日是一百三十歲，我平
生的年日又少又苦，不及我列祖在世寄居的年日。」

詩 90 [10]我們一生的年日是七十歲，若是強壯可到八十歲；但
其中所矜誇的不過是勞苦愁煩，轉眼成空，我們便如飛
而去。

8.3.2.2. 沒有人知道上帝的意念

傳 3 [11]上帝造萬物，各按其時成為美好……然而上帝從始至終
的作為，人不能參透。

賽 55 [9]天怎樣高過地，照樣，我的道路高過你們的道路；我的
意念高過你們的意念。

8.3.2.3. 苦難可以是一種懲罰

撒上 5 [6]耶和華的手重重加在亞實突人身上……使他們生痔
瘡。……[7]亞實突人……說：「以色列上帝的約櫃不可留在
我們這裏，因為他的手重重加在我們……身上。」【參四～
五章】

賽 1 [5]你們為甚麼屢次悖逆，還要受責打嗎？你們已經滿頭疼
痛，全心發昏。[6]從腳掌到頭頂，沒有一處完全的，盡是
傷口、青腫，與新打的傷痕，都沒有收口，沒有纏裹，也
沒有用膏滋潤。

8.3.2.4. 苦難可以是一種管教

詩 94 [12]耶和華啊，你所管教、用律法所教訓的人是有福的！

箴 17 [3]鼎為煉銀，爐為煉金；惟有耶和華熬煉人心。

賽 48 [10]我熬煉你，卻不像熬煉銀子；你在苦難的爐中，我揀
選你。

8.3.2.5. 跟隨基督的人必定受苦

太 24 [9]……你們又要為我的名被萬民恨惡。[10]那時，必有許多人跌
倒，也要彼此陷害，彼此恨惡……。[12]只因不法的事增多，許
多人的愛心才漸漸冷淡了。[13]惟有忍耐到底的，必然得救。

羅 8 [17]既是兒女，便是後嗣，就是上帝的後嗣，和基督同作後
嗣。如果我們和他一同受苦，也必和他一同得榮耀。

彼前 2 [21]你們蒙召原是為此；因基督也為你們受過苦，給你們留
下榜樣，叫你們跟隨他的腳蹤行。

【另參：林後十二10；腓一29；帖後一4～5；啟二10】

8.3.2.6. 將來不但沒有痛苦，而且至終必有榮耀

羅 8 [18]我想，現在的苦楚若比起將來要顯於我們的榮耀就不足
介意了。

林後 4 [17]我們這至暫至輕的苦楚，要為我們成就極重無比、永遠
的榮耀。[18]原來我們不是顧念所見的，乃是顧念所不見
的；因為所見的是暫時的，所不見的是永遠的。

啟 21 [4]上帝要擦去他們一切的眼淚；不再有死亡，也不再有悲
哀、哭號、疼痛，因為以前的事都過去了。

【另參：啟七17】

8.3.3. 如何面對個人的苦難

8.3.3.1. 以從容的心面對

雅 1 [2]我的弟兄們，你們落在百般試煉中，都要以為大喜樂；
[3]因為知道你們的信心經過試驗，就生忍耐。[4]但忍耐也當
成功，使你們成全、完備，毫無缺欠。

彼前 2 [19]倘若人為叫良心對得住上帝，就忍受冤屈的苦楚，這是
可喜愛的。

彼前 4 [12]親愛的弟兄啊，有火煉的試驗臨到你們，不要以為奇怪
（似乎是遭遇非常的事），[13]倒要歡喜……因為上帝榮耀的

靈常住在你們身上。

【另參：羅五3】

8.3.3.2. 要勇敢地面對

羅 12 [12]在指望中要喜樂；在患難中要忍耐；禱告要恆切。

來 10 [34]因為你們體恤了那些被捆鎖的人，並且你們的家業被人
搶去，也甘心忍受，知道自己有更美長存的家業。[35]所
以，你們不可丟棄勇敢的心……。

8.3.3.3. 相信上帝保守，並與人同在

太 11 [28]凡勞苦擔重擔的人可以到我這裏來，我就使你們得安
息。[29]我心裏柔和謙卑，你們當負我的軛，學我的樣式；
這樣，你們心裏就必得享安息。[30]因為我的軛是容易的，
我的擔子是輕省的。

路 21 [18]然而，你們連一根頭髮也必不損壞。[19]你們常存忍耐，就
必保全靈魂。

林後12 [9]他【指主耶穌】對我【指保羅】說：「我的恩典夠你用的，因
為我的能力是在人的軟弱上顯得完全。」所以，我更喜歡
誇自己的軟弱，好叫基督的能力覆庇我。

8.3.3.4. 其他：在苦難中不要犯罪；要按上帝旨意面對苦難

伯 1 [22]在這一切的事上約伯並不犯罪，也不以上帝為愚妄。

太 26 [39]他就稍往前走，俯伏在地，禱告說：「我父啊，倘若可
行，求你叫這杯離開我。然而，不要照我的意思，只要照
你的意思。」【參可十四35～36；路二十二42；約十八27】

8.3.4. 苦難帶來負面的結果

8.3.4.1. 苦難帶來歎息

伯 3 [23]人的道路既然遮隱，上帝又把他四面圍困，為何有光賜

給他呢？[24]我未曾吃飯就發出歎息；我唉哼的聲音湧出如
水。……[26]我不得安逸，不得平靜，也不得安息，卻有患
難來到。

詩　6 [1]耶和華啊，求你……不要在烈怒中懲罰我！……[3]我心也
大大地驚惶。耶和華啊，你要到幾時才救我呢？……[6]我
因唉哼而困乏；我每夜流淚，把牀榻漂起，把褥子濕透。

耶 45 [3]巴錄曾說：「哀哉！耶和華將憂愁加在我的痛苦上，我因
唉哼而困乏，不得安歇。」

【另參：伯六2～3；詩三十八8】

8.3.4.2. 苦難叫人厭惡生命

伯　3 [1]……約伯開口咒詛自己的生日，[2]說：[3]「願我生的那日和
說懷了男胎的那夜都滅沒。」

伯　9 [20]我雖有義，自己的口要定我為有罪；我雖完全，我口必
顯我為彎曲。[21]我本完全，不顧自己；我厭惡我的性命。

8.3.5. 苦難帶來正面的結果

8.3.5.1. 苦難能顯出上帝的榮耀

約　9 [2]門徒問耶穌說：「拉比，這人生來是瞎眼的，是誰犯了
罪？是這人呢？是他父母呢？」[3]耶穌回答說：「也不是這
人犯了罪，也不是他父母犯了罪，是要在他身上顯出上帝
的作為來。」

弗　3 [13]所以，我求你們不要因我為你們所受的患難喪膽，這原
是你們的榮耀。

彼前 5 [10]那賜諸般恩典的上帝曾在基督裏召你們，得享他永遠的
榮耀，等你們暫受苦難之後，必要親自成全你們，堅固你
們，賜力量給你們。

【另參：約十一4】

8.3.5.2. 苦難使人成長

伯 23 [10]然而他知道我所行的路；他試煉我之後，我必如精金。

詩 66 [10]上帝啊，你曾試驗我們，熬煉我們，如熬煉銀子一樣。

彼前 4 [1]基督既在肉身受苦，你們也當將這樣的心志作為兵器，
因為在肉身受過苦的，就已經與罪斷絕了。[2]你們存這樣
的心，從今以後就可以不從人的情欲，只從上帝的旨意在
世度餘下的光陰。

【另參：伯三十六15；詩一一九71；彼前四14～16】

8.3.5.3. 勝過苦難必得稱讚

林前 1 [8]他也必堅固你們到底，叫你們在我們主耶穌基督的日子
無可責備。[9]上帝是信實的，你們原是被他所召，好與他
兒子——我們的主耶穌基督一同得分。

彼前 1 [7]叫你們的信心既被試驗，就比那被火試驗仍然能壞的金
子更顯寶貴，可以在耶穌基督顯現的時候得著稱讚、榮
耀、尊貴。

8.3.5.4. 其他：讓人以謹慎的話安慰受苦的人；苦難可叫福音興旺

林後 1 [4]我們在一切患難中，他【指上帝】就安慰我們，叫我們
能用上帝所賜的安慰去安慰那遭各樣患難的人。……
[6]……這安慰能叫你們忍受我們所受的那樣苦楚。【參伯
十六1～4】

腓 1 [12]弟兄們，我願意你們知道，我所遭遇的事更是叫福音興
旺，[13]以致我受的捆鎖在御營全軍和其餘的人中，已經顯明
是為基督的緣故。[14]……越發放膽傳上帝的道，無所懼怕。

8.4. 面對疾病

根據聖經的描述，人患病有很多原因，其中一個原因是個人的罪，另外社會的罪甚至意外，亦是重要的因素。當人面對疾病的時候，自然會擔心自已能否康復。對於身患重病或絕症的人來說，自然百感交集，或會否認事實、埋怨、沮喪；對於基督徒，亦可以構成信仰的危機。不過，上帝的真實往往在人絕望的處境中顯現，不少例子說明信心醫治的真實性。當然，亦有在禱告後疾病未能治癒的例子，但無論上帝醫治人與否，祂對人的旨意總是最美好的。因此，基督徒認定無論是生是死，上帝的愛都不會離開我們。

8.4.1. 醫病的方法

8.4.1.1. 上帝會醫治人的疾病

出 15 [26]又說：「你若留意聽耶和華——你上帝的話，又行我眼中看為正的事，留心聽我的誡命，守我一切的律例，我就不將所加與埃及人的疾病加在你身上，因為我——耶和華是醫治你的。」

詩 41 [1]眷顧貧窮的有福了！……[3]他病重在榻，耶和華必扶持他；他在病中，你必給他鋪牀。

太 8 [16]到了晚上，有人帶著許多被鬼附的來到耶穌跟前，他只用一句話就把鬼都趕出去，並且治好了一切有病的人。[17]這是要應驗先知以賽亞的話，說：他代替我們的軟弱，擔當我們的疾病。

【另參：詩一〇三3；太八3】

8.4.1.2. 人要求醫

王下 5 [1]亞蘭王的元帥乃縵……長了大痲瘋。[2]……一個小女子……[3]……對主母說：「巴不得我主人去見撒馬利亞的先知，必能治好他的大痲瘋。」【參五章】

太 12 [22]當下，有人將一個被鬼附著、又瞎又啞的人帶到耶穌那裏，耶穌就醫治他，甚至那啞吧又能說話，又能看見。

8.4.1.3. 要用信心醫治

太 9 [2]有人用褥子抬著一個癱子到耶穌跟前來。耶穌見他們的信心，就對癱子說：「小子，放心吧！你的罪赦了。」

可 5 [25]有一個女人，患了十二年的血漏……[27]她……摸耶穌的衣裳……[29]於是她血漏的源頭立刻乾了……[34]耶穌對她說：「女兒，你的信救了你……。」【參太九20～22；路八43～44】

可 10 [52]耶穌說：「你去吧！你的信救了你了。」瞎子立刻看見

了，就在路上跟隨耶穌。【參46～52節；太九27～31；路
十八35～43】

8.4.1.4. 其他：要向上帝呼求；以喜樂的心面對

詩 38 1耶和華啊，求你……不要在烈怒中懲罰我！……5……我
的傷發臭流膿。6我疼痛，大大拳曲，終日哀痛。……21耶
和華啊，求你不要撇棄我！……22……求你快快幫助我！
箴 17 22喜樂的心乃是良藥；憂傷的靈使骨枯乾。

8.4.2. 疾病帶來的後果

8.4.2.1. 可使上帝得榮耀

約 11 4耶穌聽見，就說：「這病不至於死，乃是為上帝的榮耀，
叫上帝的兒子因此得榮耀。」
徒　3 2有一個人，生來是瘸腿的……4彼得約翰定睛看他……
6……說：「……我奉拿撒勒人耶穌基督的名，叫你起來行
走！」7於是……腳和踝子骨立刻健壯了，8就……走著，跳
著，讚美上帝。

8.4.2.2. 可以是一種試煉

林後12 7……一根刺加在我肉體上……8為這事，我三次求過主，
叫這刺離開我。9他對我說：「我的恩典夠你用的，因為我
的能力是在人的軟弱上顯得完全。」
加　4 13你們知道我頭一次傳福音給你們，是因為身體有疾病。
14你們為我身體的緣故受試煉，沒有輕看我，也沒有厭棄
我，反倒接待我，如同上帝的使者，如同基督耶穌。

8.5. 面對個人壓力

聖經教導我們要學習將壓力交託給上帝，舒緩壓力，重新集中精神，以正面積極的態度面對複雜的問題。我們亦可以與弟兄姊妹分享內心的感受，讓大家為我們的難處代禱。面對壓力時，最大的錯誤就是自己鑽牛角尖，假設自己身處困局或絕路中。基督徒有向上帝禱告的權利，藉祈禱我們學習仰望及交託的功課，並且深信上帝有最美好的安排。面對壓力，我們需要深信上帝的主權，人世間各種狀況並非無法改變的，只要我們對上帝有信心，任何複雜難解的問題都可出現新的轉機。

8.5.1. 看壓力為試煉

伯 23 [10]然而他知道我所行的路；他試煉我之後，我必如精金。
賽 48 [10]我熬煉你，卻不像熬煉銀子；你在苦難的爐中，我揀
選你。

8.5.2. 在壓力中尋求安息

詩127 [2]你們清晨早起，夜晚安歇，吃勞碌得來的飯，本是枉
然；惟有耶和華所親愛的，必叫他安然睡覺。
賽 40 [30]就是少年人也要疲乏困倦；強壯的也必全然跌倒。[31]但那
等候耶和華的必從新得力。他們必如鷹展翅上騰；他們奔
跑卻不困倦，行走卻不疲乏。

8.5.3. 不要讓壓力成為憂慮

腓 4 [4]你們要靠主常常喜樂。……[6]應當一無掛慮，只要凡事藉
著禱告、祈求，和感謝，將你們所要的告訴上帝。[7]上帝
所賜、出人意外的平安必在基督耶穌裏保守你們的心懷
意念。
帖前 5 [16]要常常喜樂，[17]不住地禱告，[18]凡事謝恩；因為這是上帝
在基督耶穌裏向你們所定的旨意。

8.5.4. 將壓力交託上帝

撒上 1 [2]……哈拿沒有兒女。……[6]毗尼拿見耶和華不使哈拿生
育，就作她的對頭，大大激動她……[10]哈拿心裏愁苦，就
痛痛哭泣，祈禱耶和華。
詩 56 [3]我懼怕的時候要倚靠你。[4]我倚靠上帝，我要讚美他的
話；我倚靠上帝，必不懼怕。血氣之輩能把我怎麼樣呢？

詩 69 [1]上帝啊，求你救我！因為眾水要淹沒我。[2]我陷在深淤泥
中，沒有立腳之地；我到了深水中，大水漫過我身。[3]我
因呼求困乏，喉嚨發乾；我因等候上帝，眼睛失明。

8.5.5. 等候上帝的幫助

詩 40 [1]我曾耐性等候耶和華；他垂聽我的呼求。[2]他從禍坑裏，
從淤泥中，把我拉上來，使我的腳立在磐石上，使我腳步
穩當。[3]他使我口唱新歌，就是讚美我們上帝的話。
詩 62 [3]你們大家攻擊一人，把他毀壞，如同毀壞歪斜的牆、將
倒的壁，要到幾時呢？……[5]我的心哪，你當默默無聲，
專等候上帝，因為我的盼望是從他而來。[6]惟獨他是我的
磐石……。
羅 8 [31]……上帝若幫助我們，誰能敵擋我們呢？[32]上帝既不愛惜
自己的兒子，為我們眾人捨了，豈不也把萬物和他一同白
白地賜給我們嗎？

【另參：詩七十七2～3】

8.5.6. 深信上帝常與人同在

申 20 [1]你出去與仇敵爭戰的時候，看見馬匹、車輛，並有比你
多的人民，不要怕他們，因為領你出埃及地的耶和華——
你上帝與你同在。
賽 48 [17]耶和華——你的救贖主，以色列的聖者如此說：我是耶
和華——你的上帝，教訓你，使你得益處，引導你所當行
的路。[18]甚願你素來聽從我的命令！你的平安就如河水；
你的公義就如海浪。
哈 3 [19]主耶和華是我的力量；他使我的腳快如母鹿的蹄，又使
我穩行在高處。這歌交與伶長，用絲弦的樂器。

【另參：賽四十一10，五十八11】

8.5.7. 深信上帝會幫助人，並使人剛強

詩 46 [1]上帝是我們的避難所，是我們的力量，是我們在患難中
隨時的幫助。[2]所以，地雖改變，山雖搖動到海心，[3]其中
的水雖匉訇翻騰，山雖因海漲而戰抖，我們也不害怕。

林後 4 [7]我們有這寶貝放在瓦器裏，要顯明這莫大的能力是出於
上帝……[16]所以，我們不喪膽。……[17]我們這至暫至輕的苦
楚，要為我們成就極重無比、永遠的榮耀。

弗 3 [14]因此，我在父面前屈膝……[16]求他按著他豐盛的榮耀，藉
著他的靈，叫你們心裏的力量剛強起來……[20]上帝能照著
運行在我們心裏的大力充充足足地成就一切，超過我們所
求所想的。

【另參：詩五十四4，一二四1～3；彼前五10】

8.5.8. 其他：分配工作可減少壓力；要存信心面對

出 18 [13]……摩西坐著審判百姓……[17]摩西的岳父說：「你這做的
不好。[18]你和這些百姓必都疲憊……[21]並要從百姓中揀選有
才能的人……管理百姓，[22]……這樣，你就輕省些。」

帖後 1 [3]弟兄們，我們該為你們常常感謝上帝，這本是合宜
的……[4]甚至我們在上帝的各教會裏為你們誇口，都因你
們在所受的一切逼迫患難中，仍舊存忍耐和信心。[5]……
你們就是為這國受苦。

8.6. 面對嬰孩的出生

生命的由來十分奇妙，當我們追問人的生命從何而來的時候，就發現人不單有肉身的生命，同時有屬靈的生命。生命本身是一份禮物，是上帝讓人在世上經歷祂真實的一種祝福。生命的誕生亦是上帝對作父母者的賞賜，讓為人父母者分享撫育新生命的天職。今日有人抱持灰暗的人生觀，放棄生育的機會，亦有人教導兒女要以今生的成就作為的目標，其實這都是忽視人屬靈生命的表現。我們應該時刻重視與生命的主溝通，並且教導兒女尊重賜生命的主。

8.6.1. 生命的出現

8.6.1.1. 生命是上帝細心創造的

創 2 [7]耶和華上帝用地上的塵土造人，將生氣吹在他鼻孔裏，
他就成了有靈的活人，名叫亞當。

詩139 [13]我的肺腑是你所造的；我在母腹中，你已覆庇我。[14]我要
稱謝你，因我受造，奇妙可畏；你的作為奇妙，這是我心
深知道的。

8.6.1.2. 因男女交合而出現

創 4 [1]有一日，那人和他妻子夏娃同房，夏娃就懷孕，生了該
隱，便說：「耶和華使我得了一個男子。」

箴 30 [18]我所測不透的奇妙有三樣，連我所不知道的共有四樣：
[19]就是鷹在空中飛的道；蛇在磐石上爬的道；船在海中行
的道；男與女交合的道。

8.6.1.3. 上帝可使不育的人有兒女

創 21 [2]當亞伯拉罕年老的時候，撒拉懷了孕；到上帝所說的日
期，就給亞伯拉罕生了一個兒子。[3]亞伯拉罕給撒拉所生
的兒子起名叫以撒。

士 13 [3]耶和華的使者向那婦人顯現，對她說：「向來你不懷孕，不
生育，如今你必懷孕生一個兒子【指參孫；參2～7節】。」

路 1 [13]天使對他說：「撒迦利亞，不要害怕，因為你的祈禱已經
被聽見了。你的妻子伊利莎白要給你生一個兒子，你要給
他起名叫約翰。」

【另參：撒上一5～20；王下四14～17】

8.6.2. 懷孕

8.6.2.1. 婦人懷孕必遭痛楚

創 3 [16]又對女人說：我必多多加增你懷胎的苦楚；你生產兒女
必多受苦楚。

賽 13 [8]他們必驚惶悲痛；愁苦必將他們抓住。他們疼痛，好像
產難的婦人一樣，彼此驚奇相看，臉如火焰。

賽 26 [17]婦人懷孕，臨產疼痛，在痛苦之中喊叫；耶和華啊，我
們在你面前也是如此。[18]我們也曾懷孕疼痛，所產的竟像
風一樣。我們在地上未曾行甚麼拯救的事；世上的居民也
未曾敗落。

8.6.2.2. 上帝掌管胎兒的出生

詩 22 [9]但你是叫我出母腹的；我在母懷裏，你就使我有倚靠
的心。

耶 1 [5]我未將你造在腹中，我已曉得你；你未出母胎，我已分
別你為聖；我已派你作列國的先知。

8.6.2.3. 胎兒的成長是奧祕

伯 39 [1]山巖間的野山羊幾時生產，你知道嗎？母鹿下犢之期，
你能察定嗎？

傳 11 [5]風從何道來，骨頭在懷孕婦人的胎中如何長成，你尚且
不得知道；這樣，行萬事之上帝的作為，你更不得知道。

8.6.2.4. 產難是痛苦的事

賽 21 [3]所以，我滿腰疼痛；痛苦將我抓住，好像產難的婦人
一樣。

賽 42 [14]……現在我要喊叫，像產難的婦人；我要急氣而喘哮。

耶 30 [6]……我怎麼看見人人用手掐腰，像產難的婦人，臉面都
變青了呢？

8.6.3. 屬靈生命的出生

8.6.3.1. 屬靈生命是由上帝賦予，並由基督彰顯出來

約 1 [12]凡接待他的，就是信他名的人，他就賜他們權柄作上帝
的兒女。[13]這等人不是從血氣生的，不是從情欲生的，也
不是從人意生的，乃是從上帝生的。

約 20 [31]但記這些事要叫你們信耶穌是基督，是上帝的兒子，並
且叫你們信了他，就可以因他的名得生命。

提後 1 [10]但如今藉著我們救主基督耶穌的顯現才表明出來了。他
已經把死廢去，藉著福音，將不能壞的生命彰顯出來。

【另參：約壹五12】

8.6.3.2. 屬靈生命比肉身生命寶貴

太 10 [39]得著生命的，將要失喪生命；為我失喪生命的，將要得
著生命。

太 16 [25]因為，凡要救自己生命的，必喪掉生命；凡為我喪掉
生命的，必得著生命。[26]人若賺得全世界，賠上自己的
生命，有甚麼益處呢？人還能拿甚麼換生命呢？【參可八
35～37；路九24，十七33】

8.6.3.3. 人要顧惜保存屬靈生命

路 21 [19]你們常存忍耐，就必保全靈魂。

約 12 [25]愛惜自己生命的，就失喪生命；在這世上恨惡自己生命
的，就要保守生命到永生。

8.6.3.4. 屬靈生命是由上帝餵養的

約 6 [35]耶穌說：「我就是生命的糧。到我這裏來的，必定不餓；
信我的，永遠不渴。……[51]我是從天上降下來生命的糧；
人若吃這糧，就必永遠活著。我所要賜的糧就是我的肉，
為世人之生命所賜的。」

約 10 [10]……我來了，是要叫羊得生命，並且得的更豐盛。

8.6.3.5. 其他：屬靈的生命使我們脫離罪；沒有屬靈生命的人與上帝隔絕

羅　8 [2]因為賜生命聖靈的律，在基督耶穌裏釋放了我，使我脫離罪和死的律了。

弗　4 [18]他們心地昏昧，與上帝所賜的生命隔絕了，都因自己無知，心裏剛硬。

8.7. 面對死亡

死亡是人生必經的歷程，無人能夠避免。人赤身從母胎而來，離開世界時亦不能帶走甚麼。對基督徒來說，死亡並非無奈的命運，因為上帝看聖民的死為寶貴。信主的人死後與主同住，等待身體復活，並且在大審判的日子承受永遠生命的應許。我們從人生的限制中發現，應在短暫的生命中幫助其他人，讓更多人認識上帝，找到生命的意義。死亡的事實提醒人用永恆的角度看人生，跳出自我中心或紙醉金迷的生活，以上帝為中心度過在世上的日子。

8.7.1. 死亡的本質

8.7.1.1. 是罪的結果

約 5 [24]我實實在在地告訴你們，那聽我話、又信差我來者的，
就有永生；不至於定罪，是已經出死入生了。

羅 6 [23]因為罪的工價乃是死……。

羅 7 [5]因為我們屬肉體的時候，那因律法而生的惡欲就在我們
肢體中發動，以致結成死亡的果子。

8.7.1.2. 是人生的完結

書 23 [14]我【指約書亞】現在要走世人必走的路。你們是一心一意
地知道，耶和華——你們上帝所應許賜福與你們的話沒有
一句落空，都應驗在你們身上了。

伯 16 [22]因為再過幾年，我必走那往而不返之路。

彼後 1 [14]因為知道我脫離這帳棚的時候快到了，正如我們主耶穌
基督所指示我的。

【另參：伯十四14】

8.7.1.3. 就是歸回塵土

創 3 [19]你必汗流滿面才得糊口，直到你歸了土，因為你是從土
而出的。你本是塵土，仍要歸於塵土。

伯 10 [9]求你記念——製造我如摶泥一般，你還要使我歸於塵
土嗎？

詩104 [29]你掩面，牠們便驚惶；你收回牠們的氣，牠們就死亡，
歸於塵土。

【另參：詩一四六4】

8.7.1.4. 會帶來羞恥

士 9 [54]他【指亞比米勒】就急忙喊叫拿他兵器的少年人，對他
說：「拔出你的刀來，殺了我吧！免得人議論我說，他為

一個婦人所殺。」於是少年人把他刺透，他就死了。【參
九章】

撒上31 [2]非利士人緊追掃羅和他兒子們……[3]勢派甚大，掃羅被弓
箭手追上，射傷甚重，[4]就吩咐拿他兵器的人說：「你拔出
刀來，將我刺死，免得那些未受割禮的人來刺我，凌辱
我。」【參三十一章】

8.7.1.5. 會帶來驚恐

詩 55 [4]我心在我裏面甚是疼痛；死的驚惶臨到我身。

詩116 [3]死亡的繩索纏繞我；陰間的痛苦抓住我；我遭遇患難
愁苦。

8.7.2. 人與死亡的關係

8.7.2.1. 生死與人有密切的關係

傳 7 [1]……人死的日子勝過人生的日子。[2]……因為死是眾人的
結局，活人也必將這事放在心上。

傳 11 [8]人活多年，就當快樂多年；然而也當想到黑暗的日子。
因為這日子必多，所要來的都是虛空。

林前 3 [22]或保羅，或亞波羅，或磯法，或世界，或生，或死，或
現今的事，或將來的事，全是你們的……。

8.7.2.2. 沒有人知道自己生命的限期

傳 8 [8]無人有權力掌管生命，將生命留住；也無人有權力掌管
死期；這場爭戰，無人能免；邪惡也不能救那好行邪惡
的人。

雅 4 [13]嗐！你們有話說：「今天明天我們要往某城裏去，在那裏
住一年，做買賣得利。」[14]其實明天如何，你們還不知道。
你們的生命是甚麼呢？你們原來是一片雲霧，出現少時就
不見了。

8.7.2.3. 生命苦短

伯 4 [20]早晚之間，【指生命】就被毀滅，永歸無有，無人理會。

伯 14 [1]人為婦人所生，日子短少，多有患難……。

詩102 [23]他使我的力量中道衰弱，使我的年日短少。[24]我說：我的上帝啊，不要使我中年去世。你的年數世世無窮！

【另參：伯七6～7；詩九十9】

8.7.2.4. 沒有人可免去死亡

伯 9 [22]善惡無分，都是一樣；所以我說，完全人和惡人，他都滅絕。

傳 2 [16]智慧人和愚昧人一樣，永遠無人記念，因為日後都被忘記；可歎智慧人死亡，與愚昧人無異。

來 9 [27]按著定命，人人都有一死……。

【另參：伯二十一22～26；詩八十九48；傳一4，三19～20，六6，九3】

8.7.2.5. 沒有人可以帶任何東西進入死亡

詩115 [17]死人不能讚美耶和華；下到寂靜中的也都不能。

傳 5 [15]他怎樣從母胎赤身而來，也必照樣赤身而去；他所勞碌得來的，手中分毫不能帶去。

8.7.2.6. 人死後會下到陰間

伯 26 [6]在上帝面前，陰間顯露；滅亡也不得遮掩。

詩 49 [14]他們如同羊羣派定下陰間；死亡必作他們的牧者。到了早晨，正直人必管轄他們；他們的美容必被陰間所滅，以致無處可存。

賽 38 [18]原來，陰間不能稱謝你，死亡不能頌揚你；下坑的人不能盼望你的誠實。

【另參：伯十22；詩八十八6；結二十六20】

8.7.2.7. 人死後會有殯喪儀式及被埋葬

創 50 [2]約瑟吩咐伺候他的醫生用香料薰他父親，醫生就用香料
薰了以色列。[3]薰屍的常例是四十天；那四十天滿了，埃
及人為他哀哭了七十天。

伯 27 [15]他所遺留的人必死而埋葬；他的寡婦也不哀哭。

路 7 [12]將近城門，有一個死人被抬出來。這人是他母親獨生的
兒子；他母親又是寡婦。有城裏的許多人同著寡婦送殯。

【另參：伯十七1；可五38】

8.7.2.8. 人死後要面對審判

來 9 [27]按著定命，人人都有一死，死後且有審判。

啟 20 [12]我又看見死了的人，無論大小，都站在寶座前。案卷展
開了……死了的人都憑著這些案卷所記載的，照他們所行
的受審判。……[15]若有人名字沒記在生命冊上，他就被扔
在火湖裏。

8.7.2.9. 沒有人再記念已死的人

伯 18 [17]他的記念在地上必然滅亡；他的名字在街上也不存留。

傳 2 [16]智慧人和愚昧人一樣，永遠無人記念，因為日後都被忘
記；可歎智慧人死亡，與愚昧人無異。

傳 9 [5]活著的人知道必死；死了的人毫無所知，也不再得賞
賜；他們的名無人記念。

8.7.3. 信徒的死

8.7.3.1. 信徒因上帝勝過死亡而得永生

約 8 [51]我實實在在地告訴你們，人若遵守我的道，就永遠不
見死。

約 14 [19]還有不多的時候，世人不再看見我【指耶穌】，你們卻看
見我；因為我活著，你們也要活著。

羅 5 [20]律法本是外添的，叫過犯顯多；只是罪在哪裏顯多，恩
典就更顯多了。[21]就如罪作王叫人死；照樣，恩典也藉著
義作王，叫人因我們的主耶穌基督得永生。

【另參：羅六8～9】

8.7.3.2. 上帝必與信徒同渡死亡

詩 23 [4]我雖然行過死蔭的幽谷，也不怕遭害，因為你與我同
在；你的杖，你的竿，都安慰我。

詩 48 [14]因為這上帝永永遠遠為我們的上帝；他必作我們引路
的，直到死時。

8.7.3.3. 信徒不再作死亡的奴僕，不會下陰間

詩 16 [10]因為你必不將我的靈魂撇在陰間，也不叫你的聖者見
朽壞。

林前15 [55]死啊！你得勝的權勢在哪裏？死啊！你的毒鉤在哪裏？
[56]死的毒鉤就是罪，罪的權勢就是律法。

來 2 [14]兒女既同有血肉之體，他也照樣親自成了血肉之體，特
要藉著死敗壞那掌死權的，就是魔鬼，[15]並要釋放那些一
生因怕死而為奴僕的人。

【另參：箴十二28】

8.7.3.4. 信徒死後進入安息

賽 57 [1]義人死亡，無人放在心上；虔誠人被收去，無人思念。
這義人被收去是免了將來的禍患；[2]他們得享平安。素行
正直的，各人在墳裏安歇。

徒 7 [59]他們正用石頭打的時候，司提反呼籲主說：「求主耶穌接
收我的靈魂！」

帖前 4 [13]論到睡了的人，我們不願意弟兄們不知道，恐怕你們憂
傷，像那些沒有指望的人一樣。[14]我們若信耶穌死而復活
了，那已經在耶穌裏睡了的人，上帝也必將他們與耶穌一

同帶來。

【另參：申三十一16；徒七60，十三36】

8.7.3.5. 死了的信徒將來必復活

但 12 [13]你且去等候結局，因為你必安歇。到了末期，你必起來，享受你的福分。

林前15 [20]但基督已經從死裏復活，成為睡了之人初熟的果子。
[21]……是因一人而來，死人復活也是因一人而來。……但各人是按著自己的次序復活。

帖前 4 [14]我們若信耶穌死而復活了，那已經在耶穌裏睡了的人，上帝也必將他與耶穌一同帶來。

【另參：但十二2；路二十38；林前十五53；林後五1；帖前五10；來九28】

8.7.3.6. 信徒將來要與主同住

路 23 [42]【指犯人】就說：「耶穌啊，你得國降臨的時候，求你記念
我！」[43]耶穌對他說：「我實在告訴你，今日你要同我在樂園裏了。」【參39～43節】

約 14 [1]你們心裏不要憂愁；你們信上帝，也當信我。[2]在我父的
家裏有許多住處……我去原是為你們預備地方去。[3]……
必再來接你們到我那裏去，我在哪裏，叫你們也在那裏。

林後 5 [7]因我們行事為人是憑著信心，不是憑著眼見。[8]我們坦然無懼，是更願意離開身體與主同住。

【另參：腓一22～23】

8.7.3.7. 其他：信徒的死是寶貴的；人能從死亡中學到智慧；死能彰顯主

詩116 [15]在耶和華眼中，看聖民之死極為寶貴。

傳 7 [2]往遭喪的家去，強如往宴樂的家去；因為死是眾人的結
局，活人也必將這事放在心上。……[4]智慧人的心在遭喪

之家；愚昧人的心在快樂之家。

腓 1 [20]照著我所切慕、所盼望的，沒有一事叫我羞愧。只要凡
事放膽，無論是生是死，總叫基督在我身上照常顯大。
[21]因我活著就是基督，我死了就有益處。

9. 家庭關係

9.1. 家庭的意義與關係

家庭是上帝所賜的禮物，是上帝讓我們成長和經歷喜樂的地方。人是一個與他者建立關係的存有，人不是孤島。人可以與同性別的人建立深度交往，亦可以與異性建立友誼。上帝讓一男一女相愛並結為夫婦，建立家庭，目的是讓人與配偶有深度委身的關係，從那個以愛完全接納自己的他者身上，發現自己性格的優點與缺點。在教導兒女成長的過程中，我們學習面對自己性格的不同部分，揭開童年時父母教養自己的痕迹，讓我們有意識地成為一個成熟的人，以愛和紀律培養兒女成長。

9.1.1. 家庭是上帝所賜的

9.1.1.1. 上帝看顧家庭及賜下兒女

詩113 [9]他【指上帝】使不能生育的婦人安居家中，為多子的樂母。

詩127 [3]兒女是耶和華所賜的產業；所懷的胎是他所給的賞賜。

9.1.1.2. 上帝願意將救恩的應許賜給家庭

徒 2 [38]彼得說：「你們各人要悔改，奉耶穌基督的名受洗，叫你
們的罪得赦，就必領受所賜的聖靈；[39]因為這應許是給你
們和你們的兒女，並一切在遠方的人，就是主——我們上
帝所召來的。」

徒 16 [31]他們說：「當信主耶穌，你和你一家都必得救。」

9.1.2. 如何建立美好的家庭

9.1.2.1. 要遵行上帝的話

申 6 [6]我今日所吩咐你的話都要記在心上，[7]也要殷勤教訓你的
兒女。無論你坐在家裏，行在路上，躺下，起來，都要談
論。……[9]又要寫在你房屋的門框上，並你的城門上。

弗 6 [4]你們作父親的，不要惹兒女的氣，只要照著主的教訓和
警戒養育他們。

9.1.2.2. 不可將罪惡及擾亂帶進家庭

詩101 [2]我要用智慧行完全的道。你幾時到我這裏來呢？我要存
完全的心行在我家中。

箴 11 [29]擾害己家的，必承受清風；愚昧人必作慧心人的僕人。

箴 15 [27]貪戀財利的，擾害己家；恨惡賄賂的，必得存活。

9.1.2.3. 要管理自己的家及為子孫留下美好的產業

箴 13 [22]善人給子孫遺留產業；罪人為義人積存資財。

林後12 [14]……父母該為兒女積財。

提前 3 [4]好好管理自己的家，使兒女凡事端莊順服。[5]人若不知道
管理自己的家，焉能照管上帝的教會呢？

9.1.3. 如何建立美好的家庭關係

9.1.3.1. 要彼此和睦，不可相爭

創 13 [8]亞伯蘭就對羅得說：「你我不可相爭，你的牧人和我的牧
人也不可相爭，因為我們是骨肉。」

箴 17 [1]設筵滿屋，大家相爭，不如有塊乾餅，大家相安。

太 12 [25]耶穌知道他們的意念，就對他們說：「凡一國自相紛爭，
就成為荒場；一城一家自相紛爭，必站立不住。」

【另參：詩一三三1；箴十七6】

9.1.3.2. 作兒女的要聽從父母

申 5 [16]當照耶和華——你上帝所吩咐的孝敬父母，使你得
福，並使你的日子在耶和華——你上帝所賜你的地上得
以長久。

弗 6 [1]你們作兒女的，要在主裏聽從父母，這是理所當然的。
[2-3]「要孝敬父母，使你得福，在世長壽。」這是第一條帶
應許的誡命。【參西三20～21】

9.1.3.3. 夫妻要彼此相愛

弗 5 [22]你們作妻子的，當順服自己的丈夫，如同順服主。……
[25]你們作丈夫的，要愛你們的妻子，正如基督愛教會，為
教會捨己。……[31]為這個緣故，人要離開父母，與妻子連
合，二人成為一體。

西 3 [18]你們作妻子的，當順服自己的丈夫，這在主裏面是相宜
的。[19]你們作丈夫的，要愛你們的妻子，不可苦待她們。

9.2. 撫養／收養兒女

當我們還未認識上帝的時候，我們憑自己的意願生活，滿足自我的要求，遠離上帝。上帝卻藉主耶穌基督的捨命拯救我們，我們蒙上帝揀選收納為兒女，身分亦改變了。我們不再是罪人，不再是浪子，而是天父的兒女。天父收養我們，並非由於我們的生命充滿光彩，相反卻是要我們從罪惡痛苦中回轉，經歷生命的更新和重整。我們的生命充滿污點，上帝卻從眾罪人中揀選我們，使我們成為祂的兒女。上帝讓我們經歷被愛和被接納後，吩咐我們將改變人生命的福音向世人宣揚。

9.2.1. 上帝所收養的兒女

9.2.1.1. 上帝主動接納人為祂的兒女

申 14 [1]你們是耶和華——你們上帝的兒女。……[2]……你歸耶和
華——你上帝為聖潔的民，耶和華從地上的萬民中揀選你
特作自己的子民。

林後 6 [18]我【指上帝】要作你們的父；你們要作我的兒女。這是全
能的主說的。

弗 1 [4]就如上帝從創立世界以前，在基督裏揀選了我們，使我
們在他面前成為聖潔，無有瑕疵；[5]又因愛我們，就按著
自己的意旨所喜悅的，預定我們藉著耶穌基督得兒子的
名分……。

【另參：約一12】

9.2.1.2. 信徒稱天父為父親

羅 8 [14]因為凡被上帝的靈引導的，都是上帝的兒子。[15]你們所受
的，不是奴僕的心，仍舊害怕；所受的，乃是兒子的心，
因此我們呼叫：「阿爸！父！」【參加四6～8】

林後 6 [18]我要作你們的父；你們要作我的兒女。這是全能的主
說的。

加 4 [4]及至時候滿足，上帝就差遣他的兒子，為女子所生，且
生在律法以下，[5]要把律法以下的人贖出來，叫我們得著
兒子的名分。

9.2.1.3. 上帝管教所收養的兒女，也不離棄他們

申 8 [5]你當心裏思想，耶和華——你上帝管教你，好像人管教
兒子一樣。

撒下 7 [14]我【指上帝】要作他【指大衛的後裔】的父，他要作我的子；
他若犯了罪，我必用人的杖責打他，用人的鞭責罰他。

詩 27 [10]我父母離棄我，耶和華必收留我。

9.2.2. 聖經記載人收養的兒女

9.2.2.1. 要看子孫及所收養的為親生兒女

創 48 5我【指雅各】未到埃及見你【指約瑟】之先，你在埃及地所
生的以法蓮和瑪拿西這兩個兒子是我的，正如呂便和西緬
是我的一樣。

得 4 16拿俄米就把孩子【指她媳婦路得與波阿斯所生的兒子；參
13～17節】抱在懷中，作他的養母。

斯 2 7末底改撫養他叔叔的女兒哈大沙(後名以斯帖)，因為她
沒有父母。這女子又容貌俊美；她父母死了，末底改就收
她為自己的女兒。

9.2.2.2. 收養家中的僕人，甚至不是本家族的人

創 15 3亞伯蘭又說：「你沒有給我兒子；那生在我家中的人【指
僕人以利以謝】就是我的後嗣。」

出 2 10孩子漸長，婦人把他帶到法老的女兒那裏，就作了她的
兒子。她給孩子起名叫摩西，意思說：「因我把他從水裏
拉出來。」

9.3. 父母

現代人崇尚個人主義，結婚不一定生兒育女，因此缺乏為人父母的經驗。願意生育的夫婦大部分忙於工作，將照顧兒女的責任交給年長的父母或女傭。孩子得不到父母的注意，往往渴求與父母一起。孩子缺少機會與父母相處，會缺乏安全感和自信。孩子得不到足夠的愛和關懷，會變得不合羣或有破壞的傾向，而情緒不穩定亦會影響學習的興趣。因此，為人父母應該學習在家庭與事業之間取得平衡，根據聖經的教訓學習教養兒女。首先，我們要學習作天父順命的兒女，然後按上帝的慈愛和公義教育兒女。

9.3.1. 父母與子女的關係

9.3.1.1. 父母會影響兒女的信仰

箴 14 [26]敬畏耶和華的，大有倚靠；他的兒女也有避難所。

提後 1 [5]想到你心裏無偽之信，這信是先在你外祖母羅以和你母親友妮基心裏的，我深信也在你的心裏。

9.3.1.2. 兒女有時使父母憂心

創 26 [34]以掃四十歲的時候娶了赫人比利的女兒猶滴，與赫人以倫的女兒巴實抹為妻。[35]她們常使以撒和利百加心裏愁煩。

箴 17 [25]愚昧子使父親愁煩，使母親憂苦。

傳 6 [3]人若生一百個兒子，活許多歲數，以致他的年日甚多，心裏卻不得滿享福樂，又不得埋葬；據我說，那不到期而落的胎比他倒好。

9.3.1.3. 兒女會為父母帶來安慰

創 5 [29]給他起名叫挪亞，說：「這個兒子必為我們的操作和手中的勞苦安慰我們；這操作勞苦是因為耶和華咒詛地。」

約叁 [4]我聽見我的兒女們按真理而行，我的喜樂就沒有比這個大的。

9.3.1.4. 其他：父母是兒女的榮耀；父母會照顧兒女的需要

箴 17 [6]子孫為老人的冠冕；父親是兒女的榮耀。

路 11 [11]你們中間作父親的，誰有兒子求餅，反給他石頭呢？求魚，反拿蛇當魚給他呢？……[13]你們雖然不好，尚且知道拿好東西給兒女；何況天父，豈不更將聖靈給求他的人嗎？

9.3.2. 作父母的本分

9.3.2.1. 要與兒女分享信仰

詩 22 [30]他必有後裔事奉他；主所行的事必傳與後代。[31]他
們必來把他的公義傳給將要生的民，言明這事是他所
行的。

詩 78 [4]我們不將這些事向他們的子孫隱瞞，要將耶和華的美德
和他的能力，並他奇妙的作為，述說給後代聽。

太 19 [14]耶穌說：「讓小孩子到我這裏來，不要禁止他們；因為在
天國的，正是這樣的人。」【參路十八16】

【另參：出十2】

9.3.2.2. 要管教兒女

箴 13 [24]不忍用杖打兒子的，是恨惡他；疼愛兒子的，隨時管教。

箴 19 [18]趁有指望，管教你的兒子；你的心不可任他死亡。

箴 22 [6]教養孩童，使他走當行的道，就是到老他也不偏離。……
[15]愚蒙迷住孩童的心，用管教的杖可以遠遠趕除。

【另參：箴二十三14，二十九15～17】

9.3.2.3. 應教導孩子跟隨上帝的旨意行

申 4 [9]你只要謹慎，殷勤保守你的心靈，免得忘記你親眼所看
見的事，又免得你一生、這事離開你的心；總要傳給你的
子子孫孫。

箴 22 [6]教養孩童，使他走當行的道，就是到老他也不偏離。

約叁 [4]我聽見我的兒女們按真理而行，我的喜樂就沒有比這個
大的。

【另參：出十2；申六6；弗六4；約壹二14～17】

9.3.2.4. 應殷勤地教導兒女認識上帝的話

申 6 [6]我今日所吩咐你的話都要記在心上，[7]也要殷勤教訓你的兒

女。無論你坐在家裏，行在路上，躺下，起來，都要談論。
箴 4 [3]我在父親面前為孝子，在母親眼中為獨一的嬌兒。[4]父親教
訓我說：你心要存記我的言語，遵守我的命令，便得存活。
賽 54 [13]你的兒女都要受耶和華的教訓；你的兒女必大享平安。
【另參：箴五1，七1～3】

9.3.2.5. 應教導他們敬畏及事奉上帝

申 31 [13]也使他們未曾曉得這律法的兒女得以聽見，學習敬畏耶
和華你們的上帝，在你們過約旦河要得為業之地，存活的
日子，常常這樣行。
撒上 2 [18]那時，撒母耳還是孩子，穿著細麻布的以弗得，侍立在
耶和華面前。

9.3.2.6. 不得將兒女當祭物獻給異教的神

利 20 [1]耶和華對摩西說：[2]「……凡以色列人……把自己的兒女獻
給摩洛的……本地人要用石頭把他打死。[3]……因為他把
兒女獻給摩洛，玷污我的聖所，褻瀆我的聖名。」
結 16 [20]並且你【指耶路撒冷】將給我【指上帝】所生的兒女焚獻給
他【指偶像】……。[23]你行這一切惡事之後，主耶和華說：
你有禍了！有禍了！

9.3.2.7. 其他：要饒恕兒女的錯；不可惹兒女的氣；要管理家庭

路 15 [20]於是起來，往他【指浪子；參11～32節】父親那裏去。相
離還遠，他父親看見，就動了慈心，跑去抱著他的頸項，
連連與他親嘴。
弗 6 [4]你們作父親的，不要惹兒女的氣，只要照著主的教訓和
警戒養育他們。
提前 3 [4]好好管理自己的家，使兒女凡事端莊順服。

9.4. 兒女

現今出生率下降，很多夫婦都不願意承擔教養兒女的責任。作為基督徒，在作家庭計劃的時候，需要開放自己思考作父母的使命。兒女是上帝所賜的產業，讓父母的人生更圓滿充實。父母的屬靈責任是建立兒女的屬靈生命，教導他們認識上帝、敬畏上帝。父母要以聖經的原則管教兒女，讓他們覺得自己被肯定和被尊重。在上帝的愛中成長的孩童，會有自信、原則和責任感，令父母感到滿足和安慰。

9.4.1. 兒女

9.4.1.1. 兒女是上帝所賜的產業，能彰顯上帝的恩典

詩113 [9]他【指上帝】使不能生育的婦人安居家中，為多子的樂母。

詩127 [3]兒女是耶和華所賜的產業；所懷的胎是他所給的賞賜。
[4]少年時所生的兒女好像勇士手中的箭。[5]箭袋充滿的人便為
有福；他們在城門口和仇敵說話的時候，必不至於羞愧。

賽 8 [18]看哪，我與耶和華所給我的兒女，就是從住在錫安山萬
軍之耶和華來的，在以色列中作為預兆和奇迹。

9.4.1.2. 兒女是父母的能力所在，亦是父母的寶貝

詩127 [4]少年時所生的兒女好像勇士手中的箭。

詩144 [12]我們的兒子從幼年好像樹栽子長大；我們的女兒如同殿
角石，是按建宮的樣式鑿成的。

9.4.2. 作兒女的本分

9.4.2.1. 自幼要倚靠上帝及聽從祂的話

詩 71 [5]主——耶和華啊，你是我所盼望的；從我年幼，你是我
所倚靠的。[6]我從出母胎被你扶持；使我出母腹的是你。
我必常常讚美你！

詩119 [9]少年人用甚麼潔淨他的行為呢？是要遵行你的話！

提後 3 [15]並且知道你是從小明白聖經，這聖經能使你因信基督耶
穌，有得救的智慧。

【另參：詩七十一17～18】

9.4.2.2. 要聽從父母

箴 1 [8]我兒，要聽你父親的訓誨，不可離棄你母親的法則；[9]因
為這要作你頭上的華冠，你項上的金鍊。

箴 4 [1]眾子啊，要聽父親的教訓，留心得知聰明。[2]因我所給你

們的是好教訓；不可離棄我的法則。……[4]父親教訓我
說：你心要存記我的言語，遵守我的命令，便得存活。

西 3 [20]你們作兒女的，要凡事聽從父母，因為這是主所喜悅的。

【另參：箴十三1，十七25；二十二17】

9.4.2.3. 要孝敬父母，不可惡待父母

出 20 [12]當孝敬父母，使你的日子在耶和華——你上帝所賜你的
地上得以長久。

箴 19 [26]虐待父親、攆出母親的，是貽羞致辱之子。

箴 30 [17]戲笑父親、藐視而不聽從母親的，他的眼睛必為谷中的
烏鴉啄出來，為鷹雛所吃。

【另參：出二十一15；申五16；箴四3，二十三25，二十八24，三十11；弗六1～4】

9.4.2.4. 其他：行在正道上；作智慧人

箴 23 [19]我兒，你當聽，當存智慧，好在正道上引導你的
心。……[24]義人的父親必大得快樂；人生智慧的兒子，必
因他歡喜。

箴 27 [11]我兒，你要作智慧人，好叫我的心歡喜，使我可以回答
那譏誚我的人。

9.5. 紀律／管教

紀律及管教往往使人想起被操控、失去自由及主權。從上帝而來的管教是出於愛心的，雖根據原則判斷，卻容讓人回轉成長。人在成長中需要學習負責任，上帝的管教是要我們懂得盡責，承認上帝的主權。一個接受上帝管教的人會懂得自我約束，生活有紀律。基督徒在成聖的路上會被修剪、煉淨，使我們與上帝聖潔的本性有分。上帝對人的管教充滿恩典、留有餘地，使人知罪悔改，經歷上帝拯救的應許，因此上帝的管教包含赦免及安慰。

9.5.1. 上帝的管教

9.5.1.1. 可以是即時又嚴厲的，令人不好受的

徒 5 [9]彼得說：「你們【指亞拿尼亞及撒非拉】為甚麼同心試探主
的靈呢？……。」[10]婦人立刻仆倒在彼得腳前，斷了氣。那
些少年人進來，見她已經死了，就抬出去，埋在她丈夫旁
邊。【參1～10節】

來 12 [11]凡管教的事，當時不覺得快樂，反覺得愁苦；後來卻為
那經練過的人結出平安的果子，就是義。

9.5.1.2. 管教帶著赦免與安慰，但不受教的必遭敗壞

箴 29 [1]人屢次受責罰，仍然硬著頸項；他必頃刻敗壞，無法可治。

林後 2 [6]這樣的人受了眾人的責罰也就夠了，[7]倒不如赦免他，安
慰他，免得他憂愁太過，甚至沉淪了。……[11]免得撒但趁
著機會勝過我們，因我們並非不曉得他的詭計。

9.5.1.3. 上帝責備祂所愛的人

箴 3 [11]我兒，你不可輕看耶和華的管教，也不可厭煩他的責
備；[12]因為耶和華所愛的，他必責備，正如父親責備所喜
愛的兒子。

來 12 [5]你們又忘了那勸你們如同勸兒子的話，說：我兒，你不
可輕看主的管教，被他責備的時候也不可灰心；[6]因為主
所愛的，他必管教，又鞭打凡所收納的兒子。

啟 3 [19]凡我所疼愛的，我就責備管教他；所以你要發熱心，也
要悔改。

9.5.1.4. 上帝會嚴懲詛咒祂和放肆的人

出 32 [25]摩西見百姓放肆…… [27]……說：「……上帝這樣說：『你們
各人把刀跨在腰間……各人殺他的弟兄與同伴並鄰舍。』」
[28]……那一天百姓中被殺的約有三千。【參19～26節】

利 24 [15]你要曉諭以色列人說：凡咒詛上帝的，必擔當他的罪。
[16]那褻瀆耶和華名的，必被治死；全會眾總要用石頭打死
他。不管是寄居的是本地人，他褻瀆耶和華名的時候，必
被治死。

提前 1 [20]其中有許米乃和亞歷山大；我已經把他們交給撒但，使
他們受責罰就不再謗瀆了。

9.5.1.5. 上帝的管教帶著慈愛

詩 89 [32]我就要用杖責罰他們的過犯，用鞭責罰他們的罪孽。
[33]只是我必不將我的慈愛全然收回，也必不叫我的信實
廢棄。

詩103 [8]耶和華有憐憫，有恩典，不輕易發怒，且有豐盛的慈
愛。[9]他不長久責備，也不永遠懷怒。[10]他沒有按我們的罪
過待我們，也沒有照我們的罪孽報應我們。

拉 9 [13]上帝啊，我們因自己的惡行和大罪，遭遇了這一切的
事，並且你刑罰我們輕於我們罪所當得的，又給我們留下
這些人。

9.5.1.6. 接受上帝管教的就是祂的兒子

箴 3 [11]我兒，你不可輕看耶和華的管教，也不可厭煩他的責備。

箴 12 [1]喜愛管教的，就是喜愛知識；恨惡責備的，卻是畜類。

來 12 [7]你們所忍受的，是上帝管教你們，待你們如同待兒
子。……[8]管教原是眾子所共受的。你們若不受管教，就
是私子……[10]……惟有萬靈的父管教我們，是要我們得益
處，使我們在他的聖潔上有分。

9.5.2. 人的管教

9.5.2.1. 父母有責任管教兒女

箴 13 [24]不忍用杖打兒子的，是恨惡他；疼愛兒子的，隨時管教。

弗 6 [4]你們作父親的，不要惹兒女的氣，只要照著主的教訓和
警戒養育他們。

9.5.2.2. 屬上帝的羣體有責任執行紀律

書 7 [25]……於是以色列眾人用石頭打死他【指亞干】，將石頭扔
在其上，又用火焚燒他所有的。[26]眾人在亞干身上堆成一
大堆石頭，直存到今日。於是耶和華轉意，不發他的烈
怒。【參七章】

林前 5 [1]風聞在你們中間有淫亂的事。……[2]……把行這事的人從
你們中間趕出去。……[5]要把這樣的人交給撒但，敗壞他
的肉體，使他的靈魂在主耶穌的日子可以得救。

9.5.3. 管教的目的

9.5.3.1. 使人與上帝的聖潔有分

箴 20 [30]鞭傷除淨人的罪惡；責打能入人的心腹。

來 12 [10]生身的父都是暫隨己意管教我們；惟有萬靈的父管教我
們，是要我們得益處，使我們在他的聖潔上有分。

9.5.3.2. 讓信徒能坦然面對上帝

詩 18 [23]我在他面前作了完全人；我也保守自己遠離我的罪孽。

帖前 5 [23]願賜平安的上帝親自使你們全然成聖！又願你們的靈與
魂與身子得蒙保守，在我主耶穌基督降臨的時候，完全無
可指摘！

猶 [24]那能保守你們不失腳、叫你們無瑕無疵、歡歡喜喜站在
他榮耀之前的我們的救主——獨一的上帝。

9.5.3.3. 其他：使人平安度日；使人得智慧；使人懊悔

詩 94 [12]耶和華啊，你所管教、用律法所教訓的人是有福的！[13]你
使他在遭難的日子得享平安……。[14]因為耶和華必不丟棄

他的百姓，也不離棄他的產業。[15]審判要轉向公義；心裏
正直的，必都隨從。

箴 29 [15]杖打和責備能加增智慧；放縱的兒子使母親羞愧。

林後 7 [9]如今我歡喜，不是因你們憂愁，是因你們從憂愁中生出
懊悔來。你們依著上帝的意思憂愁，凡事就不至於因我們
受虧損了。

[10. 人際關係]

10.1. 不同層面的關係

基督徒信奉的上帝是三位一體的，聖父、聖子及聖靈三位在合一中彼此互相聯繫。上帝與世人建立關係，祂向世人顯明自己創造世界、拯救世界與更新世界。可惜，人類因為罪的緣故與上帝關係破裂；主耶穌基督在十字架上的犧牲使人與上帝的關係復和。基督徒深信在上帝恩典下，藉著信心回應，十字架的力量可以重建人神關係、人與自己、以及人與人之間的關係。基於愛的力量，基督徒尊重別人的獨立人格，不將人際關係變質為物化關係，亦不將人性尊嚴貶為工具。主耶穌基督的福音向世人宣示上帝所期望的關係。

10.1.1. 人與上帝的關係

10.1.1.1. 與父上帝是父子關係

約 1 [12]凡接待他的，就是信他名的人，他就賜他們權柄，作上
帝的兒女。

約壹 3 [1]你看父賜給我們是何等的慈愛，使我們得稱為上帝的兒
女；我們也真是他的兒女。……[2]親愛的弟兄啊，我們現
在是上帝的兒女……主若顯現，我們必要像他，因為必得
見他的真體。

10.1.1.2. 與基督有密切的關係

太 12 [48]他【指耶穌】卻回答那人說：「誰是我的母親？誰是我的弟
兄？」[49]就伸手指著門徒，說：「……[50]凡遵行我天父旨意
的人，就是我的弟兄姊妹和母親了。」【參可三33～35】

約 16 [24]向來你們沒有奉我【指基督】名求甚麼，如今你們求，就
必得著……[26]到那日，你們要奉我的名祈求……。[27]父自己
愛你們；因為你們已經愛我，又信我是從父出來的。

提後 2 [11]……我們若與基督同死，也必與他同活；[12]我們若能
忍耐，也必和他一同作王。我們若不認他，他也必不
認我們。

10.1.1.3. 基督是信徒的基業

弗 1 [11]我們也在他【指基督】裏面得了基業；這原是那位隨己意
行、做萬事的，照著他旨意所預定的，[12]叫他的榮耀從我
們這首先在基督裏有盼望的人可以得著稱讚。

西 1 [12]又感謝父，叫我們能與眾聖徒在光明中同得基業。

彼前 1 [4]可以得著不能朽壞、不能玷污、不能衰殘、為你們存留
在天上的基業。

【另參：弗一18；西三24】

10.1.1.4. 信徒是上帝的殿

弗　2 [22]你們也靠他【指基督】同被建造，成為上帝藉著聖靈居住的所在。

林前 3 [16]豈不知你們是上帝的殿，上帝的靈住在你們裏頭嗎？[17]若有人毀壞上帝的殿，上帝必要毀壞那人；因為上帝的殿是聖的，這殿就是你們。【參六19】

10.1.2. 如何與上帝建立關係

10.1.2.1. 罪使人與上帝的關係缺裂

創　3 [8]天起了涼風，耶和華上帝在園中行走。那人和他妻子【指亞當與夏娃】聽見上帝的聲音，就藏在園裏的樹木中，躲避耶和華上帝的面。……[24]於是把他【指亞當】趕出去了……。【參三章】

弗　4 [17]……你們行事不要再像外邦人存虛妄的心行事。[18]他們心地昏昧，與上帝所賜的生命隔絕了，都因自己無知，心裏剛硬。

10.1.2.2. 要藉著基督才可與上帝建立良好的關係

約 14 [19]還有不多的時候，世人不再看見我，你們卻看見我；因為我活著，你們也要活著。[20]到那日，你們就知道我在父裏面，你們在我裏面，我也在你們裏面。

林後 5 [17]若有人在基督裏，他就是新造的人，舊事已過，都變成新的了。

10.1.2.3. 認知上帝是人的好朋友

賽 41 [8]惟你以色列——我的僕人，雅各——我所揀選的，我朋友亞伯拉罕的後裔。

約 15 [14]你們若遵行我所吩咐的，就是我的朋友了。[15]以後我不再稱你們為僕人，因僕人不知道主人所做的事。我乃稱你們為朋友；因我從我父所聽見的，已經都告訴你們了。

雅 2 [23]這就應驗經上所說：「亞伯拉罕信上帝，這就算為他的
義。」他又得稱為上帝的朋友。

10.1.2.4. 要愛上帝，並委身給祂

可 12 [30]說：「你要盡心、盡性、盡意、盡力愛主——你的上
帝。」[31]其次就是說：「要愛人如己。」再沒有比這兩條誡命
更大的了。【參太二十二37；路十27】

路 14 [26]人到我【指耶穌】這裏來，若不愛我勝過愛自己的父
母……和自己的性命，就不能作我的門徒。[27]凡不背著自
己十字架跟從我的，也不能作我的門徒。【參太十37～38】

10.1.3. 信徒彼此的關係

10.1.3.1. 互為肢體

弗 2 [14]因他使我們和睦，將兩下合而為一，拆毀了中間隔斷
的牆。

弗 2 [21]各房靠他【指基督】聯絡得合式，漸漸成為主的聖殿。
[22]你們也靠他同被建造，成為上帝藉著聖靈居住的所在。

10.1.3.2. 彼此相愛

約 13 [34]我賜給你們一條新命令，乃是叫你們彼此相愛；我怎樣
愛你們，你們也要怎樣相愛。

羅 13 [8]凡事都不可虧欠人，惟有彼此相愛要常以為虧欠；因為
愛人的，就完全了律法。

帖前 4 [9]論到弟兄們相愛，不用人寫信給你們；因為你們自己蒙
了上帝的教訓，叫你們彼此相愛。

10.1.3.3. 要追求和睦、彼此認罪

太 5 [23]所以，你在祭壇上獻禮物的時候，若想起弟兄向你懷

怨，[24]就把禮物留在壇前，先去同弟兄和好，然後來獻
禮物。

來 12 [14]你們要追求與眾人和睦，並要追求聖潔；非聖潔沒有人
能見主。

雅 5 [16]所以你們要彼此認罪，互相代求，使你們可以得醫治。
義人祈禱所發的力量是大有功效的。

【另參：可十一25；腓四2～3】

10.1.4. 信與不信者的關係

10.1.4.1. 不能同負一軛

詩 26 [5]我恨惡惡人的會，必不與惡人同坐。

林後 6 [14]你們和不信的原不相配，不要同負一軛。義和不義有甚
麼相交呢？光明和黑暗有甚麼相通呢？[15]基督和彼列有甚
麼相和呢？信主的和不信主的有甚麼相干呢？

10.1.5. 一般的人際關係

10.1.5.1. 彼此不可虧負

太 7 [12]所以，無論何事，你們願意人怎樣待你們，你們也要怎
樣待人，因為這就是律法和先知的道理。

路 6 [38]你們要給人，就必有給你們的，並且用十足的升斗，連
搖帶按，上尖下流地倒在你們懷裏；因為你們用甚麼量器
量給人，也必用甚麼量器量給你們。

弗 6 [6]不要只在眼前事奉，像是討人喜歡的，要像基督的僕
人，從心裏遵行上帝的旨意。……[9]你們作主人的，待僕
人也是一理，不要威嚇他們。因為知道，他們和你們同有
一位主在天上；他並不偏待人。

10.1.6. 夫妻及家庭關係

10.1.6.1. 互相尊重

太 5 [32]只是我告訴你們，凡休妻的，若不是為淫亂的緣故，就
是叫她作淫婦了；人若娶這被休的婦人，也是犯姦淫了。

弗 6 [1]你們作兒女的，要在主裏聽從父母，這是理所當然
的……。[4]你們作父親的，不要惹兒女的氣，只要照著主
的教訓和警戒養育他們。

彼前 3 [7]你們作丈夫的也要按情理和妻子同住；因她比你軟弱，
與你一同承受生命之恩的，所以要敬重她。這樣，便叫你
們的禱告沒有阻礙。

【另參：弗五21～23】

10.2. 朋友關係

人與上帝之間，可以是主僕的關係，亦可以是朋友的關係。既然上帝樂意將我們看作朋友，我們亦應該樂意成為別人的朋友。在現實社會裏，人總會保護自己，與人保持安全的交往距離。我們確實要小心選擇朋友，避免沾染不良習慣。我們結交朋友並非為了利用對方，或者從對方身上獲得好處，朋友相交的珍貴在於坦誠、不虛假。上帝看重人內心的純潔，並且要求我們以愛彼此關懷。世人所謂的朋友有時只是吃喝玩樂的同伴，真正的朋友是當你有困難的時候樂意幫助你的人。真正的朋友會忠誠地為對方的好處指正對方的錯誤，並且為對方的道德及屬靈生命成長切切代禱。

10.2.1. 如何建立美好的友誼

10.2.1.1. 要懂得選擇朋友

詩119 [63]凡敬畏你、守你訓詞的人，我都與他作伴。

箴 13 [20]與智慧人同行的，必得智慧；和愚昧人作伴的，必受
虧損。

10.2.1.2. 要彼此關懷及勸勉

箴 17 [17]朋友乃時常親愛【《現代中文譯本修訂版》譯作「朋友在乎
時常關懷」】，弟兄為患難而生。

箴 27 [9]膏油與香料使人心喜悅；朋友誠實的勸教也是如此甘美。

腓 2 [2]你們就要意念相同，愛心相同，有一樣的心思，有一樣
的意念，使我的喜樂可以滿足。

【另參：箴十八24】

10.2.1.3. 要珍惜友誼，甚至為朋友捨己

箴 27 [6]朋友加的傷痕出於忠誠；仇敵連連親嘴卻是多餘。……
[10]你的朋友和父親的朋友，你都不可離棄。你遭難的日
子，不要上弟兄的家去；相近的鄰舍強如遠方的弟兄。

箴 27 [17]鐵磨鐵，磨出刃來；朋友相感也是如此。

約 15 [13]人為朋友捨命，人的愛心沒有比這個大的。

10.2.1.4. 其他：損友會加害於己；朋友會影響人的性格

詩 55 [12]原來不是仇敵辱罵我，若是仇敵，還可忍耐；也不是恨
我的人向我狂大，若是恨我的人就必躲避他。[13]不料是
你……是我的同伴，是我知己的朋友！

箴 22 [24]好生氣的人，不可與他結交；暴怒的人，不可與他來
往；[25]恐怕你效法他的行為，自己就陷在網羅裏。

10.3. 與敵人的關係

作為基督徒，我們應該沒有敵人，可是在現實中，總會有人與我們為敵。面對這種令人煩惱的事，我們需要祈求上帝賜下平靜的心，讓我們能夠擺脫被欺壓和侵凌的感受，從多方面分析問題，站在敵人的角度思考，究竟是甚麼原因構成那種敵意。我們要設法化解對立和矛盾，讓愛和欣賞取代仇恨。我們應該時刻提醒自己，真正的敵人是靈界邪惡的勢力，因此我們並非倚靠自己的衝動爭戰，而是憑著主耶穌基督十字架的力量奮鬥前進。在人世間，我們應該學習以愛對待與我們為敵的人。

10.3.1. 誰是敵人

10.3.1.1. 魔鬼

弗 6 [12]……我們並不是與屬血氣的爭戰，乃是與那些執政
的、掌權的、管轄這幽暗世界的，以及天空屬靈氣的惡
魔爭戰。

彼前 5 [8]務要謹守，警醒。因為你們的仇敵魔鬼，如同吼叫的獅
子，遍地遊行，尋找可吞吃的人。

10.3.1.2. 與上帝為敵的人

約 15 [18]世人若恨你們，你們知道，恨你們以先已經恨我了。
[19]……只因你們不屬世界，乃是我從世界中揀選了你們，
所以世界就恨你們。

羅 5 [10]因為我們作仇敵的時候，且藉著上帝兒子的死，得與上
帝和好；既已和好，就更要因他的生得救了。

10.3.1.3. 陷害自己的人

詩 57 [6]他們【指敵人】為我的腳設下網羅，壓制我的心；他們在
我面前挖了坑，自己反掉在其中。

耶 5 [26]因為在我民中有惡人。他們埋伏窺探，好像捕鳥的人；
他們設立圈套陷害人。

10.3.2. 如何對待仇敵

10.3.2.1. 要穿上屬靈的軍裝，要倚靠上帝的保護

詩 3 [5]我躺下睡覺，我醒著，耶和華都保佑我。[6]雖有成萬的百
姓來周圍攻擊我，我也不怕。

賽 31 [3]埃及人不過是人，並不是神；他們的馬不過是血肉，並
不是靈。耶和華一伸手，那幫助人的必絆跌，那受幫助的
也必跌倒，都一同滅亡。

弗　6 [11]要穿戴上帝所賜的全副軍裝，就能抵擋魔鬼的詭計。

【另參：詩四8，七1～2】

10.3.2.2. 上帝會幫助祂的子民爭戰

申　9 [1]以色列啊，你當聽！……[3]你今日當知道，耶和華——你
的上帝在你前面過去，如同烈火，要滅絕他們，將他們制
伏在你面前。這樣，你就要照耶和華所說的趕出他們，使
他們速速滅亡。

代下32 [8]與他們【指亞述人】同在的是肉臂，與我們【指以色列人】
同在的是耶和華——我們的上帝，他必幫助我們，為我們
爭戰。百姓就靠猶大王希西家的話，安然無懼了。

帖後 1 [6]上帝既是公義的，就必將患難報應那加患難給你們的
人；[7]也必使你們這受患難的人與我們同得平安。那時，
主耶穌同他有能力的天使從天上在火焰中顯現。

【另參：撒上十二11；撒下五17～19；拉八31；詩十八43～45】

10.3.2.3. 勇於面對敵人

尼　6 [16]我們一切仇敵、四圍的外邦人聽見了便懼怕，愁眉不
展；因為見這工作【指修畢城牆】完成是出乎我們的上帝。

詩 27 [3]雖有軍兵安營攻擊我，我的心也不害怕；雖然興起刀兵
攻擊我，我必仍舊安穩。

10.3.2.4. 可以希望敵人得到報應，但不要因敵人遭報而高興

詩109 [6]願你【指上帝】派一個惡人轄制他【指敵人】，派一個對頭
站在他右邊！

箴 24 [17]你仇敵跌倒，你不要歡喜；他傾倒，你心不要快樂；[18]恐
怕耶和華看見就不喜悅，將怒氣從仇敵身上轉過來。

耶 17 [18]願那些逼迫我的蒙羞，卻不要使我蒙羞；使他們驚惶，
卻不要使我驚惶；使災禍的日子臨到他們，以加倍的毀壞
毀壞他們。

10.3.2.5. 祈求上帝幫人脫險

詩 22 [16]犬類圍著我，惡黨環繞我；他們扎了我的手，我的
腳。……[19]耶和華啊！求你不要遠離我！我的救主啊，求
你快來幫助我！

詩 35 [1]耶和華啊，與我相爭的，求你與他們相爭！……[2]拿著大
小的盾牌，起來幫助我。……[4]願那尋索我命的，蒙羞受
辱！願那謀害我的，退後羞愧！[5]願他們像風前的糠，有
耶和華的使者趕逐他們。

10.3.2.6. 恩待敵人

出 23 [4]若遇見你仇敵的牛或驢失迷了路，總要牽回來交給他。
[5]若看見恨你人的驢壓臥在重馱之下，不可走開，務要和
驢主一同抬開重馱。

箴 25 [21]你的仇敵若餓了，就給他飯吃；若渴了，就給他水喝；
[22]因為，你這樣行就是把炭火堆在他的頭上；耶和華也必
賞賜你。【參羅十二20】

10.3.2.7. 愛你的敵人

太 5 [43]「當愛你的鄰舍，恨你的仇敵。」[44]只是我告訴你們，要
愛你們的仇敵，為那逼迫你們的禱告。[45]這樣就可以作你
們天父的兒子；因為他叫日頭照好人，也照歹人；降雨給
義人，也給不義的人。

路 22 [49]左右的人見光景不好……[50]內中有一個人把大祭司的僕人
砍了一刀，削掉了他的右耳。[51]耶穌說：「……由他們
吧！」就摸那人的耳朵，把他治好了。【參29～46節；太
二十六51～56】

羅 12 [14]逼迫你們的，要給他們祝福；只要祝福，不可咒詛。

【另參：太五46～48；路六27～29、35～36】

10.3.3. 報復

10.3.3.1. 不可以惡報怨

箴 24 29不可說：人怎樣待我，我也怎樣待他；我必照他所行的報復他。

帖前 5 15你們要謹慎，無論是誰都不可以惡報惡；或是彼此相待，或是待眾人，常要追求良善。

彼前 2 21你們蒙召原是為此；因基督也為你們受過苦，給你們留下榜樣，叫你們跟隨他的腳蹤行。……23他被罵不還口；受害不說威嚇的話，只將自己交託那按公義審判人的主。

【另參：太五38～42；路六29～30；羅十二17；彼前三9】

10.3.3.2. 由上帝替你伸冤

詩 26 1耶和華啊，求你為我伸冤，因我向來行事純全；我又倚靠耶和華，並不搖動。

箴 20 22你不要說，我要以惡報惡；要等候耶和華，他必拯救你。

帖後 1 6上帝既是公義的，就必將患難報應那加患難給你們的人，7也必使你們這受患難的人與我們同得平安。那時，主耶穌同他有能力的天使從天上在火焰中顯現。

【另參：詩三十七14，五十七6，六十八22，一三五14；耶五十一56；羅十二19；彼前二23】

10.3.3.3. 不計算人的惡

利 19 18不可報仇，也不可埋怨你本國的子民，卻要愛人如己。我是耶和華。

林前13 5不做害羞的事，不求自己的益處，不輕易發怒，不計算人的惡。

10.4. 被人指控／控告

面對別人的指控，我們要在上帝面前尋求上帝的判斷。上帝藉聖靈在人的良心工作，讓人知道自己的過失。上帝要求人知罪、認罪、悔罪，同時樂意赦免人的罪。不過，撒但卻是指控者，在上帝面前、在人心裏作出種種控訴。當我們面對各種指控的時候，首先要回歸上帝那裏，尋求聖靈的光照。人並非完美的，總會有過失，只要我們存無虧的良心，坦然無懼面對上帝，我們就能夠面對來自那惡者的指控。同時，我們要認定無論在順境中，或是面對無理指控的時候，上帝都與我們同在，幫助我們面對難關。

10.4.1. 信徒被不信者控告

10.4.1.1. 撒但在上帝面前經常控告祂的子民

伯 1 [9]撒但回答耶和華說：「約伯敬畏上帝，豈是無故呢？[10]你
豈不是四面圈上籬笆圍護他和他的家……？他手所做的都
蒙你賜福……。[11]你且伸手毀他一切所有的；他必當面棄
掉你。」

亞 3 [1]天使又指給我看：大祭司約書亞站在耶和華的使者面
前；撒但也站在約書亞的右邊，與他作對。

啟 12 [9]大龍就是那古蛇，名叫魔鬼，又叫撒但，是迷惑普天下
的。……在我們上帝面前晝夜控告我們弟兄的……。

10.4.1.2. 不信者有目的地控告人

路 6 [7]文士和法利賽人窺探耶穌，在安息日治病不治病，要得
把柄去告他。【參6～10節；太十二9～14；可三1～6】

路 11 [53]耶穌從那裏出來，文士和法利賽人就極力地催逼他，引
動他多說話，[54]私下窺聽，要拿他的話柄。

10.4.1.3. 不信者用假見證控告信徒

詩 35 [11]凶惡的見證人起來，盤問我所不知道的事。

太 26 [59]祭司長和全公會尋找假見證控告耶穌，要治死他。[60]雖有
好些人來作假見證，總得不著實據。【參可十四55～56】

徒 25 [7]保羅來了，那些從耶路撒冷下來的猶太人周圍站著，將
許多重大的事控告他，都是不能證實的。

【另參：徒六11～13，十六19～20】

10.4.1.4. 不信者借用律法控告信徒

可 2 [24]法利賽人對耶穌說：「看哪，他們在安息日為甚麼做不可
做的事【指在安息日掐麥穗】呢？」【參23節；太十二1～8；
路六1～5】

約 19 [7]猶太人回答說：「我們有律法，按那律法，他【指耶穌】是
該死的，因他以自己為上帝的兒子。」

10.4.2. 面對控告的態度

10.4.2.1. 要審查真偽

申 19 [16]若有凶惡的見證人起來，見證某人作惡……[18]審判官要細
細地查究……[19]你們就要待他【指作假見證的人】如同他想
要待的弟兄。這樣，就把那惡從你們中間除掉。

提前 5 [19]控告長老的呈子，非有兩三個見證就不要收。

10.4.2.2. 對答要有智慧

路 12 [11]人帶你們到會堂，並官府和有權柄的人面前，不要思慮
怎麼分訴，說甚麼話；[12]因為正在那時候，聖靈要指教你
們當說的話。

約 8 [3]文士和法利賽人帶著一個行淫時被拿的婦人來……[4]就對
耶穌說……[6]……耶穌……[7]……對他們說：「你們中間誰是
沒有罪的，誰就可以先拿石頭打她。」【參2～11節】

10.4.2.3. 看為有福

太 5 [11]人若因我【指耶穌】辱罵你們，逼迫你們，捏造各樣壞話
毀謗你們，你們就有福了！[12]應當歡喜快樂，因為你們在
天上的賞賜是大的。在你們以前的先知，人也是這樣逼迫
他們。【參路六22】

彼前 4 [14]你們若是為基督的名受辱罵，便是有福的；因為上帝榮
耀的靈常住在你們身上。

10.4.2.4. 其他：相信上帝必為人伸冤；沒有人可真正控告上帝的子民；要常存無虧的良心

詩 41 [5]我的仇敵用惡言議論我說……[7]一切恨我的，都交頭接耳

地議論我；他們設計要害我。……[9]連我知己的朋友……
也用腳踢我。……[12]你【指耶和華】因我純正就扶持我，使
我永遠站在你的面前。【參本篇10.3.與敵人關係】

羅　8 [33]誰能控告上帝所揀選的人呢？有上帝稱他們為義了。

彼前 3 [16]存著無虧的良心，叫你們在何事上被毀謗，就在何事上
可以叫那誣賴你們在基督裏有好品行的人自覺羞愧。

10.5. 別人的勸誡

當我們看到自己的不足，才可以指正別人，因此當我們勸誡別人的時候，首先要接受上帝的勸誡。我們要以上帝的眼光看自己，知道上帝對我們的接納和管教，讓我們有受教的耳朵和舌頭，在心志上順服上帝。我們除了要聆聽上帝的說話外，亦要虛心聆聽父母、長者、同輩、甚至晚輩的勸勉和提醒。同時我們亦要學習慎思明辨，並且專心尋求上帝的旨意。若我們願意成為一個接受勸勉的人，我們亦會有敏銳的觸覺，以積極的態度勸勉別人，為別人的益處提醒眾人。

10.5.1. 要聽的勸誡

10.5.1.1. 要聽上帝的勸誡

詩 32 [8]我要教導你，指示你當行的路；我要定睛在你身上勸戒
你。[9]你不可像那無知的騾馬，必用嚼環轡頭勒住牠；不
然，就不能馴服。

傳 12 [13]這些事都已聽見了，總意就是：敬畏上帝，謹守他的誡
命，這是人所當盡的本分。

賽 50 [4]主耶和華賜我受教者的舌頭，使我知道怎樣用言語扶助
疲乏的人。主每早晨提醒，提醒我的耳朵，使我能聽，像
受教者一樣。

【另參：詩七十三24】

10.5.1.2. 要聽父母的勸誡

箴 1 [8]我兒，要聽你父親的訓誨，不可離棄你母親的法則；[9]因
為這要作你頭上的華冠，你項上的金鍊。

傳 12 [12]我兒，還有一層，你當受勸戒。

【另參：本篇9.4.兒女】

10.5.1.3. 其他：聽取有建設性的建議

出 18 [24]……摩西聽從他岳父的話【指設立夫長制管治以色列
人】，按著他所說的去行。【參13～26節】

10.5.2. 不要聽的勸誡

10.5.2.1. 不應聽不義之人及負面的教訓

民 13 [33]「我們在那裏看見……據我們看，自己就如蚱蜢一樣。」
14[1]當下，全會眾大聲喧嚷……[4]眾人彼此說：「我們不如立
一個首領回埃及去吧！」【指以色列人忽略正面的匯報；
參十三24～十四10】

詩 1 [1]不從惡人的計謀，不站罪人的道路，不坐褻慢人的
座位……。

太 16 [6]耶穌對他們說：「你們要謹慎，防備法利賽人和撒都該人
的酵。」……[12]門徒這才曉得他說的不是叫他們防備餅的
酵，乃是防備法利賽人和撒都該人的教訓。

10.5.3. 面對勸誡的態度

10.5.3.1. 羣眾的意見未必準確

民 14 [6]窺探地的人中……約書亞和……迦勒……[7]……說：「我們
所窺探、經過之地是極美之地。[8]……有耶和華與我們同
在，不要怕他們！」[10]但全會眾說：「拿石頭打死他們二
人。」【參1～10節】

太 27 [21]巡撫對眾人說：「……你們要我釋放哪一個給你們
呢？」……彼拉多說：「這樣，那稱為基督的耶穌我怎麼辦
他呢？」他們都說：「把他釘十字架！」【參15～23節；可
十五6～14；路二十三17～23；約十八39～40】

羅 12 [17]……眾人以為美的事要留心去做。

10.5.3.2. 為別人的益處而多聽勸諫

箴 11 [14]無智謀，民就敗落；謀士多，人便安居。

賽 50 [4]主耶和華賜我受教者的舌頭，使我知道怎樣用言語扶助
疲乏的人。

10.5.3.3. 其他：要相信勸諫者的提醒；要當面勸誡；不應視勸諫者為敵人

代下18 [4]約沙法對以色列王說：「請你先求問耶和華。」……[7]以色
列王對約沙法說：「……我們可以託他求問耶和華，只是
我恨他；因為他指著我所說的預言，不說吉語，常說凶
言。」【參十八章】

箴27 [5]當面的責備強如背地的愛情。[6]朋友加的傷痕出於忠誠；
仇敵連連親嘴卻是多餘。
加 4 [16]如今我將真理告訴你們，就成了你們的仇敵嗎？

10.5.4. 勸誡的對象

10.5.4.1. 弟兄

太 18 [15]倘若你的弟兄得罪你，你就去，趁著只有他和你在一處
的時候，指出他的錯來。他若聽你，你便得了你的弟兄。
【參路十七3】
腓 2 [1]所以，在基督裏若有甚麼勸勉，愛心有甚麼安慰，聖靈有甚
麼交通，心中有甚麼慈悲憐憫，[2]你們就要意念相同，愛心相
同，有一樣的心思，有一樣的意念，使我的喜樂可以滿足。

10.5.4.2. 不守規矩的人

帖前 5 [14]我們又勸弟兄們，要警戒不守規矩的人……。
提前 1 [3]我往馬其頓去的時候，曾勸你仍住在以弗所，好囑咐那
幾個人不可傳異教……。

10.5.4.3. 智慧人

箴 9 [8]……要責備智慧人，他必愛你。
箴 12 [15]愚妄人所行的，在自己眼中看為正直；惟智慧人肯聽人
的勸教。
箴 19 [25]鞭打褻慢人，愚蒙人必長見識；責備明哲人，他就明白
知識。

10.5.4.4. 不須勸誡不接受意見的人

箴 9 [8]不要責備褻慢人，恐怕他恨你……。
太 7 [6]不要把聖物給狗，也不要把你們的珍珠丟在豬前，恐怕
牠踐踏了珍珠，轉過來咬你們。

10.5.4.5. 其他：勸誡不同年齡的人；彼此相勸

提前 5 [1]……只要勸他【指老年人】如同父親；勸少年人如同弟兄；[2]勸老年婦女如同母親；勸少年婦女如同姊妹……[4]若寡婦有兒女……便叫他們先在自己家中學著行孝，報答親恩……。

來 3 [13]總要趁著還有今日，天天彼此相勸，免得你們中間有人被罪迷惑，心裏就剛硬了。

10.5.5. 接受勸誡的結果

10.5.5.1. 使人得智慧，並心中喜悅

箴 1 [1]……箴言：[2]要使人曉得智慧和訓誨，分辨通達的言語，[3]使人處事領受智慧、仁義、公平、正直的訓誨，[4]使愚人靈明，使少年人有知識和謀略，[5]使智慧人聽見，增長學問，使聰明人得著智謀。

箴 27 [9]膏油與香料使人心喜悅；朋友誠實的勸教也是如此甘美。

10.5.6. 不接受勸誡的結果

10.5.6.1. 引致錯誤的決定，甚至迷失方向

王上12 [6]……所羅門在世的日子，有侍立在他面前的老年人，羅波安王和他們商議……[8]王卻不用老年人給他出的主意。【指羅波安王接受了少年人的計謀，引起以色列人的背叛；參王下十二8～19】

箴 10 [17]謹守訓誨的，乃在生命的道上；違棄責備的，便失迷了路。

傳 4 [13]貧窮而有智慧的少年人勝過年老不肯納諫的愚昧王。

10.5.6.2. 招致敗壞

箴 29 [1]人屢次受責罰，仍然硬著頸項；他必頃刻敗壞，無法可治。

太 14 [3]……希律……把約翰……鎖在監裏。[4]因為約翰曾對他
說：「你娶這婦人是不合理的。」[5]希律就想要殺他……[10]於
是打發人去，在監裏斬了約翰。【參3～12節；可六17～
29；路三19～20】

10.6. 與人爭辯／爭論

為真理而爭辯是忠誠基督徒的責任，一個對信仰認真的基督徒必會對歪謬的哲理作出嚴正的批判。對於並非涉及真理或大是大非的事情，我們總會避免不必要的意氣之爭。好爭辯的人往往受好勝心驅使，事事要別人接受他的想法。面對激烈的爭辯，我們需要冷靜處理，切勿意氣用事在言語上傷害他人；當面對不合理的批評或者惡意的人身攻擊的時候，亦要禱告求上帝賜溫柔的說話回應。若能夠在良好關係下爭論問題，大家都對事不對人，相信會帶來彼此造就的機會。

10.6.1. 應有的辯論

10.6.1.1. 上帝願意與人辯論祂的作為

賽 1 [18]耶和華說：你們來，我們彼此辯論。你們的罪雖像硃紅，必變成雪白；雖紅如丹顏，必白如羊毛。

耶 2 [9]耶和華說：我因此必與你們爭辯，也必與你們的子孫爭辯。

何 12 [2]耶和華與猶大爭辯，必照雅各所行的懲罰他，按他所做的報應他。

【另參：賽三十四8，四十一1，四十三26】

10.6.1.2. 人可以向上帝辯白

伯 16 [21]願人得與上帝辯白，如同人與朋友辯白一樣。

耶 12 [1]耶和華啊，我與你爭辯的時候，你顯為義；但有一件，我還要與你理論：惡人的道路為何亨通呢？大行詭詐的為何得安逸呢？

10.6.1.3. 與人辯論信仰

伯 13 [6]請你們【指約伯的朋友】聽我的辯論，留心聽我口中的分訴。

可 12 [28]有一個文士來，聽見他們辯論，曉得耶穌回答的好，就問他說：「誡命中哪是第一要緊的呢？」

徒 9 [29]奉主的名放膽傳道，並與說希臘話的猶太人講論辯駁……。

【另參：徒十五7，十七2，十八4，十九8，二十五22；腓一7、16】

10.6.2. 辯論帶來的好處

10.6.2.1. 使人更認識上帝

民 24 [16]得聽上帝的言語，明白至高者的意旨。

伯 40 [1]耶和華又對約伯說：[2]強辯的豈可與全能者爭論嗎？與上帝辯駁的可以回答這些吧！[3]於是，約伯回答耶和華說……
[6]於是，耶和華從旋風中回答約伯說……。【參四十章】

賽 40 [21]你們豈不曾知道嗎？……從起初豈沒有人告訴你們嗎？
自從立地的根基，你們豈沒有明白嗎？……[20]好叫人看
見、知道、思想、明白；這是耶和華的手所做的，是以色
列的聖者所造的。

10.6.2.2. 使聽的人得到上帝救贖之恩

徒 17 [17]於是……每日在市上所遇見的人，辯論。……[34]但有幾個
人貼近他，信了主，其中有亞略·巴古的官丟尼修，並一
個婦人，名叫大馬哩，還有別人一同信從。

腓 1 [7]……無論我【指保羅】是在捆鎖之中，是辯明證實福音的
時候，你們都與我一同得恩。……[13]以致我受的捆鎖在御
營全軍和其餘的人中，已經顯明是為基督的緣故。

10.6.3. 引起負面爭論的原因

10.6.3.1. 各持己見

伯 16 [4]我也能說你們那樣的話；你們若處在我的境遇，我也會
聯絡言語攻擊你們，又能向你們搖頭。

林前 1 [11]因為革來氏家裏的人曾對我提起弟兄們來，說你們中間
有紛爭。【指哥林多教會內有分黨的事；參10～17節】

10.6.3.2. 好談怪異的道理

提前 1 [3]我往馬其頓去的時候，曾勸你仍住在以弗所，好囑咐那幾
個人不可傳異教，[4]也不可聽從荒渺無憑的話語和無窮的家
譜；這等事只生辯論，並不發明上帝在信上所立的章程。

提後 2 [23]惟有那愚拙無學問的辯論，總要棄絕，因為知道這等事
是起爭競的。

10.6.3.3. 性好爭論

伯 40 [2]強辯的豈可與全能者爭論嗎？

箴 17 [19]喜愛爭競的，是喜愛過犯；高立家門的，乃自取敗壞。
提前 6 [4]他是自高自大，一無所知，專好問難，爭辯言詞，從此
就生出嫉妒、紛爭、毀謗、妄疑……。

10.6.3.4. 其他：好管閒事；不能接納信心軟弱的人；發怨言

箴 26 [17]過路被事激動，管理不干己的爭競，好像人揪住狗耳。
羅 14 [1]信心軟弱的，你們要接納，但不要辯論所疑惑的事。
腓 2 [14]凡所行的，都不要發怨言，起爭論……。

10.6.4. 不可爭論的原因

10.6.4.1. 會產生怒氣，以致犯罪

箴 15 [1]回答柔和，使怒消退；言語暴戾，觸動怒氣。
箴 17 [19]喜愛爭競的，是喜愛過犯……。

10.6.4.2. 不但愚蠢，也不造就人

箴 20 [3]遠離紛爭是人的尊榮；愚妄人都愛爭鬧。
提後 2 [14]你要使眾人回想這些事，在主面前囑咐他們：不可為言
語爭辯；這是沒有益處的，只能敗壞聽見的人。
多 3 [9]要遠避無知的辯論和家譜的空談，以及紛爭，並因律法
而起的爭競，因為這都是虛妄無益的。

10.6.4.3. 其他：會影響弟兄之間的關係；不能表明信仰

創 13 [7]當時，迦南人與比利洗人在那地居住。亞伯蘭的牧人和
羅得的牧人相爭。[8]亞伯蘭就對羅得說：「你我不可相爭，
你的牧人和我的牧人也不可相爭，因為我們是骨肉。」
提後 2 [24]然而主的僕人不可爭競，只要溫溫和和地待眾人，善於
教導，存心忍耐，[25]用溫柔勸戒那抵擋的人；或者上帝給
他們悔改的心，可以明白真道。

10.6.5. 消除爭論的方法

10.6.5.1. 先止息爭競，平息事件

箴 17 [14]紛爭的起頭如水放開，所以，在爭鬧之先必當止息爭競。

太 5 [25]你同告你的對頭還在路上，就趕緊與他和息，恐怕他把
你送給審判官，審判官交付衙役，你就下在監裏了。

10.6.5.2. 以溫柔的說話對答

箴 15 [1]回答柔和，使怒消退；言語暴戾，觸動怒氣。

箴 25 [15]恆常忍耐可以勸動君王；柔和的舌頭能折斷骨頭。

但 2 [14]王的護衛長亞略出來，要殺巴比倫的哲士，但以理就用
婉言回答他……。

10.6.5.3. 其他：保持緘默；不好管閒事；逃避愚拙的辯論

箴 17 [28]愚昧人若靜默不言也可算為智慧；閉口不說也可算為
聰明。

箴 25 [8]不要冒失出去與人爭競，免得至終被他羞辱……。

提後 2 [23]惟有那愚拙無學問的辯論，總要棄絕，因為知道這等事
是起爭競的。【參多三9】

10.7. 照顧／看顧人

上帝看顧人，深知道人的需要，是人隨時的幫助。當我們在人生的路上奔走，感到疲乏的時候，上帝會體恤我們的軟弱。當我們孤苦無助的時候，上帝會施恩拯救。因此，基督徒應該學習上帝的性情，看顧身邊的人。我們除了好好照顧家人以外，亦應該照顧鄰舍的需要，成為一種善待別人的情操，幫助弱者及受欺壓者。這種善待別人的精神亦延伸到那些處處針對我們的人身上，我們要厚待他們。照顧別人的方法不一定是施予送贈物品，當我們給別人留下生存的空間，已經是一種善待別人的態度。

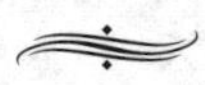

10.7.1. 上帝看顧人

10.7.1.1. 看顧軟弱的人

王下 4 [32]以利沙來到，進了屋子，看見孩子死了……[33]……他便祈禱耶和華……[36]以利沙叫基哈西說：「你叫這書念婦人來」；於是叫了她來。以利沙說：「將你兒子抱起來。」

詩 32 [10]惡人必多受苦楚；惟獨倚靠耶和華的必有慈愛四面環繞他。

10.7.1.2. 不會離開所照顧的人，晝夜看顧他

申 29 [5]我領你們【指以色列人】在曠野四十年，你們身上的衣服並沒有穿破，腳上的鞋也沒有穿壞。

王上 8 [59]我在耶和華面前祈求的這些話，願耶和華——我們的上帝晝夜垂念，每日為他僕人與他民以色列伸冤。

賽 27 [3]我——耶和華是看守葡萄園的；我必時刻澆灌，晝夜看守，免得有人損害。

【另參：代下六20；詩七十一17～18】

10.7.1.3. 照顧孤兒寡婦

詩 10 [14]……無倚無靠的人把自己交託你【指上帝】；你向來是幫助孤兒的。

詩 68 [5]上帝在他的聖所作孤兒的父，作寡婦的伸冤者。

10.7.1.4. 其他：因祂的子民而看顧外邦人；知道人的苦情；看顧仰望祂慈愛的人

創 39 [2]約瑟住在他主人埃及人的家中，耶和華與他同在，他就百事順利。……[5]自從主人派約瑟管理家務和他一切所有的，耶和華就因約瑟的緣故賜福與那埃及人的家……。

出 2 [25]上帝看顧以色列人，也知道他們的苦情。

詩 33 [18]耶和華的眼目看顧敬畏他的人和仰望他慈愛的人。

10.7.2. 信徒如何看顧人

10.7.2.1. 幫助受欺壓的人，特別是孤兒寡婦

申 16 [11]你和你兒女……以及在你們中間寄居的與孤兒寡婦，都要在耶和華你上帝所選擇立為他名的居所，在耶和華你的上帝面前歡樂。

賽 1 [17]學習行善，尋求公平，解救受欺壓的；給孤兒伸冤，為寡婦辨屈。

雅 1 [27]在上帝我們的父面前，那清潔沒有玷污的虔誠，就是看顧在患難中的孤兒寡婦，並且保守自己不沾染世俗。

【另參：申二十四19～21，二十六12；詩八十二3；本書社會篇16.1.欺凌】

10.7.2.2. 顧念貧窮、軟弱的人

利 23 [22]在你們的地收割莊稼，不可割盡田角，也不可拾取所遺落的；要留給窮人和寄居的。我是耶和華——你們的上帝。

詩 41 [1]眷顧貧窮的有福了！他遭難的日子，耶和華必搭救他。

路 14 [13]你擺設筵席，倒要請那貧窮的、殘廢的、瘸腿的、瞎眼的，你就有福了！[14]因為他們沒有甚麼可報答你。到義人復活的時候，你要得著報答。

10.7.2.3. 看顧客旅和寄居的人

利 19 [9]在你們【指以色列人】的地收割莊稼，不可割盡田角，也不可拾取所遺落的。[10]不可摘盡葡萄園的果子，也不可拾取葡萄園所掉的果子；要留給窮人和寄居的。我是耶和華你們的上帝。

申 24 [19]你在田間收割莊稼，若忘下一捆，不可回去再取，要留給寄居的……[20]……枝上剩下的，不可再打；要留給寄居的……。[21]你摘葡萄園的葡萄，所剩下的，不可再摘；要留給寄居的……。

來 13 [2]不可忘記用愛心接待客旅；因為曾有接待客旅的，不知
不覺就接待了天使。

【另參：申二十六12】

10.7.2.4. 照顧鄰舍及恩待僕人

箴 3 [27]你手若有行善的力量，不可推辭，就當向那應得的人施
行。[28]你那裏若有現成的，不可對鄰舍說：去吧，明天再
來，我必給你。

西 4 [1]你們作主人的，要公公平平地待僕人，因為知道你們也
有一位主在天上。

10.7.2.5. 看顧同胞，也恩待你的敵人

路 6 [27]只是我告訴你們這聽道的人，你們的仇敵，要愛他！恨
你們的，要待他好！

羅 9 [1]我在基督裏說真話，並不謊言，有我良心被聖靈感動，給
我作見證：[2]我是大有憂愁，心裏時常傷痛；[3]為我弟兄，
我骨肉之親，就是自己被咒詛，與基督分離，我也願意。

10.7.2.6. 其他：看顧事奉上帝的人；看顧在試煉中的人；鼓勵人學習照顧人

申 26 [12]每逢三年，就是十分取一之年，你取完了一切土產的
十分之一，要分給利未人……使他們在你城中可以吃得
飽足。

加 4 [14]你們為我身體的緣故受試煉，沒有輕看我，也沒有厭棄
我，反倒接待我，如同上帝的使者，如同基督耶穌。

提前 5 [4]若寡婦有兒女，或有孫子孫女，便叫他們先在自己家中
學著行孝，報答親恩，因為這在上帝面前是可悅納的。

【參來十24】

10.8. 安慰人

人生難免遇到困難和挫折，當人向上帝呼求的時候，祂必定安慰我們。失敗、無助並非表示上帝坐視不理、愛莫能助，相反這是人經歷上帝的安慰的機會。以色列人認為艱難困苦是上帝對人犯罪的懲罰，不過上帝在懲罰之後必有安慰。一個嘗過失敗滋味的人，會更懂得包容及體諒別人，同時亦會懂得安慰遭遇患難的人。重要的是，經一事長一智，在上帝的安慰下，重新站起來，忘記過去的挫敗並勇敢地走出幽谷，成為別人的安慰者。

10.8.1. 上帝的安慰

10.8.1.1. 上帝願意賜下各樣的安慰

賽66 [13]母親怎樣安慰兒子，我就照樣安慰你們；你們也必因耶路撒冷得安慰。

林後 1 [3]願頌讚歸與我們的主耶穌基督的父上帝，就是發慈悲的父，賜各樣安慰的上帝。

帖後 2 [16]但願我們主耶穌基督和那愛我們、開恩將永遠的安慰並美好的盼望賜給我們的父上帝，[17]安慰你們的心，並且在一切善行善言上堅固你們。

10.8.1.2. 上帝安慰祂的百姓，又會賜下保惠師安慰人

賽 40 [1]你們的上帝說：你們要安慰，安慰我的百姓。

賽 49 [13]諸天哪，應當歡呼！大地啊，應當快樂！眾山哪，應當發聲歌唱！因為耶和華已經安慰他的百姓，也要憐恤他困苦之民。

約 14 [16]我要求父，父就另外賜給你們一位保惠師，叫他永遠與你們同在。

10.8.1.3. 上帝在懲罰之後必給予安慰

賽12 [1]到那日，你必說：耶和華啊，我要稱謝你！因為你雖然向我發怒，你的怒氣卻已轉消；你又安慰了我。

賽51 [3]耶和華已經安慰錫安和錫安一切的荒場，使曠野像伊甸，使沙漠像耶和華的園囿；在其中必有歡喜、快樂、感謝，和歌唱的聲音。

10.8.1.4. 上帝安慰憂慮疑惑及受驚怕的人

詩 94 [19]我心裏多憂多疑，你安慰我，就使我歡樂。

賽 41 [10]你不要害怕，因為我與你同在；不要驚惶，因為我是你的上帝。我必堅固你，我必幫助你；我必用我公義的右手

扶持你。

約14 [1]你們心裏不要憂愁；你們信上帝，也當信我【指耶
穌】。……16 [33]我將這些事告訴你們，是要叫你們在我裏
面有平安。在世上，你們有苦難；但你們可以放心，我已
經勝了世界。

【另參：賽五十一12】

10.8.1.5. 上帝安慰經歷患難的人

詩 86 [17]……因為你——耶和華幫助我，安慰我。

詩119 [50]這話將我救活了；我在患難中，因此得安慰。

林後 1 [4]我們在一切患難中，他就安慰我們，叫我們能用上帝所
賜的安慰去安慰那遭各樣患難的人。[5]我們既多受基督的
苦楚，就靠基督多得安慰。

【另參：林後七6；帖後二16～17】

10.8.1.6. 上帝安慰哀慟的人及負重擔的人

太 5 [4]哀慟的人有福了！因為他們必得安慰。

太 11 [28]凡勞苦擔重擔的人可以到我這裏來，我就使你們得安
息。[29]我心裏柔和謙卑，你們當負我的軛，學我的樣式；
這樣，你們心裏就必得享安息。[30]因為我的軛是容易的，
我的擔子是輕省的。

啟 7 [17]因為寶座中的羔羊必牧養他們，領他們到生命水的泉
源；上帝也必擦去他們一切的眼淚。

10.8.2. 人的安慰

10.8.2.1. 人要彼此安慰

伯 2 [12]他們遠遠地舉目觀看，認不出他來，就放聲大哭。各人
撕裂外袍，把塵土向天揚起來，落在自己的頭上。[13]他們
就同他七天七夜坐在地上，一個人也不向他說句話，因為

他極其痛苦。

林後13 [11]還有末了的話：願弟兄們都喜樂。要作完全人；要受安慰；要同心合意；要彼此和睦。如此，仁愛和平的上帝必常與你們同在。

帖前 4 [18]所以，你們當用這些話【指關於主再來的信息】彼此勸慰。【參13～18節】

10.8.2.2. 人可從別人身上得安慰

林後 1 [4]我們在一切患難中，他就安慰我們，叫我們能用上帝所賜的安慰去安慰那遭各樣患難的人。……[6]我們受患難呢，是為叫你們得安慰……這安慰能叫你們忍受我們所受的那樣苦楚。

西　4 [11]耶數又稱為猶士都，也問你們安。奉割禮的人中，只有這三個人是為上帝的國與我一同做工的，也是叫我心裏得安慰的。

帖前 3 [7]所以弟兄們，我們在一切困苦患難之中，因著你們的信心就得了安慰。

【另參：羅一12；腓二19】

10.8.2.3. 以父親的心腸安慰人，特別是曾受責罰的人

林後 2 [5]若有叫人憂愁的，他不但叫我憂愁，也是叫你們眾人有幾分憂愁……。[6]這樣的人受了眾人的責罰也就夠了，[7]倒不如赦免他，安慰他，免得他憂愁太過，甚至沉淪了。

帖前 2 [11]你們也曉得，我們怎樣勸勉你們，安慰你們，囑咐你們各人，好像父親待自己的兒女一樣，[12]要叫你們行事對得起那召你們進他國、得他榮耀的上帝。

10.8.2.4. 其他：婚姻可使人得安慰；要以智慧安慰人

創 24 [67]以撒便領利百加進了他母親撒拉的帳棚，娶了她為妻，並且愛她。以撒自從他母親不在了，這才得了安慰。

伯16 [1]約伯回答說：[2]這樣的話我聽了許多；你們安慰人，反叫
人愁煩。……[4]我也能說你們那樣的話；你們若處在我的
境遇，我也會聯絡言語攻擊你們，又能向你們搖頭。

10.9. 妥協

妥協不是毫無底線的，妥協是指在大原則以外，可以接納不同的觀點與處事手法。在羣體生活裏，每個成員都可以提出個人意見，但經過討論後我們會尊重整體的決定。在協商過程中尋求共識是十分正常的，不過我們要時刻警醒，避免以個人利益出發，尋求上帝的心意。當我們認定上帝的心意後，就應該堅定不移、站穩立場。我們應該專心敬畏上帝，在信仰上帝的事情上絕不妥協。我們應該有明確的立場，不能左搖右擺，面對反對的壓力要堅持原則。

10.9.1. 不可妥協的事

10.9.1.1. 不要與罪妥協

撒上15 [9]掃羅和百姓卻憐惜亞甲，也愛……一切美物，不肯滅
絕……。[10]耶和華……說：[11]「我立掃羅為王，我後悔了；
因為他轉去不跟從我，不遵守我的命令。」【參1～3節】

王上11 [4]所羅門年老的時候，他的妃嬪誘惑他的心去隨從別神，
不效法他父親大衛誠誠實實地順服耶和華他的上帝。

10.9.1.2. 不要與世界妥協

羅 12 [2]不要效法這個世界，只要心意更新而變化，叫你們察驗
何為上帝的善良、純全、可喜悅的旨意。

約壹 2 [15]不要愛世界和世界上的事。人若愛世界，愛父的心就不
在他裏面了。

10.9.1.3. 不可同時與兩位主妥協

王上 3 [3]所羅門愛耶和華，遵行他父親大衛的律例，只是還在邱
壇獻祭燒香。

代下25 [2]亞瑪謝行耶和華眼中看為正的事，只是心不專誠。

太 6 [24]一個人不能事奉兩個主；不是惡這個、愛那個，就是重
這個、輕那個。你們不能又事奉上帝，又事奉瑪門。

【另參：出八25～27；王上二十二43；王下十四3，十七33；結二十32～38】

10.9.1.4. 其他：不可為討人喜悅而妥協；信仰生活不能模稜兩可

可 15 [15]彼拉多要叫眾人喜悅，就釋放巴拉巴給他們，將耶穌鞭
打了，交給人釘十字架。【參太二十七26；路二十三24；
約十九16】

啟 3 [15]我知道你的行為，你也不冷也不熱；我巴不得你或冷或

熱。[16]你既如溫水，也不冷也不熱，所以我必從我口中把
你吐出去。

10.9.2. 妥協帶來的結果

10.9.2.1. 使人失去動力及對罪的敏感

出 34 [12]你要謹慎，不可與你所去那地的居民立約，恐怕成為你
們中間的網羅。

拉 9 [2]因他們為自己和兒子娶了這些外邦女子為妻，以致聖潔
的種類和這些國的民混雜；而且首領和官長在這事上為
罪魁。

林後 6 [14]你們和不信的原不相配，不要同負一軛。……光明和黑
暗有甚麼相通呢？……[17]……你們務要從他們中間出
來……我就收納你們。[18]我要作你們的父；你們要作我的
兒女。這是全能的主說的。

10.10. 批評／論斷人

論斷與批評不同，批評是對人或事的負面評論；論斷是一種裁判，甚至對人或事作出定論。在言論自由的社會，提出批評是可以接受的，批評的正面作用是激發人改進。不過，當批評變為對人的攻擊的時候，批評就變得負面和帶有破壞性。論斷則是憑個人觀點對別人和其他事情作出負面的判斷。聖經教導我們千萬不要憑自己對別人的主觀印象作判斷，並且提醒我們自己亦有錯失，在論斷別人之前首先要誠實地作自我反省。當我們被人論斷的時候，要保持冷靜，切勿過分激動，並且我們要在禱告中求神的幫助。

10.10.1. 批評／論斷

10.10.1.1. 以表面事情斷定是非，而且針對人

民 12 [1]摩西娶了古實女子為妻。米利暗和亞倫因他所娶的古實女子就毀謗他。

約 7 [24]不可按外貌斷定是非，總要按公平斷定是非。

10.10.1.2. 人總會受到批評

太 11 [18]約翰來了，也不吃也不喝，人就說他是被鬼附著的；[19]人子來了，也吃也喝，人又說他是貪食好酒的人，是稅吏和罪人的朋友。但智慧之子總以智慧為是。

太 12 [22]當下，有人將一個被鬼附著、又瞎又啞的人帶到耶穌那裏，耶穌就醫治他……。[24]但法利賽人聽見，就說：「這個人趕鬼，無非是靠著鬼王別西卜啊。」【參可三22；路十一15】

林前 4 [3]我被你們論斷，或被別人論斷，我都以為極小的事；連我自己也不論斷自己。

10.10.1.3. 批評的話是傷害人的

詩 52 [2]你的舌頭邪惡詭詐，好像剃頭刀，快利傷人。[3]你愛惡勝似愛善，又愛說謊，不愛說公義。[4]詭詐的舌頭啊，你愛說一切毀滅的話！

箴 15 [4]溫良的舌是生命樹；乖謬的嘴使人心碎。

羅 14 [13]所以，我們不可再彼此論斷，寧可定意誰也不給弟兄放下絆腳跌人之物。

10.10.2. 批評／論斷帶來的結果

10.10.2.1. 論斷人的必被論斷

太 7 [1]你們不要論斷人，免得你們被論斷。

路　6 [37]你們不要論斷人，就不被論斷；你們不要定人的罪，
就不被定罪；你們要饒恕人，就必蒙饒恕。[38]……因為
你們用甚麼量器量給人，也必用甚麼量器量給你們。

10.10.2.2. 論斷人的就是不遵守律法，必被定罪

羅　2 [1]你這論斷人的，無論你是誰，也無可推諉。你在甚麼事
上論斷人，就在甚麼事上定自己的罪；因你這論斷人的，
自己所行卻和別人一樣。

雅　4 [11]……人若批評弟兄，論斷弟兄，就是批評律法，論斷律
法。你若論斷律法，就不是遵行律法，乃是判斷人的。

10.10.2.3. 其他：批評者其身不正；批評會使關係決裂

羅　2 [21]你既是教導別人，還不教導自己嗎？你講說人不可偷
竊，自己還偷竊嗎？[22]你說人不可姦淫，自己還姦淫嗎？
你厭惡偶像，自己還偷竊廟中之物嗎？

加　5 [14]因為全律法都包在「愛人如己」這一句話之內了。[15]你們
要謹慎，若相咬相吞，只怕要彼此消滅了。

10.10.3. 如何面對批評／論斷

10.10.3.1. 上帝知道所批評的事情

耶 11 [20]按公義判斷、察驗人肺腑心腸的萬軍之耶和華啊，我卻
要見你在他們身上報仇，因我將我的案件向你稟明了。

林前 4 [5]所以，時候未到，甚麼都不要論斷，只等主來，他要照
出暗中的隱情，顯明人心的意念。那時，各人要從上帝那
裏得著稱讚。

雅　4 [12]設立律法和判斷人的，只有一位，就是那能救人也能滅
人的。

【另參：羅十四3】

10.10.3.2. 儘量做到無可指責，叫批評者羞愧

詩119 [165]愛你律法的人有大平安，甚麼都不能使他們絆腳。

西 2 [16]所以，不拘在飲食上，或節期、或月朔、安息日都不可
讓人論斷你們。

多 2 [8]言語純全，無可指責，叫那反對的人，既無處可說我們
的不是，便自覺羞愧。

【另參：林前十28～32；彼前三16】

10.10.3.3. 看批評為極小的事及可喜的事

傳 7 [21]人所說的一切話，你不要放在心上，恐怕聽見你的僕人
咒詛你。[22]因為你心裏知道，自己也曾屢次咒詛別人。

太 5 [11]人若因我【指耶穌】辱罵你們，逼迫你們，捏造各樣壞話
毀謗你們，你們就有福了！【參路六22】

林前 4 [3]我被你們論斷，或被別人論斷，我都以為極小的事；連
我自己也不論斷自己。[4]我雖不覺得自己有錯，卻也不能
因此得以稱義；但判斷我的乃是主。

10.10.3.4. 被批評時要保持緘默

伯 6 [24]請你們教導我，我便不作聲；使我明白在何事上有錯。
[25]正直的言語力量何其大！但你們責備是責備甚麼呢？

箴 11 [12]……明哲人卻靜默不言。

羅 12 [19]親愛的弟兄，不要自己伸冤，寧可讓步，聽憑主怒；因
為經上記著：「主說：『伸冤在我；我必報應。』」

10.10.3.5. 要從被批評中學習得智慧

箴 9 [7]指斥褻慢人的，必受辱罵；責備惡人的，必被玷污。[8]不
要責備褻慢人，恐怕他恨你……。

太 11 [18]約翰來了，也不吃也不喝，人就說他是被鬼附著的；[19]人
子來了，也吃也喝，人又說他是貪食好酒的人，是稅吏和
罪人的朋友。但智慧之子總以智慧為是。

10.10.3.6. 不可彼此批評

羅 14 [13]所以，我們不可再彼此論斷，寧可定意誰也不給弟兄放
下絆腳跌人之物。

雅 4 [11]弟兄們，你們不可彼此批評……。

10.10.3.7. 其他：安慰被批評的人；不可律己以寬；不可因批評而放棄事奉上帝

撒上 1 [8]她丈夫以利加拿對她說：「哈拿啊，你為何哭泣【指她因
沒有懷孕而被刺激；參1～8節】，不吃飯，心裏愁悶呢？
有我不比十個兒子還好嗎？」

太 7 [3]為甚麼看見你弟兄眼中有刺，卻不想自己眼中有梁木
呢？……[5]你這假冒為善的人！先去掉自己眼中的梁木，
然後才能看得清楚，去掉你弟兄眼中的刺。【參路六41】

徒 18 [9]夜間，主在異象中對保羅說：「不要怕，只管講，不要閉
口，[10]有我與你同在，必沒有人下手害你，因為在這城裏
我有許多的百姓。」

10.11. 藐視

人生總會有被別人藐視的經驗，內心感到難受及激憤。當然保持緘默並不是惟一的或最好的方法，不過保持內心平靜是十分重要的。面對這種情況，我們應該想起主耶穌亦受人藐視，我們可以將憤怒的感受向上帝表達，向上帝呼求力量戰勝挑戰。上帝憐憫人，亦替人伸冤。我們需要求上帝醫治我們心靈的傷害，以信心仰望上帝的幫助，以愛心對待藐視我們的人。無論傷害我們的人是否存心令我們難受，我們都應該要求自己以上帝的愛回應他們。

10.11.1. 藐視上帝

10.11.1.1. 人會藐視上帝的律法

民 15 [31]因他藐視耶和華的言語，違背耶和華的命令，那人總要
剪除；他的罪孽要歸到他身上。

撒下12 [9]你【指大衛】為甚麼藐視耶和華的命令，行他眼中看為惡
的事呢？你借亞捫人的刀殺害赫人烏利亞，又娶了他的妻
為妻。

10.11.1.2. 藐視上帝的必受懲罰

民 14 [23]他們斷不得看見我向他們的祖宗所起誓應許之地。凡藐
視我的，一個也不得看見。

民 16 [30]倘若耶和華創作一件新事，使地開口，把他們和一切屬
他們的都吞下去，叫他們活活地墜落陰間，你們就明白這
些人是藐視耶和華了。

撒上 2 [17]如此，這二少年人的罪在耶和華面前甚重了，因為他們
藐視耶和華的祭物。

【另參：撒下十二9～10】

10.11.1.3. 其他：人藐視上帝是基於不信；不得藐視上帝的僕人

民 14 [11]耶和華對摩西說：「這百姓藐視我要到幾時呢？我在他們
中間行了這一切神蹟，他們還不信我要到幾時呢？」

代下36 [16]他們卻嘻笑上帝的使者，藐視他的言語，譏誚他的先
知，以致耶和華的忿怒向他的百姓發作，無法可救。

10.11.2. 如何面對被藐視

10.11.2.1. 保持緘默，並向上帝陳述苦衷

撒上10 [26]掃羅往基比亞回家去，有上帝感動的一羣人跟隨他。[27]但
有些匪徒說：「這人怎能救我們呢？」就藐視他，沒有送他

禮物；掃羅卻不理會。

尼 4 [4]我們的上帝啊，求你垂聽，因為我們被藐視。求你使他
們的毀謗歸於他們的頭上，使他們在擄到之地作為掠物。

10.11.2.2. 上帝也曾遭藐視，祂自會為人伸冤

申 31 [20]因為我將他們領進我向他們列祖起誓應許那流奶與蜜之
地，他們在那裏吃得飽足，身體肥胖，就必偏向別神，事
奉他們，藐視我，背棄我的約。

撒下 6 [20]……掃羅的女兒米甲出來近接他【指大衛】說：「以色列王
今日在臣僕的婢女眼前露體，如同一個輕賤人無恥露體一
樣，有好大的榮耀啊！」……[23]掃羅的女兒米甲，直到死日，
沒有生養兒女。

10.11.2.3. 其他：倚靠上帝；在適當時表白原因

撒上17 [41]非利士人……[42]……見了大衛，就藐視他……[45]大衛對非
利士人說：「你來攻擊我，是靠著刀槍和銅戟；我來攻擊
你，是靠著萬軍之耶和華的名……。」【參十七章】

撒下 6 [20]……米甲……說：「以色列王【指大衛】今日在臣僕的婢女
眼前露體……有好大的榮耀啊！」[21]大衛……說：「……耶
和華已揀選我……[22]……那些婢女……倒要尊敬我。」

10.12. 饒恕

饒恕別人與接受別人的饒恕都是一種福氣。人世間有親人被謀殺的事，受害者的家人確實難以饒恕兇手；有人被陷害壓迫，心裏亦會怨憤難平。可是當我們的心載滿仇恨的時候，自己亦不會好受。怨憤將會把我們壓碎，令我們失卻喜樂。解決的方法是不要為自己伸冤，不計較人的錯失，不將問題歸咎別人，不存報復的念頭。作為基督徒，我們要常常提醒自己，我們白白接受上帝的饒恕，因此亦應該樂意饒恕別人。當我們願意饒恕別人的時候，會經歷上帝的饒恕，亦會發現自己得到別人的饒恕。

10.12.1. 上帝的饒恕

【參本書信仰篇2.2.認罪與赦罪】

10.12.2. 饒恕別人的態度

10.12.2.1. 認罪在饒恕之先

書 7 [19]約書亞對亞干說：「我兒，我勸你將榮耀歸給耶和華——
以色列的上帝，在他面前認罪，將你所做的事告訴我，不
要向我隱瞞。」

珥 2 [12]耶和華說：雖然如此，你們應當……一心歸向我。[13]你們
要撕裂心腸，不撕裂衣服。歸向耶和華——你們的上帝；
因為他有恩典，有憐憫，不輕易發怒，有豐盛的慈愛，並
且後悔不降所說的災。

雅 5 [16]所以你們要彼此認罪，互相代求，使你們可以得醫治。
義人祈禱所發的力量是大有功效的。

【另參：詩二十五11，三十二5；箴二十八13】

10.12.2.2. 不計算人的錯失

太 18 [21]那時，彼得進前來，對耶穌說：「主啊，我弟兄得罪我，
我當饒恕他幾次呢？到七次可以嗎？」[22]耶穌說：「……不
是到七次，乃是到七十個七次。」【參23～34節】

路 17 [3]你們要謹慎！若是你的弟兄得罪你，就勸戒他；他若懊
悔，就饒恕他。[4]倘若他一天七次得罪你，又七次回轉，
說：「我懊悔了」，你總要饒恕他。

林前13 [4]愛是……[5]……不計算人的惡……。

【另參：太五23，十八35；可十一25】

10.12.2.3. 真誠饒恕人的過犯

創 50 [19]約瑟對他們【指約瑟的哥哥】說：「……[20]從前你們的意思

是要害我，但上帝的意思原是好的，要保全許多人的性
命，成就今日的光景。21現在你們不要害怕……。」【參創
二十七章】

太 18 35你們各人若不從心裏饒恕你的弟兄，我天父也要這樣待
你們了。

10.12.2.4. 憑愛心彼此饒恕

弗 4 32並要以恩慈相待，存憐憫的心，彼此饒恕，正如上帝在
基督裏饒恕了你們一樣。

西 3 13倘若這人與那人有嫌隙，總要彼此包容，彼此饒恕；主
怎樣饒恕了你們，你們也要怎樣饒恕人。

彼前 4 8最要緊的是彼此切實相愛，因為愛能遮掩許多的罪。

【另參：太六14；路六37；約二十23】

10.12.2.5. 不可報復

出 23 4若遇見你仇敵的牛或驢失迷了路，總要牽回來交給他。
5若看見恨你人的驢壓臥在重馱之下，不可走開，務要和
驢主一同抬開重馱。

箴 24 17你仇敵跌倒，你不要歡喜；他傾倒，你心不要快樂……
25 21你的仇敵若餓了，就給他飯吃；若渴了，就給他水
喝；22因為，你這樣行就是把炭火堆在他的頭上；耶和華
也必賞賜你。

羅 12 17不要以惡報惡；眾人以為美的事要留心去做。18若是能
行，總要盡力與眾人和睦。

10.12.2.6. 饒恕是一種美德，而被饒恕是一種福氣

詩 32 1得赦免其過、遮蓋其罪的，這人是有福的！

箴 19 11人有見識就不輕易發怒；寬恕人的過失便是自己的
榮耀。

10.12.2.7. 不為自己伸冤，也不可以不饒恕別人

約　8 [7]他們還是不住地問他，耶穌就直起腰來，對他們說：「你
們中間誰是沒有罪的，誰就可以先拿石頭打她。」
羅 12 [19]親愛的弟兄，不要自己伸冤，寧可讓步，聽憑主怒；因
為經上記著：「主說：『伸冤在我；我必報應。』」

【另參：本篇7.3.憎恨】

10.13. 尊重

我們都需要被人尊重，不過我們首先要尊重別人，以致獲得別人的尊重。聖經教訓我們要尊重上帝，要尊重上帝的說話。聖經教訓我們，上帝按祂的形像造人，所以每個人都有上帝的形像，都是尊貴的。可惜始祖犯罪墮落，導致上帝的形像扭曲，因此我們會認為有些人的品格太差，不值得尊重。其實縱使是罪大惡極的人，亦有殘餘的上帝形像。我們要學習尊重人，同時又反對罪惡，實在並不容易。因此，我們需要依靠主的力量，尊重別人，尊重父母及長者，尊重為主工作的人，尊重同輩及晚輩。

一個願意尊重別人的人，必然獲得別人的尊重。

10.13.1. 尊重的對象

10.13.1.1. 要尊上帝為聖

出 3 [5]上帝說：「不要近前來。當把你腳上的鞋脫下來，因為你
所站之地是聖地」；[6]又說：「我是你父親的上帝，是亞伯
拉罕的上帝，以撒的上帝，雅各的上帝。」摩西蒙上臉，
因為怕看上帝。

撒上 2 [2]只有耶和華為聖；除他以外沒有可比的，也沒有磐石像
我們的上帝。

10.13.1.2. 要尊安息日為聖

出 20 [11]因為六日之內，耶和華造天、地、海，和其中的萬物，
第七日便安息，所以耶和華賜福與安息日，定為聖日。

出 35 [2]六日要做工，第七日乃為聖日，當向耶和華守為安息聖
日。凡這日之內做工的，必把他治死。

10.13.1.3. 要尊所獻上的祭物為聖

利 27 [9]所許的若是牲畜，就是人獻給耶和華為供物的，凡這一
類獻給耶和華的，都要成為聖。……[30]地上所有的，無論
是地上的種子是樹上的果子，十分之一是耶和華的，是歸
給耶和華為聖的。

民 18 [29]奉給你們的一切禮物，要從其中將至好的，就是分別為
聖的，獻給耶和華為舉祭。

【另參：創二3；出三十一13】

10.13.1.4. 要尊重上帝的話及祂的聖物

民 18 [32]你們從其中將至好的舉起，就不至因這物擔罪。你們不
可褻瀆以色列人的聖物，免得死亡。

尼 8 [5]以斯拉站在眾民以上，在眾民眼前展開這書。他一展
開，眾民就都站起來。

10.13.1.5. 要尊重上帝所揀選及為祂作工的人

撒上24 [4]大衛就起來，悄悄地割下掃羅外袍的衣襟。……[6]……
說：「……我在耶和華面前萬不敢伸手害他，因他是耶和
華的受膏者。」【參1～6節】

帖前 5 [13]又因他們所做的工，用愛心格外尊重他們。你們也要彼
此和睦。

提前 5 [17]那善於管理教會的長老，當以為配受加倍的敬奉；那勞
苦傳道教導人的，更當如此。

10.13.1.6. 要尊重父母

出 20 [12]當孝敬父母，使你的日子在耶和華——你上帝所賜你的
地上得以長久。【參利十九3；弗六1】

箴 1 [8]我兒，要聽你父親的訓誨，不可離棄你母親的法則。【參
箴六20】

西 3 [20]你們作兒女的，要凡事聽從父母，因為這是主所喜悅的。

10.13.1.7. 其他：夫妻要彼此尊重；要尊重家中的兒女；要尊敬長者

弗 5 [33]然而，你們各人都當愛妻子，如同愛自己一樣。妻子也
當敬重她的丈夫。

提前 3 [4]好好管理自己的家，使兒女凡事端莊順服。

提前 5 [1]不可嚴責老年人，只要勸他如同父親；勸少年人如同弟
兄；[2]勸老年婦女如同母親；勸少年婦女如同姊妹；總要
清清潔潔的。

10.14. 責任感

聖經記載上帝本來將管理大地的責任交給始祖，可惜他們犯罪跌倒。始祖犯罪後的其中一種表現，就是推卸責任，所以人類往往犯上不負責任的錯誤。作為基督徒，我們需要確定上帝對我們人生的召命。當人認定上帝的託付，完成責任，才算得對主忠心。此外，我們可從自己在社會上的身分和角色，了解自己的責任。為人兒女、為人父母，作上司或下屬，作為教會的會友，我們有不同的身分和角色，有不同的責任。我們需要憑著上帝所賜的能力，忠誠地完成每一項責任，將來在上帝面前交帳。

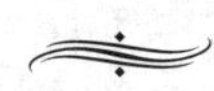

10.14.1. 人的責任感

10.14.1.1. 人慣於將責任推卸給別人

創 3 [12]那人說：「你【指耶和華】所賜給我【指亞當】、與我同居
的女人【指夏娃】，她把那樹上的果子給我，我就吃了。」
[13]……女人說：「那蛇引誘我，我就吃了。」【參三章】

士 6 [13]基甸說：「主啊，耶和華若與我們同在，我們何至遭遇這
一切事【指米甸人壓迫以色列人】呢？……他那樣奇妙的作
為在哪裏呢？現在他卻丟棄我們，將我們交在米甸人手
裏。」【參六章】

結 18 [2]你們在以色列地怎麼用這俗語說「父親吃了酸葡萄，兒子
的牙酸倒了」呢？【這俗語是指「父親所犯的罪，兒子也要
承擔」；參1～30節】。

10.14.1.2. 人有責任管理這世界

創 1 [28]上帝就賜福給他們，又對他們說：「要生養眾多，遍滿地
面，治理這地，也要管理海裏的魚、空中的鳥，和地上各
樣行動的活物。」

詩 8 [6-8]你【指上帝】派他【指人】管理你手所造的，使萬物，就是
一切的牛羊、田野的獸、空中的鳥、海裏的魚，凡經行海
道的，都服在他的腳下。

10.14.1.3. 人有責任承擔犯罪的後果

出 32 [22]亞倫說：「求我主不要發烈怒。……[27]他【指摩西】對他們
【指利未子孫】說：「……你們各人把刀跨在腰間……各人
殺他的弟兄與同伴並鄰舍。」【參三十二章】

撒上15 [20]掃羅對撒母耳說：「……[21]百姓卻在所當滅的物中，取了最
好的牛羊……。」[22]撒母耳說……[23]悖逆的罪與行邪術的罪相
等……。你既厭棄耶和華的命令，耶和華也厭棄你作王。

結 18 [20]惟有犯罪的，他必死亡。兒子必不擔當父親的罪孽，父

親也不擔當兒子的罪孽。義人的善果必歸自己，惡人的惡
報也必歸自己。

【另參：撒下十一1～27，十二13～14；王上十五30；代上二十一8；耶三十一30；結十八30，三十三24；摩三2；約十五22～24】

10.14.1.4. 人要為所作的決定負責任

創 16 [2]撒拉對亞伯蘭說：「……求你和我的使女同房，或者我可
以因她得孩子。」亞伯蘭聽從了撒拉的話。……[5]撒拉對亞
伯蘭說：「……我將我的使女放在你懷中，她見自己有了
孕，就小看我。」

太 27 [24]彼拉多見說也無濟於事，反要生亂，就拿水在眾人面前
洗手，說：「流這義人【指耶穌】的血，罪不在我，你們承
當吧。」

約 3 [18]信他的人，不被定罪；不信的人，罪已經定了，因為他
不信上帝獨生子的名。[19]光來到世間，世人因自己的行為
是惡的，不愛光，倒愛黑暗，定他們的罪就是在此。

【另參：創二16，三17，二十五31～33，二十七36；申十一26～28，代上二十1～7；代下十九5～7】

10.14.1.5. 人要為自己的行為負責任

羅 14 [12]這樣看來，我們各人必要將自己的事在上帝面前說明。

加 6 [4]各人應當察驗自己的行為；這樣，他所誇的就專在自
己，不在別人了，[5]……各人必擔當自己的擔子。

雅 1 [13]人被試探，不可說：「我是被上帝試探」；因為上帝不能
被惡試探，他也不試探人。[14]但各人被試探，乃是被自己
的私欲牽引誘惑的。[15]私欲既懷了胎，就生出罪來；罪既
長成，就生出死來。

【另參：彼前四4】

10.14.1.6. 人要為所受託的工作負責任

結 3 [17]……我立你……替我警戒他們。[18]……你若不警戒他……
這惡人必死在罪孽之中；我卻要向你討他喪命的罪。[19]倘
若你警戒惡人，他仍不轉離罪惡……他必死在罪孽之中，
你卻救自己脫離了罪。

羅 1 [5]我們從他受了恩惠並使徒的職分，在萬國之中叫人為他
的名信服真道。

林前 3 [8]栽種的和澆灌的，都是一樣，但將來各人要照自己的工
夫得自己的賞賜。[9]因為我們是與上帝同工的……。[10]我照
上帝所給我的恩……立好了根基……只是各人要謹慎怎樣
在上面建造。

【另參：出十八14～24；太二十五14～30；路十九11～27；約十11～14】

10.14.1.7. 作牧者的有責任照顧羊羣

耶 23 [2]耶和華……說：「你們趕散我的羊羣，並沒有看顧他們；
我必討你們這行惡的罪。這是耶和華說的。……[4]我必設
立照管他們的牧人，牧養他們。」

結 34 [2]……禍哉！以色列的牧人只知牧養自己。牧人豈不當牧
養羣羊嗎？……[5]因無牧人，羊就分散；既分散……[6]我的
羊在諸山間、在各高岡上流離，在全地上分散，無人去
尋，無人去找。

10.14.1.8. 人在言語上要負責任

太 12 [36]我又告訴你們，凡人所說的閒話，當審判的日子，必要
句句供出來。

彼前 4 [4]他們在這些事上，見你們不與他們同奔那放蕩無度的
路，就以為怪，毀謗你們。[5]他們必在那將要審判活人死
人的主面前交帳。

10.14.1.9. 人在信仰上要負責任

申　4 [9]你只要謹慎，殷勤保守你的心靈，免得忘記你親眼所看
見的事，又免得你一生、這事離開你的心；總要傳給你的
子子孫孫。

路 17 [3]你們要謹慎！若是你的弟兄得罪你，就勸戒他；他若懊
悔，就饒恕他。

提前 4 [14]你不要輕忽所得的恩賜，就是從前藉著預言、在眾長老
按手的時候賜給你的。

10.14.2. 負責任的原因

10.14.2.1. 各人應安守本分

加　6 [5]因為各人必擔當自己的擔子。

帖前 4 [11]又要立志作安靜人，辦自己的事，親手做工，正如我們
從前所吩咐你們的。

帖後 3 [12]我們靠主耶穌基督吩咐、勸戒這樣的人，要安靜做工，
吃自己的飯。

10.14.2.2. 信徒要向上帝交賬

林前 3 [8]栽種的和澆灌的，都是一樣，但將來各人要照自己的工
夫得自己的賞賜。……[13]各人的工程必然顯露，因為那日
子要將它表明出來，有火發現；這火要試驗各人的工程
怎樣。

林後 5 [10]因為我們眾人必要在基督台前顯露出來，叫各人按著本
身所行的，或善或惡受報。

彼前 4 [4]他們在這些事上，見你們不與他們同奔那放蕩無度的
路，就以為怪，毀謗你們。[5]他們必在那將要審判活人死
人的主面前交帳。

【另參；太十八6～9；可九42～50；路十七1～2】

10.14.2.3. 一人的行為會影響整個羣體

書 7 [1]以色列人在當滅的物上犯了罪；因為猶大支派中，謝拉
的曾孫，撒底的孫子，迦米的兒子亞干取了當滅的物；耶
和華的怒氣就向以色列人發作。【參1～26節】

太 16 [6]耶穌對他們說：「你們要謹慎，防備法利賽人和撒都該人
的酵。」……[12]門徒這才曉得他說的不是叫他們防備餅的
酵，乃是防備法利賽人和撒都該人的教訓。【參可八14～
21；路十二1】

10.14.2.4. 上帝會按我們所行的報以賞罰

出 4 [10]摩西對耶和華說：「主啊，我素來不是能言的人……。」
[11]耶和華對他說：「誰造人的口呢？……豈不是我——耶和
華嗎？[12]現在去吧，我必賜你口才，指教你所當說的話。」

路 12 [48]……因為多給誰，就向誰多取；多託誰，就向誰多要。

10.14.2.5. 其他：不盡責的必被丟棄；負責任的人明白自己的限制

路 13 [6]……一個人有一棵無花果樹栽在葡萄園裏。他來到樹前
找果子，卻找不著。[7]就對管園的說：「看哪，我這三年來
到這無花果樹前找果子，竟找不著。把它砍了吧，何必白
佔地土呢！」

徒 6 [1]那時……有說希臘話的猶太人向希伯來人發怨言……[2]十
二使徒……說：「……當從你們中間選出七個……人……
派他們管理這事【指教會事務】。[4]但我們要專心以祈禱、
傳道為事。」

第三篇

社會篇

11. 社會上不同的主義

11.1. 物質主義

上帝創造這個物質世界，讓人類獲得各種福分。可惜，人類卻本末倒置，將能朽壞的物質與不能朽壞的上帝的位置顛倒過來。結果，人類變得貪圖物質享受，沉迷在享樂之中。其實，真正高素質的生活不一定要包括豐富的物質享受，更重要的是人際關係的建立和締造心靈空間。上帝創造世界充滿美感，形成各種文化遺產。我們需要提升追求的層次，注意心靈上對精神文明世界的渴求，更重要的是珍惜與上帝的關係。當我們被物質及科技發展吸引，以致將短暫存留的東西取代永恆的上帝的時候，就會陷入物質主義的陷阱。

11.1.1. 物質事物的價值

11.1.1.1. 所有物質都是上帝所賜的

伯 1 [21]我【指約伯】赤身出於母胎，也必赤身歸回；賞賜的是耶和華，收取的也是耶和華。耶和華的名是應當稱頌的。【參一14～19】

伯 41 [11]誰先給我【指上帝】甚麼，使我償還呢？天下萬物都是我的。

詩 24 [1]地和其中所充滿的，世界和住在其間的，都屬耶和華。[2]他把地建立在海上，安定在大水之上。

【另參：詩五十9～12，一〇二25】

11.1.1.2. 物質不能永存

詩102 [26]天地都要滅沒……你要將天地如裏衣更換，天地就改變了。

傳 5 [15]他怎樣從母胎赤身而來，也必照樣赤身而去；他所勞碌得來的，手中分毫不能帶去。

雅 5 [1]噓！你們這些富足人哪，應當哭泣、號咷……。[2]你們的財物壞了，衣服也被蟲子咬了。[3]你們的金銀都長了銹；那銹要證明你們的不是，又要吃你們的肉，如同火燒。

【另參：箴十一28；傳一2】

11.1.1.3. 上帝比物質豐富更好

詩 4 [7]你【指上帝】使我心裏快樂，勝過那豐收五穀新酒的人。

詩119 [162]我喜愛你的話，好像人得了許多擄物。

箴 15 [16]少有財寶，敬畏耶和華，強如多有財寶，煩亂不安。

【另參：詩三十七16～17，一一九72；結四十四28】

11.1.2. 如何處理物質事物

11.1.2.1. 不要貪戀

創 45 [20]你們【指以色列人】眼中不要愛惜你們的家具……。

出 16 [19]摩西對他們說：「所收的【指嗎哪】，不許甚麼人留到早
晨。」[20]然而他們不聽摩西的話，內中有留到早晨的，就
生蟲變臭了……。

賽 31 [1]禍哉！那些下埃及求幫助的……[3]埃及人不過是人……他
們的馬不過是血肉，並不是靈。耶和華一伸手，那幫助
人的必絆跌，那受幫助的也必跌倒，都一同滅亡。

【另參：書八1～2】

11.1.2.2. 將擁有的獻給上帝

出 22 [29]你要從你莊稼中的穀和酒醡中滴出來的酒拿來獻上，不
可遲延。你要將頭生的兒子歸給我【指上帝】。

民 7 [1]摩西立完了帳幕，就把帳幕用膏抹了……使它成聖。[2]當
天，以色列的眾首領，就是各族的族長，都來奉
獻。……[3]他們把自己的供物送到耶和華面前，就
是……。【參七章】

11.1.2.3. 享受勞碌得來的，因這是上帝所賜的

申 25 [19]所以耶和華——你上帝使你不被四圍一切的仇敵擾亂，
在耶和華——你上帝賜你為業的地上得享平安。

傳 3 [13]並且人人吃喝，在他一切勞碌中享福，這也是上帝的
恩賜。

傳 5 [18]我所見為善為美的，就是人在上帝賜他一生的日子吃
喝，享受日光之下勞碌得來的好處，因為這是他的分。

【另參：傳二24，四8】

11.2. 樂觀主義

人生充滿各種各類的挑戰，若我們未戰而降，結果就是無法衝破心理障礙，發揮內在潛能，突破自己，克服困難。樂觀並非盲目地自信，而是根據事實作客觀分析及評估，在認識問題的範圍及複雜程度後，憑信心交託上帝，盡力解決困難，相信上帝有最終的主權，有美好的旨意及安排。樂觀並非低估問題的複雜性，而是相信上帝會介入人世間的活動，使事情出現變化和轉機。樂觀是相信上帝的恩典豐富，在人能力範圍以外的事情，上帝都在掌管。基督徒的人生觀是積極而正面的，並且以上帝為中心，所以基督徒對未來是樂觀的。

11.2.1. 樂觀的生活態度

11.2.1.1. 有勇氣面對困難

書 1 [6]你當剛強壯膽！因為你必使這百姓承受那地為業，就是
我向他們列祖起誓應許賜給他們的地。

書 1 [18]無論甚麼人違背你的命令，不聽從你所吩咐他的一切
話，就必治死他。你只要剛強壯膽！

撒上17 [32]大衛對掃羅說：「人都不必因那非利士人膽怯。你的僕
人要去與那非利士人戰鬥。」

11.2.1.2. 凡事倚靠上帝

詩 31 [24]凡仰望耶和華的人，你們都要壯膽，堅固你們的心！

詩112 [7]他必不怕凶惡的信息；他心堅定，倚靠耶和華。[8]他心確
定，總不懼怕，直到他看見敵人遭報。

羅 4 [21]且滿心相信上帝所應許的必能做成。

【另參：書一9；詩四十二5】

11.2.1.3. 相信上帝的拯救

詩 34 [19]義人多有苦難，但耶和華救他脫離這一切。

詩112 [4]正直人在黑暗中，有光向他發現；他有恩惠，有憐憫，
有公義。

詩121 [1]我要向山舉目；我的幫助從何而來？[2]我的幫助從造天地
的耶和華而來。

11.3. 悲觀主義

所謂人生不如意事十常八九，人生確實是無常和虛幻的。聖經描述始祖犯罪墮落後經歷種種挫折。人生在世努力經營的一切，最終在離世的一刻都不能帶走。人生好像充滿無奈，其中好像沒有具永恆價值的事物。聖經教導我們在短暫的人生裏要敬畏上帝，要為自己的成就感恩，同時欣然接納自己的限制，以喜樂面對各種困境。埋怨自己或別人，根本無法改變現狀，只有放下灰心消極的情緒，鼓起勇氣前進，才能經歷突破。在基督信仰中，人可以由悲觀的心境轉化為信賴上帝的幫助，存感恩的心生活。

11.3.1. 悲觀者的表現

11.3.1.1. 常發怨言

出 16 [3]說：「巴不得我們早死在埃及地、耶和華的手下；那時我們坐在肉鍋旁邊，吃得飽足。你們將我們領出來，到這曠野，是要叫這全會眾都餓死啊！」【參1～21節】

民 14 [36]摩西所打發、窺探那地的人回來，報那地的惡信，叫全
會眾向摩西發怨言，[37]這些報惡信的人都遭瘟疫，死在耶
和華面前。[38]其中惟有嫩的兒子約書亞和耶孚尼的兒子迦
勒仍然存活。

11.3.1.2. 只看到消極的一面

民 13 [27]【指窺探迦南地的探子】又告訴摩西說：「我們到了你所打
發我們去的那地，果然是流奶與蜜之地……[28]然而……並
且……。」【參十三章】

王上19 [4]自己【指以利亞】在曠野走了一日的路程，來到一棵羅騰樹下，就坐在那裏求死……。【以利亞求死是因為他被耶洗別追殺；參十九章】

王上22 [8]以色列王對約沙法說：「還有一個人……我們可以託他求問耶和華。只是我恨他；因為他指著我所說的預言，不說吉語，單說凶言。」約沙法說：「王不必這樣說。」

12. 生命倫理

12.1. 生命

生命是上帝所賜的，人生的路徑是上帝安排的。我們應該以上帝的旨意為人生的方向，放棄以名譽、地位、成就作為衡量人生意義的標準。人生短暫，若能夠對家人、教會、社會、世界帶來貢獻，亦可說不枉此生。人生的意義不在乎曾經擁有甚麼，而是在乎能否服事有需要的人。一個以上帝為中心的人最能夠享受豐盛的生命。當人看輕短暫人生的成敗得失，必然能夠展開屬靈的視野，看見上帝的呼召和託付。每個信徒都應該從召命的角度看自己的人生，將自己的前途奉獻給上帝，實踐門徒精神。

12.1.1. 生命是由上帝創造的

12.1.1.1. 生命是上帝所賜的

創　2 [7]耶和華上帝用地上的塵土造人，將生氣吹在他鼻孔裏，
他就成了有靈的活人，名叫亞當。

詩139 [13]我的肺腑是你所造的；我在母腹中，你已覆庇我。[14]我
要稱謝你，因我受造，奇妙可畏；你的作為奇妙，這是
我心深知道的。

12.1.1.2. 上帝命定生死

傳　3 [1]凡事都有定期，天下萬務都有定時。[2]生有時，死有時。

耶　1 [5]我未將你造在腹中，我已曉得你；你未出母胎，我已分
別你為聖；我已派你作列國的先知。

路 12 [20]上帝卻對他說：「無知的人哪，今夜必要你的靈魂；你
所預備的要歸誰呢？」[21]凡為自己積財，在上帝面前卻不
富足的，也是這樣。」【參16～20節】

【另參：伯十四5；本書個人生活篇8.6.面對嬰孩的出生及8.7.面對死亡】

12.1.2. 人應如何看生命

12.1.2.1. 要珍惜生命

詩 39 [4]耶和華啊，求你叫我曉得我身之終！我的壽數幾何？叫
我知道我的生命不長！

詩 90 [12]求你指教我們怎樣數算自己的日子，好叫我們得著智慧
的心。

12.1.2.2. 認識生命的短暫

代上29 [15]我們在你面前是客旅，是寄居的，與我們列祖一樣。我
們在世的日子如影兒，不能長存。

伯 7 [6]我的日子比梭更快，都消耗在無指望之中。
雅 4 [14]其實明天如何，你們還不知道。你們的生命是甚麼呢？
你們原來是一片雲霧，出現少時就不見了。

【另參：創四十七9；伯九25，十四1；詩三十九5～6，九十9～10，一一四4；傳六12】

12.1.2.3. 認識生命是會衰殘的

創 3 [19]你必汗流滿面才得糊口，直到你歸了土，因為你是從土
而出的。你本是塵土，仍要歸於塵土。
詩102 [11]我的年日如日影偏斜；我也如草枯乾。
彼前 1 [24]因為凡有血氣的，盡都如草；他的美榮都像草上的花。
草必枯乾，花必凋謝。

【另參：創三十五29；傳三19～21】

12.1.2.4. 要享受生命，並要記念造物主

傳 3 [12]我知道世人，莫強如終身喜樂行善；[13]並且人人吃喝，在
他一切勞碌中享福……。
傳 9 [9]在你一生虛空的年日，就是上帝賜你在日光之下虛空的
年日，當同你所愛的妻，快活度日，因為那是你生前在
日光之下勞碌的事上所得的分。
傳 12 [1]你趁著年幼、衰敗的日子尚未來到，就是你所說，
我毫無喜樂的那些年日未曾臨近之先，當記念造你
的主。

12.1.2.5. 要善用生命來讚美上帝

詩119 [175]願我的性命存活，得以讚美你！願你的典章幫助我！
詩150 [6]凡有氣息的都要讚美耶和華！你們要讚美耶和華！
徒 20 [24]我卻不以性命為念，也不看為寶貴，只要行完我的路
程，成就我從主耶穌所領受的職事，證明上帝恩惠的
福音。

12.1.3. 屬靈生命

【參本書個人生活篇8.6.面對嬰孩的出生】

12.2. 墮胎

創世記一章27節指出人是按上帝的形像被創造。未出生的胎兒是上帝的賞賜，同時上帝對每一個生命都有神聖的計劃。我們應該尊重婚姻及夫婦彼此委身的責任，重視生兒育女的決定，承擔作父母親的責任，因為生命本身是神聖的。只有在母親生命受威脅及胎兒被驗出有嚴重殘疾的情況下，才可以考慮墮胎，面對這樣的抉擇，亦應該在上帝面前懇切尋求上帝的心意。

生命本身是神聖的，為人父母的需要有足夠心理的準備培育小生命成長，千萬不要隨便放棄寶貴的生命。我們有沒有注意到周圍有不少未認識上帝的人漠視生命的尊嚴？他們正需要被提醒，你願意將這信息傳遞給別人嗎？

12.2.1. 不可墮胎的原因

12.2.1.1. 生命是上帝所賜的

創　2 [7]耶和華上帝用地上的塵土造人，將生氣吹在他鼻孔裏，
他就成了有靈的活人，名叫亞當。

詩127 [3]兒女是耶和華所賜的產業；所懷的胎是他所給的賞賜。

12.2.1.2. 嬰兒在母腹中已有生命

詩139 [13]我的肺腑是你所造的；我在母腹中，你已覆庇
我。……[15]我在暗中受造，在地的深處被聯絡；那時，我
的形體並不向你隱藏。[16]我未成形的體質，你的眼早已
看見了。

路　1 [41]伊利莎白一聽馬利亞問安，所懷的胎就在腹裏跳動。

12.2.1.3. 上帝早已為每一個生命計劃一切

賽 44 [2]造做你，又從你出胎造就你，並要幫助你的耶和華如此
說：我的僕人雅各，我所揀選的耶書崙哪，不要害怕！

耶　1 [5]我未將你造在腹中，我已曉得你；你未出母胎，我已分
別你為聖；我已派你作列國的先知。

12.2.2. 上帝看墮胎

12.2.2.1. 上帝看重並保護生命

創　8 [17]在你那裏凡有血肉的活物，就是飛鳥、牲畜，和一切爬
在地上的昆蟲，都要帶出來，叫牠在地上多多滋生，大
大興旺。

創 16 [10]我【指上帝】必使你的後裔極其繁多，甚至不可勝數。

出 21 [22]人若彼此爭鬥，傷害有孕的婦人，甚至墜胎，隨後卻無
別害，那傷害她的，總要按婦人的丈夫所要的，照審判
官所斷的，受罰。

12.2.2.2. 上帝憎惡人傷害兒女的生命

利 18 [21]不可使你的兒女經火歸與摩洛，也不可褻瀆你上帝的
名。我是耶和華。

申 12 [31]你不可向耶和華——你的上帝這樣行，因為他們【指外
邦人】向他們的神行了耶和華所憎嫌所恨惡的一切事，甚
至將自己的兒女用火焚燒，獻與他們的神。

12.3. 謀殺

聖經裏嚴禁殺人的行為。殺人就是流別人的血，無辜人的血流在地裏，哀哭聲上達於上帝耳中，上帝必然追討殺人者的罪。舊約聖經的律法定下規範，懲罰謀殺及誤殺的人。不過，在戰爭的情況下殺人或在生命受威脅的情況下殺人，就不算犯罪。新約聖經馬太福音裏提出更高的要求，就是內心憎恨別人亦等於謀殺。若按照主耶穌所吩咐愛人如己的標準看來，上帝不單要求我們不要殺害無辜，同時要求我們不要憎恨仇敵，甚至要寬恕及愛護敵人。當人內心被愛充滿的時候，就減少仇恨或報復的心態。

12.3.1. 殺人者犯了十誡

出 20 [13]不可殺人。【參申五17】

太 5 [21]你們聽見有吩咐古人的話，說：「不可殺人……凡殺人的難免受審判。」

12.3.2. 仇恨使人殺人

創 4 [8]該隱與他兄弟亞伯說話；二人正在田間。該隱起來打他兄弟亞伯，把他殺了。【參3～7節】

創 27 [41]以掃因他父親給雅各祝的福，就怨恨雅各，心裏說：「為我父親居喪的日子近了，到那時候，我要殺我的兄弟雅各。」

徒 23 [14]他們【指猶太人】來見祭司長和長老，說：「我們已經起了一個大誓，若不先殺保羅就不吃甚麼。[15]……不等他來到跟前就殺他。」

12.3.3. 憎恨相等於殺人

太 5 [21]你們聽見有吩咐古人的話……說：「凡殺人的難免受審判。」[22]只是我告訴你們，凡向弟兄動怒的，難免受審斷；凡罵弟兄是拉加的，難免公會的審斷；凡罵弟兄是魔利的，難免地獄的火。

約壹 3 [15]凡恨他弟兄的，就是殺人的；你們曉得凡殺人的，沒有永生存在他裏面。

12.3.4. 上帝必追討殺人的罪

創 9 [5]流你們血、害你們命的，無論是獸是人，我必討他的罪，就是向各人的弟兄也是如此。[6]凡流人血的，他的血也必被人所流，因為上帝造人是照自己的形像造的。

摩　3 [2]在地上萬族中，我【指上帝】只認識你們；因此，我必追
討你們的一切罪孽。

13. 性倫理

13.1. 兩性關係

聖經記載人是按上帝形像被創造，有身體及靈魂。上帝造男造女，目的是讓他們成為夥伴，共走人生旅程。上帝的旨意是男女二人結合成為夫婦，在心靈和肉體上完全結合，彼此分享分擔。人有性的衝動和需要，按上帝的設計，夫婦二人可以在愛的關係中享受性的滿足。真正的愛並非佔有。真正的愛包括對委身的對象忠貞。因此，人要謹慎自己，免得陷入性的試探裏。在這個色欲文化潮流裏，我們要保守自己的思想純潔，避免成為性欲的奴隸，要小心與異性的交往，讓自己在美滿和諧的婚姻關係中享受性的生活。

13.1.1. 維持正常的性關係

13.1.1.1. 夫妻才可進行性行為

箴 5 [15]你要喝自己池中的水，飲自己井裏的活水。……[18]要使你
的泉源蒙福；要喜悅你幼年所娶的妻。[19]……願她的胸懷
使你時時知足，她的愛情使你常常戀慕。

來 13 [4]婚姻，人人都當尊重，牀也不可污穢。

13.1.1.2. 要逃避「性」試探

林前 7 [5]夫妻不可彼此虧負，除非兩相情願，暫時分房，為要專
心禱告方可；以後仍要同房，免得撒但趁著你們情不自
禁，引誘你們。

弗 5 [3]至於淫亂並一切污穢，或是貪婪，在你們中間連提都不
可，方合聖徒的體統。

西 3 [5]所以，要治死你們在地上的肢體，就如淫亂、污穢、邪
情、惡欲，和貪婪(貪婪就與拜偶像一樣)。

【另參：太五27～29；帖前四3～5】

13.1.1.3. 婚姻以外的性關係會令己身受損

箴 6 [25]你心中不要戀慕她的美色，也不要被她眼皮勾引。……
[28]人若在火炭上走，腳豈能不燙呢？[29]親近鄰舍之妻的，
也是如此；凡挨近她的，不免受罰。

林前 6 [18]……無論甚麼罪，都在身子以外，惟有行淫的，是得罪
自己的身子。……[20]因為你們是重價買來的。所以，要在
你們的身子上榮耀上帝。

13.1.2. 上帝恨惡行淫

13.1.2.1. 摩西律法已闡明不許行淫

出 20 [14]不可姦淫。

箴 6 [32]與婦人行淫的，便是無知；行這事的，必喪掉生命。

13.1.2.2. 上帝不喜悅人奪他人的妻子

創 20 [3]但夜間，上帝來，在夢中對亞比米勒說：「你是個死人哪！因為你取了那女人【指撒拉】來；她原是別人的妻子。」

出 20 [17]……不可貪戀人的妻子……。【參申五21】

13.1.2.3. 其他：行淫與拜偶像相連；上帝不許行淫的人事奉祂；動淫念與行淫相同

民 25 [1]以色列人住在什亭，百姓與摩押女子行起淫亂。[2]因為這女子叫百姓來，一同給她們的神獻祭，百姓就吃她們的祭物，跪拜她們的神。

耶 7 [9]你們【指以色列人】……姦淫……並隨從素不認識的別神，
[10]且來到這稱為我名下的殿，在我面前敬拜；又說：「我們可以自由了。」你們這樣的舉動是要行那些可憎的事嗎？

太 5 [27]你們聽見有話說：「不可姦淫。」[28]只是我告訴你們，凡看見婦女就動淫念的，這人心裏已經與她犯姦淫了。

13.1.3. 行淫的人的特徵

13.1.3.1. 淫婦利用各種方法引誘人行淫

創 39 [7]……約瑟主人的妻以目送情給約瑟……。

箴 5 [3]因為淫婦的嘴滴下蜂蜜；她的口比油更滑。

彼後 2 [14]他們【指淫婦】滿眼是淫色，止不住犯罪，引誘那心不堅固的人，心中習慣了貪婪，正是被咒詛的種類。

13.1.3.2. 其他：只能行在黑暗中；淫婦不承認行淫；人在溫飽時就會動淫念

伯 24 [15]姦夫等候黃昏，說：必無眼能見我，就把臉蒙蔽。

箴 30 [20]淫婦的道也是這樣：她吃了，把嘴一擦就說：我沒有行惡。

耶 5 [7]……我【指耶和華】使他們飽足，他們就行姦淫，成羣地
聚集在娼妓家裏。[8]他們像餵飽的馬到處亂跑，各向他鄰
舍的妻發嘶聲。

13.1.4. 行淫的結果

13.1.4.1. 淫婦奪取人的錢財及性命

箴 2 [16]……淫婦，就是那油嘴滑舌的外女。[17]她離棄幼年的配
偶，忘了上帝的盟約。……[19]凡到她那裏去的，不得轉
回，也得不著生命的路。

箴 6 [32]與婦人行淫的，便是無知；行這事的，必喪掉生命。
[33]他必受傷損，必被凌辱；他的羞恥不得塗抹。

箴 29 [3]……與妓女結交的，卻浪費錢財。

【另參：箴五7～11，七21～23；林前十五33】

13.1.4.2. 其他：破壞家庭；人難以擺脫淫行

伯 31 [9]我若受迷惑，向婦人起淫念，在鄰舍的門外蹲伏，[10]就
願我的妻子給別人推磨，別人也與她同室。[11]因為這是
大罪……。[12]這本是火焚燒，直到毀滅，必拔除我所有的
家產。

箴 5 [20]我兒，你為何戀慕淫婦？為何抱外女的胸懷？[21]因為，
人所行的道都在耶和華眼前；他也修平人一切的路。[22]惡
人必被自己的罪孽捉住；他必被自己的罪惡如繩索纏繞。

13.1.5. 上帝對待行淫的人

13.1.5.1. 懲罰行淫的人

申 22 [23]若有處女已經許配丈夫，有人在城裏遇見她，與她行
淫，[24]你們……用石頭打死——女子是因為雖在城裏卻沒
有喊叫；男子是因為玷污別人的妻。這樣，就把那惡從你

們中間除掉。

撒下12 [14]只是你【指大衛】行這事【指大衛與拔示巴通姦】，叫耶和華的仇敵大得褻瀆的機會，故此，你所得的孩子必定要死。

加 5 [19]情欲的事都是顯而易見的，就如姦淫……[21]……行這樣事的人必不能承受上帝的國。

【另參：彼後二9～10】

13.1.5.2. 若肯悔改除去淫行，必得赦免

詩 51 [1]上帝啊，求你按你的慈愛憐恤我！按你豐盛的慈悲塗抹我的過犯！……[12]求你使我仍得救恩之樂，賜我樂意的靈扶持我。【參1～19節】

約 8 [10]耶穌……對她說：「婦人【指行淫時被捉拿的婦人】，那些人在哪裏呢？沒有人定你的罪嗎？」[11]她說：「主啊，沒有。」耶穌說：「我也不定你的罪。去吧，從此不要再犯罪了！」【參1～11節】

13.1.5.3. 其他：上帝會任憑人放縱情欲；上帝幫助逃避行淫的人

羅 1 [26]……上帝任憑他們放縱可羞恥的情欲。他們的女人把順性的用處變為逆性的用處；[27]男人也是如此……。[28]他們既然故意不認識上帝，上帝就任憑他們存邪僻的心，行那些不合理的事。

彼後 2 [9]主知道搭救敬虔的人脫離試探，把不義的人留在刑罰之下，等候審判的日子。

13.1.6. 如何逃避淫行

13.1.6.1. 謹守自己的眼和心，並要行在上帝的誡命中

伯 31 [1]我與眼睛立約，怎能戀戀瞻望處女呢？

箴 4 [23]你要保守你心，勝過保守一切，因為一生的果效是由心
發出。

箴 6 [23]因為誡命是燈，法則是光，訓誨的責備是生命的道，
[24]能保你遠離惡婦，遠離外女諂媚的舌頭。[25]你心中不要
戀慕她的美色，也不要被她眼皮勾引。

【另參：箴二16，五3～8；徒十五20～29】

13.1.6.2. 其他：要戀慕家中的妻子；認知身子是基督的肢體

箴 5 [15]你要喝自己池中的水，飲自己井裏的活水。……[18]要使你
的泉源蒙福；要喜悅你幼年所娶的妻。[19]她如可愛的麀
鹿，可喜的母鹿；願她的胸懷使你時時知足，她的愛情
使你常常戀慕。

林前 6 [15]豈不知你們的身子是基督的肢體嗎？……[17]但與主聯合
的，便是與主成為一靈。[18]你們要逃避淫行。人所犯的，
無論甚麼罪，都在身子以外，惟有行淫的，是得罪自己
的身子。

13.2. 同性戀

聖經清楚反對同性之間的性行為，可惜有些論點指舊約聖經主要反對在異教崇拜下的同性性行為，而新約聖經所反對的是男妓而不是同性性行為。有些觀點指同性戀者亦可以有忠貞的愛情，甚至可以要求獲得合法婚姻的地位。面對很多似是而非的論點，我們需要重申聖經反對同性性行為的立場。當然，同性戀者在工作及社會上同樣可以作出貢獻，而同性戀者亦是人，應該得到我們的尊重，但我們卻反對同性性行為。

我們反對同性性行為，卻並非打壓同性戀者。教會作為見證真理的羣體需要有明確的立場，同時亦應該有容讓同性戀者回轉的空間。

13.2.1. 同性戀早於古聖經時代已出現

創 19 [1]那兩個天使晚上到了所多瑪⋯⋯[3]⋯⋯到他【指羅得】屋
裏。⋯⋯[4]⋯⋯所多瑪城裏各處的人⋯⋯[5]呼叫羅得說：
「⋯⋯把他們帶出來，任我們所為。」【參1～11節】
士 19 [20]老年人⋯⋯[21]於是領他們【指利未人及他的僕人】到家
裏⋯⋯[22]⋯⋯城中的匪徒圍住房子，連連叩門，對房主老
人說：「你把那進你家的人帶出來，我們要與他交合。」
【參十九章】

13.2.2. 上帝看同性戀為可憎的事，定必審判

利 20 [13]人若與男人苟合，像與女人一樣，他們二人行了可憎的
事，總要把他們治死，罪要歸到他們身上。【參十八22】
申 23 [17]⋯⋯以色列的男子中不可有孌童。
羅 1 [18]原來，上帝的忿怒從天上顯明在一切不虔不義的人身
上⋯⋯[27]男人也是如此，棄了女人順性的用處，欲火攻
心，彼此貪戀，男和男行可羞恥的事，就在自己身上受
這妄為當得的報應。

【另參：林前六9～10；提前一9】

13.3. 女性地位

聖經教導我們上帝造男造女，因此女性同樣獲得上帝的祝福。在舊約聖經裏，以斯帖扭轉了以色列民族的命運；新約聖經裏，主耶穌基督的母親馬利亞被揀選承擔生養主耶穌的任務。舊約聖經亦記載了不少婦女的事迹，例如外族女子路得信賴上帝並照顧喪夫喪子的婆婆。新約聖經裏記載了在主耶穌復活的清晨，婦女們首先發現空墳墓；保羅的傳道事工，獲得不少婦女的幫助。隨著時代的發展，女性獲得教育和工作的機會。在社會及教會中，女性亦可以擔任領導的角色。因此，我們不應以歧視的眼光看女性，局限她們的發展，應該公平地衡量她們的能力和表現。

13.3.1. 上帝重視女性

13.3.1.1. 女人是按著上帝的形像創造的

創　1 [27]上帝就照著自己的形像造人，乃是照著他的形像造男
造女。

創　2 [22]耶和華上帝就用那人【指亞當】身上所取的肋骨造成一個女
人，領她到那人跟前。[23]那人說：這是我骨中的骨，肉中的
肉，可以稱她為「女人」，因為她是從「男人」身上取出來的。

太 19 [4]耶穌回答說：「那起初造人的，是造男造女。」【參可十6】

13.3.1.2. 在基督裏男女都是平等的，並蒙同樣的祝福

創　1 [28]上帝就賜福給他們【指亞當、夏娃】，又對他們說：「要生
養眾多，遍滿地面，治理這地，也要管理海裏的魚、空中
的鳥，和地上各樣行動的活物。」

加　3 [28]並不分……或男或女，因為你們在基督耶穌裏都成為
一了。

13.3.1.3. 上帝會將福音帶到婦女當中

路　8 [43]有一個女人，患了十二年的血漏……[44]她來到耶穌背後，
摸他的衣裳繸子，血漏立刻就止住了。……[48]耶穌對她
說：「女兒，你的信救了你；平平安安地去吧！」

徒 16 [13]當安息日……我們【指保羅與他的同工】就坐下對那聚會
的婦女講道。[14]有一個賣紫色布疋的婦人，名叫呂底
亞……。他聽見了，主就開導她的心，叫她留心聽保羅
所講的話。

13.3.2. 女性的特質

13.3.2.1. 女性可生產兒女

創　1 [28]上帝就賜福給他們【指亞當、夏娃】，又對他們說：「要生

養眾多，遍滿地面，治理這地，也要管理海裏的魚、空中
的鳥，和地上各樣行動的活物。」

創 3 [16]又對女人說：「……你生產兒女必多受苦楚。」

創 3 [20]亞當給他妻子起名叫夏娃，因為她是眾生之母。

13.3.2.2. 女性能事奉

出 15 [20]亞倫的姊姊，女先知米利暗，手裏拿著鼓；眾婦女也跟
她出去拿鼓跳舞。

士 4 [4]有一位女先知名叫底波拉，是拉比多的妻，當時作以色
列的士師。

羅 16 [1]我對你們舉薦我們的姊妹非比；她是堅革哩教會中的女
執事。

【另參：路二36～37；徒二十一9】

13.3.2.3. 端莊、安靜是合宜的

箴 9 [13]愚昧的婦人喧嚷；她是愚蒙，一無所知。

林前14 [34]婦女在會中要閉口不言，像在聖徒的眾教會一樣……。
[35]她們若要學甚麼，可以在家裏問自己的丈夫，因為婦女
在會中說話原是可恥的。

提前 2 [9]又願女人廉恥、自守，以正派衣裳為妝飾，不以編髮、
黃金、珍珠，和貴價的衣裳為妝飾，[10]只要有善行，這才
與自稱是敬上帝的女人相宜。

【另參：提前二11～15】

13.3.3. 女性在家中的角色

13.3.3.1. 與丈夫成為一體

創 2 [24]因此，人要離開父母，與妻子連合，二人成為一體。

太 19 [5]……人要離開父母，與妻子連合，二人成為一體。這
經你們沒有念過嗎？[6]既然如此，夫妻不再是兩個人，

乃是一體的了。所以，上帝配合的，人不可分開。【參
可十7】

13.3.3.2. 要敬重丈夫

弗 5 [33]……妻子也當敬重她的丈夫。

西 3 [18]你們作妻子的，當順服自己的丈夫，這在主裏面是相
宜的。

彼前 3 [1]你們作妻子的要順服自己的丈夫；這樣，若有不信從道
理的丈夫，他們雖然不聽道，也可以因妻子的品行被感
化過來。

13.3.3.3. 要對家庭負上責任

箴 31 [10]才德的婦人誰能得著呢？……[11]她丈夫心裏倚靠她……
[28]她的兒女起來稱她有福；她的丈夫也稱讚她……[31]願她享
受操作所得的……。

【另參：本篇13.4.婚姻】

13.3.4. 兩性的角色

13.3.4.1. 男女互相依存，彼此平等

創 1 [28]上帝就賜福給他們【指亞當、夏娃】，又對他們說：「要生
養眾多，遍滿地面，治理這地，也要管理海裏的魚、空中
的鳥，和地上各樣行動的活物。」

林前11 [11]然而照主的安排，女也不是無男，男也不是無女。[12]因
為女人原是由男人而出，男人也是由女人而出；但萬有
都是出乎上帝。

13.3.4.2. 女人是男人的助手，男人要敬重女人

創 2 [18]耶和華上帝說：「那人獨居不好，我要為他造一個配偶幫
助他。」

箴 12 [4]才德的婦人是丈夫的冠冕；貽羞的婦人如同朽爛在她丈夫的骨中。

彼前 3 [7]你們作丈夫的也要按情理和妻子同住；因她比你軟弱，與你一同承受生命之恩的，所以要敬重她。這樣，便叫你們的禱告沒有阻礙。

13.3.4.3. 女人是男人的心臟，男人是女人的頭

創 2 [23]那人【指亞當】說：這【指夏娃】是我骨中的骨，肉中的肉，可以稱她為「女人」，因為她是從「男人」身上取出來的。

林前11 [3]我願意你們知道，基督是各人的頭；男人是女人的頭；上帝是基督的頭。[4]凡男人禱告或是講道，若蒙著頭，就羞辱自己的頭。

13.3.5. 寡婦

13.3.5.1. 人應當照顧無依靠的寡婦

提前 5 [3]要尊敬那真為寡婦的。[4]若寡婦有兒女，或有孫子孫女，便叫他們先在自己家中學著行孝，報答親恩，因為這在上帝面前是可悅納的。

雅 1 [27]在上帝我們的父面前，那清潔沒有玷污的虔誠，就是看顧在患難中的孤兒寡婦，並且保守自己不沾染世俗。

13.3.5.2. 對寡婦的勸勉

提前 5 [11]至於年輕的寡婦，就可以辭她；因為她們的情欲發動，違背基督的時候就想要嫁人。……[14]所以我願意年輕的寡婦嫁人，生養兒女，治理家務，不給敵人辱罵的把柄。

多 2 [3]又勸老年婦人，舉止行動要恭敬，不說讒言，不給酒作奴僕，用善道教訓人，[4]好指教少年婦人，愛丈夫，愛兒女，[5]謹守，貞潔，料理家務，待人有恩，順服自己的丈夫，免得上帝的道理被毀謗。

13.4. 婚姻

婚姻並非純粹只是一紙婚書的契約，而是一種彼此委身的盟約。在一個將愛情貶低為發洩性欲的機會的年代，人只會自我中心地要求配偶滿足自己的願望和需要。但聖經教導我們婚姻是神聖的，是夫婦雙方在上帝面前的立約，互相支持同走人生的旅程。以上帝為中心的婚姻中，夫婦彼此坦誠分享內心的感受，在愛裏互相接納和改變自己。缺乏愛的婚姻極容易陷入感情危機，甚至離婚收場。聖經並不鼓勵離婚，亦不鼓勵再婚。夫婦二人應該學習以上帝的愛滋潤彼此間的感情，經常重申婚姻委身的盟約，按照聖經的教訓彼此相愛。

13.4.1. 婚姻的涵義

13.4.1.1. 婚姻是上帝為人設立的

創 2 [1]耶和華上帝說：「那人獨居不好，我要為他造一個配偶幫助他。」

傳 4 [9]兩個人總比一個人好，因為二人勞碌同得美好的果效。
[10]若是跌倒，這人可以扶起他的同伴……。[11]再者，二人同睡就都暖和，一人獨睡怎能暖和呢？

13.4.1.2. 婚姻是二人成為一體

創 2 [24]……人要離開父母，與妻子連合，二人成為一體。

可 10 [7]……人要離開父母，與妻子連合，二人成為一體。[8]既然
如此，夫妻不再是兩個人，乃是一體的了。[9]所以，上帝
配合的，人不可分開。【參太十九4～6】

弗 5 [31]……人要離開父母，與妻子連合，二人成為一體。……
[33]然而，你們各人都當愛妻子，如同愛自己一樣。妻子也當敬重她的丈夫。

13.4.1.3. 婚姻是彼此的約束，只有其中一方死亡才可解除婚約

羅 7 [3]所以丈夫活著，她若歸於別人，便叫淫婦；丈夫若死了，她就脫離了丈夫的律法，雖然歸於別人，也不是淫婦。

林前 7 [39]丈夫活著的時候，妻子是被約束的；丈夫若死了，妻子
就可以自由，隨意再嫁，只是要嫁這在主裏面的人。[40]然
而按我的意見，若常守節更有福氣。我也想自己是被上帝的靈感動了。

13.4.1.4. 其他：婚姻只屬於地上的事；婚姻會帶來肉身的苦難

可 12 [25]人從死裏復活，也不娶也不嫁，乃像天上的使者一樣。

林前 7 [28]你若娶妻，並不是犯罪；處女若出嫁，也不是犯罪。然
而這等人肉身必受苦難，我卻願意你們免這苦難。

13.4.2. 對婚姻的態度

13.4.2.1. 敬畏上帝及尊重婚姻的人必在婚姻上蒙福

詩128 [3]你妻子在你的內室，好像多結果子的葡萄樹；你兒女圍
繞你的桌子，好像橄欖栽子。[4]看哪，敬畏耶和華的人必
要這樣蒙福。

來 13 [4]婚姻，人人都當尊重，牀也不可污穢；因為苟合行淫的
人，上帝必要審判。

13.4.2.2. 不可隨便與配偶分開

林前 7 [5]夫妻不可彼此虧負，除非兩相情願，暫時分房，為要專
心禱告方可；以後仍要同房，免得撒但趁著你們情不自
禁，引誘你們。

林前 7 [11]……丈夫也不可離棄妻子。

13.4.2.3. 其他：要享受新婚生活；要愛幼年所娶的妻子；不可貪戀別人的妻子

申 24 [5]新娶妻之人不可從軍出征，也不可託他辦理甚麼公事，
可以在家清閒一年，使他所娶的妻快活。

箴 5 [18]要使你的泉源蒙福；要喜悅你幼年所娶的妻。[19]她如可
愛的麀鹿，可喜的母鹿；願她的胸懷使你時時知足，她
的愛情使你常常戀慕。[20]我兒，你為何戀慕淫婦？為何抱
外女的胸懷？

箴 6 [27]人若懷裏揣火，衣服豈能不燒呢？[28]人若在火炭上走，
腳豈能不燙呢？[29]親近鄰舍之妻的，也是如此；凡挨近她
的，不免受罰。

13.4.3. 夫妻相處的態度

13.4.3.1. 要彼此尊重

林前 7 [3]丈夫當用合宜之分待妻子；妻子待丈夫也要如此。[4]妻子
沒有權柄主張自己的身子，乃在丈夫；丈夫也沒有權柄
主張自己的身子，乃在妻子。

西　3 [18]你們作妻子的，當順服自己的丈夫，這在主裏面是相宜
的。[19]你們作丈夫的，要愛你們的妻子，不可苦待她們。

來 13 [4]婚姻，人人都當尊重，牀也不可污穢；因為苟合行淫的
人，上帝必要審判。

【另參：弗五22～25；彼前三7】

13.4.3.2. 彼此同心，彼此相愛

摩　3 [3]二人若不同心，豈能同行呢？

弗　5 [33]然而，你們各人都當愛妻子，如同愛自己一樣。妻子也
當敬重她的丈夫。

西　3 [19]你們作丈夫的，要愛你們的妻子，不可苦待她們。

13.4.3.3. 娶得賢妻是上帝賜的福氣

箴 12 [4]才德的婦人是丈夫的冠冕；貽羞的婦人如同朽爛在她丈
夫的骨中。

箴 18 [22]得著賢妻的，是得著好處，也是蒙了耶和華的恩惠。

箴 19 [14]房屋錢財是祖宗所遺留的；惟有賢慧的妻是耶和華所
賜的。

13.4.4. 面對未信主的配偶

13.4.4.1. 不信的配偶會影響信仰生活

王上11 [1]所羅門王在法老的女兒之外，又寵愛許多外邦女子……[4]所
羅門年老的時候，他的妃嬪誘惑他的心去隨從別神，不效

法他父親大衛誠誠實實地順服耶和華——他的上帝。【參
1～8節】

拉 9 [2]因他們為自己和兒子娶了這些外邦女子為妻，以致聖潔
的種類和這些國的民混雜；而且首領和官長在這事上為
罪魁。

13.4.4.2. 仍要努力與人和睦

林前 7 [15]……無論是弟兄，是姊妹，遇著這樣的事都不必拘
束。……[16]你這作妻子的，怎麼知道不能救你的丈夫呢？
你這作丈夫的，怎麼知道不能救你的妻子呢？

彼前 3 [1]你們作妻子的要順服自己的丈夫；這樣，若有不信從道
理的丈夫，他們雖然不聽道，也可以因妻子的品行被感
化過來；[2]這正是因看見你們有貞潔的品行和敬畏的心。

13.5. 離婚

聖經教導我們，上帝創造人的原意是男女二人結合成為夫婦，彼此成為屬靈及性生活的伴侶。按上帝的旨意，夫婦應該同心建立美滿家庭，讓兒女在愛中成長。因此，夫婦應該終身委身，一起面對各種經歷。婚姻不單是一種制度，同時是一種關係。夫婦需要不斷增進彼此的感情。當雙方感情出現問題的時候，應該積極面對，敢於求助，避免走上離婚之路。聖經容許夫婦在犯姦淫和信仰不同的情況下離婚，亦有人同意暴力虐待是可以離婚的理由。離婚人士需要接受輔導，面對自己性格和人際關係上的缺點，避免在未處理個人問題的情況下發展另一段感情。

13.5.1. 上帝厭惡人離婚，人不可隨意離婚及再婚

瑪　2 [16]耶和華以色列的上帝說：「休妻的事和以強暴待妻的人
都是我所恨惡的！所以當謹守你們的心，不可行詭詐。」
這是萬軍之耶和華說的。

太　5 [31]又有話說：「人若休妻，就當給她休書。」[32]只是我告訴
你們，凡休妻的，若不是為淫亂的緣故，就是叫她作淫
婦了；人若娶這被休的婦人，也是犯姦淫了。

林前 7 [11]若是離開了，不可再嫁，或是仍同丈夫和好。丈夫也不
可離棄妻子。

【另參：太十九3～12；可十2～12；路十六18】

13.6. 獨身

聖經一方面強調婚姻是上帝創造的心意，另一方面亦肯定獨身的價值。已婚的人可以在家庭生活中獲得關懷及支持，獨身的人亦可以透過同儕及朋友的關係獲得支持。傳統文化認為獨身是無奈的選擇，現代人卻正面地將獨身視為個人自由的決定。獨身的人需要為自己確立人生的目標，可以善用時間關心親友，並且透過服務社會而獲得滿足和快樂。獨身人士應該謹慎處理性欲，免得隨便看待與異性的關係。獨身人士可以事奉上帝，沒有家庭的顧慮。無論是結婚或是獨身，都可以經歷屬靈生命的成長，經驗上帝的同在。

13.6.1. 對獨身者的勸勉

太 19 [12]因為有生來是閹人，也有被人閹的，並有為天國的緣故
自閹的。這話誰能領受就可以領受。

林前 7 [7]我願意眾人像我一樣；只是各人領受上帝的恩賜，一個
是這樣，一個是那樣。[8]我對著沒有嫁娶的和寡婦說，若
他們常像我就好。

林前 7 [32]我願你們無所掛慮。沒有娶妻的，是為主的事掛慮，想
怎樣叫主喜悅。……[35]我說這話是為你們的益處，不是要
牢籠你們，乃是要叫你們行合宜的事，得以殷勤服事主，
沒有分心的事。

【另參：林前七25～26】

14. 工作倫理

14.1. 處事態度

基督徒處事應該積極進取、充滿信心，因為上帝是掌管宇宙萬有的主，祂對我們一生的日子都有美好的旨意。縱使人生不如意事十常八九，我們亦不應悲觀失意，因為每一天都是新的開始，上帝樂意介入我們的生活並與我們同走這條人生路。因此，我們要學習從上帝的眼光看事情，以正面樂觀的態度面對困難逆境。縱使經歷挫折或失敗，也並不表示無路可走，重要的是鼓起勇氣站起來。我們深信上帝的主權，這並非一種灰暗、相信宿命的態度，相反這是一種樂天知命的積極人生觀。

14.1.1. 正確的處事態度

14.1.1.1. 要積極面對，因為一切事情都是出於上帝

伯 1 [21]【指約伯】說：「我赤身出於母胎，也必赤身歸回；賞賜
的是耶和華，收取的也是耶和華。耶和華的名是應當稱
頌的。」[22]在這一切的事上約伯並不犯罪，也不以上帝為
愚妄。

哈 3 [17]雖然無花果樹不發旺，葡萄樹不結果……[18]然而，我
要因耶和華歡欣，因救我的上帝喜樂。[19]主耶和華是
我的力量；他使我的腳快如母鹿的蹄，又使我穩行在
高處。

14.1.1.2. 明白日光下的事都是虛空的

傳 2 [17]我所以恨惡生命；因為在日光之下所行的事我都以為煩
惱，都是虛空，都是捕風。

傳 11 [10]所以，你當從心中除掉愁煩，從肉體克去邪惡；因為一
生的開端和幼年之時，都是虛空的。

14.1.1.3. 凡事交託上帝

詩 31 [24]凡仰望耶和華的人，你們都要壯膽，堅固你們的心！

箴 29 [25]懼怕人的，陷入網羅；惟有倚靠耶和華的，必得安穩。

腓 4 [6]應當一無掛慮，只要凡事藉著禱告、祈求，和感謝，將
你們所要的告訴上帝。[7]上帝所賜、出人意外的平安必在
基督耶穌裏保守你們的心懷意念。

14.1.1.4. 看受苦為有益

詩119 [71]我受苦是與我有益，為要使我學習你的律例。

雅 1 [2]我的弟兄們，你們落在百般試煉中，都要以為大喜樂；
[3]因為知道你們的信心經過試驗，就生忍耐。[4]但忍耐也當
成功，使你們成全、完備，毫無缺欠。

彼前 4 [12]親愛的弟兄啊，有火煉的試驗臨到你們，不要以為奇
怪(似乎是遭遇非常的事)，[13]倒要歡喜；因為你們是與
基督一同受苦，使你們在他榮耀顯現的時候，也可以歡
喜快樂。

14.1.1.5. 以敬畏上帝的心行事

尼 5 [15]……但我因敬畏上帝不這樣行【指尼希米不恃省長的身分
加重百姓的負擔】。[16]並且我恆心修造城牆，並沒有置買田
地；我的僕人也都聚集在那裏做工。【參14～18節】

腓 2 [5]你們當以基督耶穌的心為心。

14.1.1.6. 以喜樂的心面對，在勞碌中仍享受生活

傳 8 [15]我就稱讚快樂，原來人在日光之下，莫強如吃喝快樂；
因為他在日光之下，上帝賜他一生的年日，要從勞碌中，
時常享受所得的。

腓 4 [4]你們要靠主常常喜樂。我再說，你們要喜樂。

14.1.1.7. 凡事正直，放膽行事

詩 51 [10]上帝啊，求你為我造清潔的心，使我裏面重新有正直
的靈。

腓 1 [20]照著我所切慕、所盼望的，沒有一事叫我羞愧。只要凡
事放膽，無論是生是死，總叫基督在我身上照常顯大。

14.1.1.8. 其他：要等候上帝行事；要忍耐；凡事不求自己的益處

出 14 [13]摩西對百姓說：「不要懼怕，只管站住！看耶和華今天向
你們所要施行的救恩。因為，你們今天所看見的埃及人必
永遠不再看見了。」

傳 7 [8]事情的終局強如事情的起頭；存心忍耐的，勝過居心驕
傲的。

林前10 [33]就好像我凡事都叫眾人喜歡，不求自己的益處，只求眾
人的益處，叫他們得救。

14.1.2. 錯誤的處事態度

14.1.2.1. 魯莽及發怨言

創 4 [6]耶和華對該隱說：「你為甚麼發怒呢？你為甚麼變了臉色
呢？[7]你若行得好，豈不蒙悅納？你若行得不好，罪就伏
在門前。它必戀慕你，你卻要制伏它。」【指該隱誤解上帝
而向祂發怒；參3～4節】

民 14 [1]當下，全會眾大聲喧嚷【指聽了十探子的報告】；那夜
百姓都哭號。[2]以色列眾人……發怨言……說：「巴不得
我們早死在埃及地，或是死在這曠野……。」【參25～
33節】

14.1.2.2. 其他：在安逸中忘卻謹慎的生活；處事急躁

伯 12 [5]安逸的人心裏藐視災禍；這災禍常常等待滑腳的人。

箴 19 [2]心無知識的，乃為不善；腳步急快的，難免犯罪。

14.2. 論工作

基督徒以榮耀及服事上帝的態度工作，盡心盡力履行該做的職務。作下屬的應該服從上司，因為一方面上司被賦予管理的職權，另一方面我們相信權柄來自上帝。作上司的應該公平地對待下屬，按其資歷、工作表現、能力作為工作分配及升遷的標準，不應結黨營私或建立小圈子玩弄政治權術。基督徒應該視自己為上帝的管家，受託公平地運用權力及負起責任。工作不一定是互相惡性競爭的場地，亦可以是彼此互助，以愛心互相欣賞，彼此建立的地方。工作不一定是咒詛，亦可以是一種祝福。

14.2.1. 雇員的工作態度

14.2.1.1. 不要到安息日才作工

創 2 3上帝賜福給第七日，定為聖日；因為在這日，上帝歇了
他一切創造的工，就安息了。

出 16 23摩西對他們說：「耶和華這樣說：『明天是聖安息日，是
向耶和華守的聖安息日。你們要烤的就烤了，要煮的就
煮了，所剩下的都留到早晨。』」

耶 17 21耶和華如此說：你們要謹慎，不要在安息日擔甚麼擔子
進入耶路撒冷的各門；22也不要在安息日從家中擔出擔子
去。無論何工都不可做，只要以安息日為聖日，正如我
所吩咐你們列祖的。

14.2.1.2. 要盡力工作，作個可信賴的工人

得 2 7她【指波阿斯的婢女】說：「『請你【指波阿斯的僕人】容
我【指路得】跟著收割的人拾取打捆剩下的麥穗。』她【指
路得】從早晨直到如今，除了在屋子裏坐一會兒，常在
這裏。」

箴 25 13忠信的使者叫差他的人心裏舒暢，就如在收割時有冰雪
的涼氣。

傳 9 10凡你手所當做的事要盡力去做；因為在你所必去的陰間
沒有工作，沒有謀算，沒有知識，也沒有智慧。

【另參：箴十二14，二十八19】

14.2.1.3. 服事你的上司如服事上帝

弗 6 5你們作僕人的，要懼怕戰兢，用誠實的心聽從你們肉身
的主人，好像聽從基督一般。6不要只在眼前事奉……7甘
心事奉，好像服事主，不像服事人。

西 3 22你們作僕人的，要凡事聽從你們肉身的主人，不要只在
眼前事奉，像是討人喜歡的，總要存心誠實敬畏

主。……[24]……你們所事奉的乃是主基督。[25]那行不義的必
受不義的報應；主並不偏待人。

14.2.1.4. 要順服上司

提前 6 [2]僕人有信道的主人，不可因為與他是弟兄就輕看他；更
要加意服事他；因為得服事之益處的，是信道蒙愛的。
你要以此教訓人，勸勉人。

多 2 [9]勸僕人要順服自己的主人，凡事討他的喜歡，不可頂撞
他，[10]不可私拿東西，要顯為忠誠，以致凡事尊榮我們救
主—— 上帝的道。

彼前 2 [18]你們作僕人的，凡事要存敬畏的心順服主人；不但順服
那善良溫和的，就是那乖僻的也要順服。……[21]你們蒙召
原是為此；因基督也為你們受過苦，給你們留下榜樣，
叫你們跟隨他的腳蹤行。

14.2.1.5. 上帝看顧人所作的工

創 31 [41]我【指雅各】這二十年在你家裏……你又十次改了我的工
價。[42]若不是我父親以撒所敬畏的上帝，就是亞伯拉罕的
上帝與我同在，你如今必定打發我空手而去。

創 39 [2]約瑟住在他主人埃及人的家中，耶和華與他同在，他就
百事順利。……[5]……耶和華就因約瑟的緣故賜福與那埃
及人的家；凡家裏和田間一切所有的都蒙耶和華賜福。

14.2.2. 雇主對雇員的態度

14.2.2.1. 要善待雇員，也不可偏袒任何雇員

申 24 [14]困苦窮乏的雇工，無論是你的弟兄或是在你城裏寄
居的，你不可欺負他。[15]要當日給他工價，不可等到日
落——因為他窮苦，把心放在工價上——恐怕他因你求告
耶和華，罪便歸你了。

弗 6 [9]你們作主人的……不要威嚇他們【指僕人】。因為知道，
他們和你們同有一位主在天上；他並不偏待人。
西 4 [1]你們作主人的，要公公平平地待僕人，因為知道你們也
有一位主在天上。
【另參：帖後三6～10】

14.2.2.2. 要給工人應得的工價

利 19 [13]雇工人的工價，不可在你那裏過夜，留到早晨。
太 10 [10]……因為工人得飲食是應當的。【參路十7】
林前 9 [7]有誰當兵自備糧餉呢？有誰栽葡萄園不吃園裏的果子
呢？有誰收養牛羊不吃牛羊的奶呢？
【另參：提前五18；雅五4】

14.3. 營商

基督徒應該按上帝的心意選擇職業，並且將工作視為上帝的召命。基督徒從事商業活動，目的並非無止境地追求個人的財富，而是學習成為一個忠心的管家，榮耀上帝。基督徒商人當存感恩的心，過一種敬虔知足的生活。事業的成功、利潤的增加是上帝的恩賜，我們理當樂意奉獻金錢給上帝。同時，在營商手法上，我們要保持誠信、有原則、對社會負責任。在世俗社會中堅持基督徒原則有如參與屬靈爭戰，我們只有倚靠禱告的力量得勝。

14.3.1. 對營商者的勸勉

14.3.1.1. 上帝要求人以公平的手法營商

申 25 [13]你囊中不可有一大一小兩樣的法碼。

箴 11 [1]詭詐的天平為耶和華所憎惡；公平的法碼為他所喜悅。

箴 21 [6]用詭詐之舌求財的，就是自己取死；所得之財乃是吹來
吹去的浮雲。

【另參：箴二十14，十六11；賽三十三15～16；結四十五10】

14.3.1.2. 要作有恩慈的商人，不要羨慕奸商道路通達

詩 37 [7]你當默然倚靠耶和華，耐性等候他；不要因那道路通達
的和那惡謀成就的心懷不平。……[38]至於犯法的人，必一
同滅絕；惡人終必剪除。

詩112 [5]施恩與人、借貸與人的，這人事情順利；他被審判的時
候要訴明自己的冤。

14.3.1.3. 上帝會向奸商施報

賽 59 [1]耶和華的膀臂並非縮短，不能拯救，耳朵並非發沉，
不能聽見……[6]所結的網不能成為衣服；所做的也不能
遮蓋自己。他們的行為【指奸商】都是罪孽；手所做的都
是強暴。

番 1 [11]瑪革提施的居民哪，你們要哀號，因為迦南的商民都滅
亡了！凡搬運銀子的都被剪除。

14.3.1.4. 其他：奸商的營商手法詭詐；要按理納稅給政府；不要在殿中作買賣

摩 8 [5]你們說：月朔幾時過去，我們好賣糧；安息日幾時過
去，我們好擺開麥子；賣出用小升斗，收銀用大戥子，
用詭詐的天平欺哄人，[6]好用銀子買貧寒人，用一雙鞋換
窮乏人，將壞了的麥子賣給人。

可 12 [17]耶穌說：「凱撒的物當歸給凱撒，上帝的物當歸給上
帝。」他們就很希奇他。
約 2 [16]又對賣鴿子的說：「把這些東西拿去！不要將我父的殿
當作買賣的地方。」

15. 政治倫理

15.1. 權柄／權威

上帝是一切權柄和權力的來源，上帝亦賦予人管理人事的權柄。始祖亞當犯罪就是沒有順服上帝的權柄，因此我們必須學習順服上帝的主權。上帝在世上設立政府與教會，分別掌管屬世與屬靈的事務。作為基督徒，我們基於順服上帝主權的緣故，也服從政府與教會領袖。當然，我們並非盲目服從，當政府官員或教會領袖濫用權柄、違反聖經真理的時候，我們就應該順服上帝的權柄而據理力爭。面對政治世俗化的情況，我們不單要政府向人民負責，同時要強調政府最終需向上帝負責。

15.1.1. 誰有權柄

15.1.1.1. 聖經是信徒信仰的權威

約 5 [39]你們查考聖經，因你們以為內中有永生；給我作見證的就是這經。

提後 3 [16]聖經都是上帝所默示的，於教訓、督責、使人歸正、教導人學義都是有益的。

15.1.1.2. 上帝賦予地上政府管理的權柄

約 19 [11]耶穌回答說：「若不是從上頭賜給你【指彼拉多】的，你就毫無權柄辦我。所以，把我交給你的那人罪更重了。」

羅 13 [1]在上有權柄的，人人當順服他，因為沒有權柄不是出於上帝的。凡掌權的都是上帝所命的。

15.1.1.3. 教會領袖有權柄帶領教會

出 7 [1]耶和華對摩西說：「我使你在法老面前代替上帝，你的哥哥亞倫是替你說話的。[2]凡我所吩咐你的，你都要說。你的哥哥亞倫要對法老說，容以色列人出他的地。」

多 2 [15]這些事你要講明，勸戒人，用各等權柄責備人；不可叫人輕看你。

15.1.1.4. 男人有權柄帶領女人

林前11 [3]我願意你們知道，基督是各人的頭；男人是女人的頭；上帝是基督的頭。[4]凡男人禱告或是講道，若蒙著頭，就羞辱自己的頭。

林前11 [9]並且男人不是為女人造的；女人乃是為男人造的。[10]因此，女人為天使的緣故，應當在頭上有服權柄的記號。
[11]然而照主的安排，女也不是無男，男也不是無女。

15.1.1.5. 其他：上帝賦予人趕鬼治病的權柄；父母有權柄教導兒女

徒 3 [16]我們因信他的名，他的名便叫你們所看見所認識的這人健壯了；正是他所賜的信心，叫這人在你們眾人面前全然好了。

弗 6 [1]你們作兒女的，要在主裏聽從父母，這是理所當然的。

15.1.2. 權威／權柄的重要

15.1.2.1. 權柄是出於上帝

詩103 [19]耶和華在天上立定寶座；他的權柄統管萬有。

羅 13 [1]在上有權柄的，人人當順服他，因為沒有權柄不是出於上帝的。凡掌權的都是上帝所命的。

15.1.2.2. 濫用權柄必遭禍害

撒上 2 [12]以利的兩個兒子是惡人，不認識耶和華。[13]這二祭司……
[17]……的罪在耶和華面前甚重了，因為他們藐視耶和華的祭物。【參12～17節】

王上12 [13]王【指羅波安】用嚴厲的話回答百姓……說：「我父親使你們負重軛，我必使你們負更重的軛！……」【指羅波安的行徑致使國家分裂成南、北兩國；參1～24節】

賽 1 [31]有權勢的必如麻瓤；他的工作好像火星，都要一同焚毀，無人撲滅。

【另參：民二十2～11】

15.1.3. 誰要順服權柄

15.1.3.1. 基督徒要順從上帝

書 11 [15]耶和華怎樣吩咐他僕人摩西，摩西就照樣吩咐約書亞，約書亞也照樣行。凡耶和華所吩咐摩西的，約書亞沒有一件懈怠不行的。

書 22 [5]只要切切地謹慎遵行耶和華僕人摩西所吩咐你們的誡命
律法，愛耶和華——你們的上帝，行他一切的道，守他
的誡命，專靠他，盡心盡性事奉他。

約壹 2 [3]我們若遵守他的誡命，就曉得是認識他。

15.1.3.2. 信徒要順服掌權的政府

羅 13 [1]在上有權柄的，人人當順服他，因為沒有權柄不是出於
上帝的。凡掌權的都是上帝所命的。[2]所以，抗拒掌權的
就是抗拒上帝的命；抗拒的必自取刑罰。

彼後 2 [13]你們為主的緣故，要順服人的一切制度，或是在上的君
王，[14]或是君王所派罰惡賞善的臣宰。[15]因為上帝的旨意
原是要你們行善，可以堵住那糊塗無知人的口。

15.1.3.3. 其他：學生要順服老師；兒女要順服父母；僕人要順服主人

太 10 [24]學生不能高過先生；僕人不能高過主人。【參路六40】

弗 6 [1]你們作兒女的，要在主裏聽從父母，這是理所當然的。

彼後 2 [18]你們作僕人的，凡事要存敬畏的心順服主人；不但順服
那善良溫和的，就是那乖僻的也要順服。

15.1.4. 服權的態度

15.1.4.1. 聽命勝於獻祭

出 15 [26]你若留意聽耶和華——你上帝的話，又行我眼中看為正的
事，留心聽我的誡命，守我一切的律例，我就不將所加與埃
及人的疾病加在你身上，因為我——耶和華是醫治你的。

撒上15 [22]耶和華喜悅燔祭和平安祭，豈如喜悅人聽從他的話呢？
聽命勝於獻祭；順從勝於公羊的脂油。[23]悖逆的罪與行邪
術的罪相等；頑梗的罪與拜虛神和偶像的罪相同。

15.1.4.2. 順從上帝的道是有福的

創　6 [8]惟有挪亞在耶和華眼前蒙恩。……[22]挪亞就這樣行。凡上帝所吩咐的，他都照樣行了。

王下21 [8]以色列人若謹守遵行我一切所吩咐他們的和我僕人摩西所吩咐他們的一切律法，我就不再使他們挪移離開我所賜給他們列祖之地。

啟　3 [10]你既遵守我忍耐的道，我必在普天下人受試煉的時候，保守你免去你的試煉。

【另參：出十九5；民十四24；書一7；伯三十六11；詩二十五10，一一九1；耶七22～23；路十一27】

15.1.4.3. 其他：不順服上帝的必遭刑罰；不依循政府作違背上帝的事

創　2 [16]耶和華上帝吩咐他說：「園中各樣樹上的果子，你可以隨意吃，[17]只是分別善惡樹上的果子，你不可吃，因為你吃的日子必定死！」【參三章】

出　1 [17]但是收生婆敬畏上帝，不照埃及王的吩咐行，竟存留男孩的性命。……[20]上帝厚待收生婆。以色列人多起來，極其強盛。[21]收生婆因為敬畏上帝，上帝便叫她們成立家室。【參1～20節】

15.2. 政權／面對政府

對基督徒來說，權力的來源是上帝。在家庭、團體、教會和社會中，我們都應尊重及支持掌權者。我們並非對掌權者作盲目的偶像式崇拜，而是以尊重上帝的態度尊重掌權者的權柄。我們樂意為執政掌權者禱告，並且奉公守法，為社會大眾謀幸福。上帝要求掌權者公平正直、以誠實及智慧辨別是非，因此權力需要被制衡和監察。基督徒應該放下政治野心或爭奪政治利益的心態，公正地對政權作出客觀公允的支持和評論。我們並非為了推翻政權而參與政治活動，我們期望掌權者及人民都尊重權力的來源——上帝。

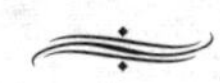

15.2.1. 對掌權者的態度

15.2.1.1. 要順服掌權者

羅 13 [1]在上有權柄的，人人當順服他，因為沒有權柄不是出於
上帝的。……[2]所以，抗拒掌權的就是抗拒上帝的命；抗
拒的必自取刑罰。[3]作官的原不是叫行善的懼怕，乃是叫
作惡的懼怕。

多 3 [1]你要提醒眾人，叫他們順服作官的、掌權的，遵他的
命，預備行各樣的善事。

彼前 2 [13]你們為主的緣故，要順服人的一切制度，或是在上的君
王，[14]或是君王所派罰惡賞善的臣宰。[15]因為上帝的旨意原
是要你們行善，可以堵住那糊塗無知人的口。

15.2.1.2. 要奉公守法

太 17 [24]到了迦百農，有收丁稅的人來見彼得，說：「你們的先生
不納丁稅嗎？」[25]彼得說：「納。」……[27]……「你……必得
一塊錢，可以拿去給他們，作你我的稅銀。」

路 20 [22]「我們納稅給凱撒，可以不可以？」……[25]耶穌說：「這
樣，凱撒的物當歸給凱撒，上帝的物當歸給上帝。」【參太
二十二18～21】

15.2.1.3. 其他：並非盲目順服在上者；要為執政者禱告

徒 5 [29]彼得和眾使徒回答說：「順從上帝，不順從人，是應
當的。」

提前 2 [1]我勸你，第一要為萬人懇求、禱告、代求、祝謝；[2]為君
王和一切在位的，也該如此，使我們可以敬虔、端正、平
安無事地度日。

15.2.2. 認清真正的掌權者

15.2.2.1. 執政的權力來自上帝

詩 82 [1]上帝站在有權力者的會中，在諸神中行審判。

羅 13 [1]在上有權柄的，人人當順服他，因為沒有權柄不是出於上帝的。凡掌權的都是上帝所命的。

15.2.2.2. 真正的君王是上帝

詩 9 [7]惟耶和華坐著為王，直到永遠；他已經為審判設擺他的寶座。[8]他要按公義審判世界，按正直判斷萬民。

詩 29 [10]洪水泛濫之時，耶和華坐著為王；耶和華坐著為王，直到永遠。

15.2.2.3. 上帝是公義的掌權者

出 2 [23]過了多年，埃及王死了。以色列人因做苦工，就歎息哀求，他們的哀聲達於上帝。……[25]上帝看顧以色列人，也知道他們的苦情。

傳 5 [8]你若在一省之中見窮人受欺壓，並奪去公義公平的事，不要因此詫異；因有一位高過居高位的鑒察，在他們以上還有更高的。[9]況且地的益處歸眾人，就是君王也受田地的供應。

15.2.3. 上帝對執政者的要求

15.2.3.1. 要求掌權者公正

撒下 8 [15]大衛作以色列眾人的王，又向眾民秉公行義。【參代上十八14】

箴 14 [34]公義使邦國高舉；罪惡是人民的羞辱。

箴 29 [2]義人增多，民就喜樂；惡人掌權，民就歎息。

15.2.3.2. 要以誠實立國，且能分辨善惡

箴 17 [7]愚頑人說美言本不相宜，何況君王說謊話呢？

箴 20 [28]王因仁慈和誠實得以保全他的國位，也因仁慈立穩。

箴 25 [5]除去王面前的惡人，國位就靠公義堅立。

15.2.3.3. 要以智慧立國

箴 28 [2]邦國因有罪過，君王就多更換；因有聰明知識的人，國
必長存。

傳 4 [13]貧窮而有智慧的少年人勝過年老不肯納諫的愚昧王。[14]這
人是從監牢中出來作王，在他國中，生來原是貧窮的。

16. 社會現象

16.1. 欺凌

申命記十五章15至18節提醒以色列人，不要忘記自己曾經受欺壓，因此要懷著敬畏上帝的心善待別人。現實社會是弱肉強食、適者生存的戰場，不過基督徒卻以推己及人、愛人如己的原則待人處事。上帝憐憫弱者、秉行公義，若我們受到欺凌，只要我們放下怨恨、報復的想法，上帝會為我們取回公道。

上帝憐憫弱者，祂應許為受屈的人伸冤。我們屬主的人應該學習放下心中的怨憤，不應欺壓他人，要以愛心對待身邊的人。

16.1.1. 不可辱罵／欺壓人

16.1.1.1. 不可欺負寄居的及鄰舍

出 22 [21]不可虧負寄居的，也不可欺壓他，因為你們在埃及地也
作過寄居的。

利 19 [13]不可欺壓你的鄰舍，也不可搶奪他的物。……[33]若有外人
在你們國中和你同居、就不可欺負他。

瑪 3 [5]萬軍之耶和華說：「我必臨近你們，施行審判。我必速速作
見證，警戒行邪術的、犯姦淫的、起假誓的、虧負人之工
價的、欺壓寡婦孤兒的、屈枉寄居的，和不敬畏我的。」

16.1.1.2. 不可欺壓寡婦及貧窮人

申 27 [19]向寄居的和孤兒寡婦屈枉正直的，必受咒詛！

箴 22 [22]貧窮人，你不可因他貧窮就搶奪他的物，也不可在城門
口欺壓困苦人；[23]因耶和華必為他辨屈；搶奪他的，耶和
華必奪取那人的命。

16.1.1.3. 其他：不可欺負你的雇員；要替人伸冤；不可彼此辱罵

申 24 [14]困苦窮乏的雇工，無論是你的弟兄或是在你城裏寄
居的，你不可欺負他。[15]要當日給他工價，不可等到
日落——因為他窮苦，把心放在工價上——恐怕他因你
求告耶和華，罪便歸你了。

路 18 [6]你們聽這不義之官所說的話【參1～5節「寡婦和法官」的比
喻】。[7]上帝的選民、晝夜呼籲他，他縱然為他們忍了多
時，豈不終久給他們伸冤嗎？[8]我告訴你們，要快快的給
他們伸冤了。

彼前 3 [9]不以惡報惡，以辱罵還辱罵，倒要祝福；因你們是為此
蒙召，好叫你們承受福氣。[10]因為經上說：人若愛生命，
願享美福，須要禁止舌頭不出惡言，嘴唇不說詭詐的話。

16.1.2. 上帝如何看欺凌

16.1.2.1. 欺負人相等於欺負上帝

箴 14 [31]欺壓貧寒的，是辱沒造他的主……。

箴 17 [5]戲笑窮人的，是辱沒造他的主；幸災樂禍的，必不免受罰。

16.1.2.2. 上帝會向欺負人者施報

代下19 [2]先見哈拿尼的兒子耶戶出來迎接約沙法王，對他說：「你豈當幫助惡人【指以色列王亞哈】，愛那恨惡耶和華的人【指眾假先知】呢？因此耶和華的忿怒臨到你。」【參十八章】

詩105 [14]他【指上帝】不容甚麼人欺負他們【指以色列人】、為他們的緣故、責備君王。

帖前 4 [6]不要……欺負他的弟兄；因為這一類的事，主必報應，正如我預先對你們說過、又切切囑咐你們的。

16.1.2.3. 上帝看顧被欺負的人

詩 9 [9]耶和華又要給受欺壓的人作高臺，在患難的時候作高臺。

箴 22 [23]因耶和華必為他【指被欺壓的困苦人】辨屈；搶奪他的，耶和華必奪取那人的命。

雅 5 [4]工人給你們收割莊稼，你們虧欠他們的工錢，這工錢有聲音呼叫，並且那收割之人的冤聲已經入了萬軍之主的耳了。

16.1.2.4. 上帝會為被欺負的人伸冤

詩 71 [23]我歌頌你的時候，我的嘴唇和你所贖我的靈魂都必歡呼；[24]並且我的舌頭必終日講論你的公義，因為那些謀害我的人已經蒙羞受辱了。

羅 12 [19]親愛的弟兄，不要自己伸冤，寧可讓步，聽憑主怒；因為經上記著：「主說：『伸冤在我；我必報應。』」【參申三十二35】

彼前 2 [19]倘若人為叫良心對得住上帝，就忍受冤屈的苦楚，這是
可喜愛的。[20]你們若因犯罪受責打，能忍耐，有甚麼可誇
的呢？但你們若因行善受苦，能忍耐，這在上帝看是可喜
愛的。

16.1.2.5. 基督曾受凌辱

可 15 [16]兵丁……[17]……給他【指耶穌】穿上紫袍……[18]就慶賀他
說：「恭喜，猶太人的王啊！」[19]又拿一根葦子打他的頭，
吐唾沫在他臉上，屈膝拜他。【參太二十七27～31；約
十九2～3】
羅 15 [3]因為基督也不求自己的喜悅，如經上所記：「辱罵你人的
辱罵都落在我身上。」[4]從前所寫的聖經都是為教訓我們寫
的，叫我們因聖經所生的忍耐和安慰可以得著盼望。
來 10 [29]……人踐踏上帝的兒子，將那使他成聖之約的血當作平
常，又褻慢施恩的聖靈，你們想，他要受的刑罰該怎樣加
重呢！[30]……說：「伸冤在我，我必報應」；又說：「主要審
判他的百姓。」

16.2. 歧視

在人類社會中，歧視就是與別人擁有相同能力的人，基於種族、性別或宗教等原因，無法獲得與別人相同的對待或發展機會。從聖經的角度看，上帝給予人平等的機會發展所長，上帝按祂的形像創造不同的人，願意接納不同的人的獻祭。不過，在給予各人平等的機會以外，亦會特別揀選某些人。上帝欣賞某些人並不表示祂歧視其他人。上帝甚至警告我們不要以貌取人，不要重富輕貧，不要先入為主標籤跟自己不同的人，因為祂不偏待人。

16.2.1. 人在上帝心中的價值

16.2.1.1. 人照上帝的形像被造，祂以平等待人

創　1 [27]上帝就照著自己的形像造人，乃是照著他的形像造男造女。……5 [2]並且造男造女。在他們被造的日子，上帝賜福給他們，稱他們為「人」。

創　3 [16]又對女人說：我必多多加增你懷胎的苦楚……。[17]又對亞當說……地必為你的緣故受咒詛……。[19]你必汗流滿面才得糊口，直到你歸了土。

西　3 [25]……主並不偏待人。

16.2.2. 對歧視的看法

16.2.2.1. 任何種族的人都有聽福音的機會

徒 10 [34]彼得就開口說：「我真看出上帝是不偏待人。……」【指彼得到了外邦人哥尼流家中傳道；參9～47節】

加　3 [28]並不分猶太人、希臘人，自主的、為奴的，或男或女，因為你們在基督耶穌裏都成為一了。

16.2.2.2. 應以公平判斷，而不是看人的身分

利 19 [15]你們施行審判，不可行不義；不可偏護窮人，也不可重看有勢力的人，只要按著公義審判你的鄰舍。

申　1 [17]審判的時候，不可看人的外貌；聽訟不可分貴賤，不可懼怕人，因為審判是屬乎上帝的……。

16.2.2.3. 不可歧視貧窮的人

林前11 [18]第一，我聽說，你們聚會的時候彼此分門別類，我也稍微地信這話。[19]在你們中間不免有分門結黨的事。【指在吃飯的事上有人飢餓，有人醉酒；參18～22節】

雅　2 [2]若有一個人帶著金戒指，穿著華美衣服，進你們的會堂

去；又有一個窮人穿著骯髒衣服也進去；[3]你們就重看那
穿華美衣服的人……[9]但你們若按外貌待人，便是犯罪，
被律法定為犯法的。

16.2.2.4. 其他：要幫助任何有需要的人；不應歧視沒有學問的人

太 15 [22]有一個迦南婦人……喊著說：「主啊……我女兒被鬼附得
甚苦。」……[28]耶穌說：「婦人……照你所要的，給你成全
了吧。」……她女兒就好了。【參21～28節】

徒 4 [13]他們見彼得、約翰的膽量，又看出他們原是沒有學問的
小民，就希奇，認明他們是跟過耶穌的。

16.3. 貧窮

聖經教導以色列人要善待貧窮人，因為他們也曾經是貧窮人。聖經描述上帝憐恤貧窮人，祂厭棄欺壓貧窮人的權貴，樂意抬舉貧窮人。舊約聖經強調親屬要彼此相顧，幫助、接濟有需要的親人。同時，社會裏需要為貧窮人提供生存的空間。新約聖經亦教訓人要樂意幫助貧窮人，同時勉勵人努力工作。貧窮的成因非常複雜。私人的接濟只能提供短期的援助，當事人能否找到收入的來源才是關鍵。社會的保障機制可以為當事人作出幫助，但重要的是當事人要以積極正面的態度面對問題，努力解決生活的需要。

16.3.1. 對貧窮的看法

16.3.1.1. 貧窮的義人比富有的惡人好

詩 37 16一個義人所有的雖少，強過許多惡人的富餘。

箴 15 16少有財寶，敬畏耶和華，強如多有財寶，煩亂不安。

箴 19 22……窮人強如說謊言的。

16.3.1.2. 貧窮可能是出於上帝的懲罰

箴 6 11你【指惡人】的貧窮就必如強盜速來，你的缺乏彷彿拿兵器的人來到。

該 2 17在你們手下的各樣工作上，我以旱風、霉爛、冰雹攻擊你們，你們仍不歸向我。這是耶和華說的。

16.3.1.3. 貧富出自上帝，人要在乎心靈的滿足

箴 22 2富戶窮人在世相遇，都為耶和華所造。

林後 6 10似乎憂愁，卻是常常快樂的；似乎貧窮，卻是叫許多人富足的；似乎一無所有，卻是樣樣都有的。

16.3.1.4. 其他：敬畏上帝使國家富強；和睦的家比爭吵的大富人家好；貧窮遭人厭

申 15 4你【指以色列人】若留意聽從耶和華——你上帝的話，謹守遵行我今日所吩咐你這一切的命令，就必在你們中間沒有窮人了(在耶和華——你上帝所賜你為業的地上，耶和華必大大賜福與你。)

箴 17 1設筵滿屋，大家相爭，不如有塊乾餅，大家相安。

箴 19 7貧窮人，弟兄都恨他；何況他的朋友，更遠離他！他用言語追隨，他們卻走了。

16.3.2. 上帝對待貧窮人

16.3.2.1. 上帝恩待貧窮人

詩 9 [18]窮乏人必不永久被忘；困苦人的指望必不永遠落空。

路 6 [20]耶穌舉目看著門徒，說：你們貧窮的人有福了！因為上帝的國是你們的。

雅 2 [5]我親愛的弟兄們，請聽，上帝豈不是揀選了世上的貧窮人，叫他們在信上富足，並承受他所應許給那些愛他之人的國嗎？[6]你們反倒羞辱貧窮人。那富足人豈不是欺壓你們，拉你們到公堂去嗎？

【另參：路七22】

16.3.2.2. 上帝懲罰欺壓貧窮人的人

摩 2 [6]耶和華如此說：以色列人三番四次地犯罪，我必不免去他們的刑罰；因他們為銀子賣了義人，為一雙鞋賣了窮人。

摩 5 [11]你們踐踏貧民，向他們勒索麥子；你們用鑿過的石頭建造房屋，卻不得住在其內；栽種美好的葡萄園，卻不得喝所出的酒。

16.3.3. 對貧窮人的態度

16.3.3.1. 不可因人貧窮而屈枉正直

出 23 [6]不可在窮人爭訟的事上屈枉正直。

箴 21 [13]塞耳不聽窮人哀求的，他將來呼籲也不蒙應允。

箴 31 [9]你當開口按公義判斷，為困苦和窮乏的辨屈。

16.3.3.2. 不可欺負貧窮人

箴 14 [31]欺壓貧寒的，是辱沒造他的主；憐憫窮乏的，乃是尊敬主。

箴 17 [5]戲笑窮人的，是辱沒造他的主；幸災樂禍的，必不免
受罰。

箴 28 [3]窮人欺壓貧民，好像暴雨沖沒糧食。

【另參：申十五9～10；箴二十二22】

16.3.3.3. 要慷慨賙濟貧窮人

申 15 [7]在耶和華——你上帝所賜你的地上，無論哪一座城裏，
你弟兄中若有一個窮人，你不可忍著心、揝著手不幫補你
窮乏的弟兄。[8]總要向他鬆開手，照他所缺乏的借給他，
補他的不足。

箴 19 [17]憐憫貧窮的，就是借給耶和華；他的善行，耶和華必
償還。

林後 8 [2]就是他們【指馬其頓眾教會】在患難中受大試煉的時
候，仍有滿足的快樂，在極窮之間還格外顯出他們樂捐
的厚恩。

【另參：申十五11；箴十一24，二十二9，二十八27；耶三十九17；加二10】

16.4. 個人聲譽

聖經肯定個人聲譽的重要。社會及教會的領袖是公眾人物，需要有良好的聲譽。良好聲譽是由實際的貢獻建立，並非單靠宣傳吹噓而得。現代人習慣以市場營運的方式宣傳自己，建立品牌。不過，聖經所讚賞的個人聲譽，是由內在品格及屬靈修養所形成的。聖經強調人的見證，卻反對人追求虛浮的名譽。作為基督徒，我們應該緊記良好的見證構成良好的個人聲譽，目的是榮耀上帝，將福音廣傳。其實，我們能夠有美好見證，都是上帝的恩典；我們獲得良好聲譽，也是上帝的恩典。因此，我們應愛上帝過於個人的聲譽。

16.4.1. 如何有好的名聲

16.4.1.1. 聽從上帝話的國家及誠實人必受尊敬

申 4 1以色列人哪，現在我【指摩西】所教訓你們的律例典章，
你們要聽從遵行，好叫你們存活……。6所以你們要謹守
遵行……。他們聽見這一切律例，必說：「這大國的人真
是有智慧，有聰明！」

得 2 10路得……對他【指波阿斯】說：「我既是外邦人……這樣顧
恤我呢？」11波阿斯回答說：「自從你丈夫死後，凡你……
這些事人全都告訴我了。12願耶和華照你所行的賞賜
你……。」【參二章】

16.4.2. 保持良好的聲譽

16.4.2.1. 好名聲的得稱讚

徒 22 12那裏有一個人，名叫亞拿尼亞，按著律法是虔誠人，為一切住在那裏的猶太人所稱讚。

羅 1 8第一，我靠著耶穌基督，為你們眾人感謝我的上帝，因你們的信德傳遍了天下。

帖後 1 4甚至我們在上帝的各教會裏為你們誇口，都因你們在所受的一切逼迫患難中，仍舊存忍耐和信心。

【另參：徒十22；十七11；約叁3節】

16.4.2.2. 好名聲的受重用

徒 6 3所以弟兄們，當從你們中間選出七個有好名聲、被聖靈充滿、智慧充足的人，我們就派他們管理這事【指教會事務；參六章】。

林後 8 18我們還打發一位兄弟和他同去，這人在福音上得了眾教會的
稱讚。19不但這樣，他也被眾教會挑選，和我們同行，把所託
與我們的這捐貲送到了，可以榮耀主，又表明我們樂意的心。

16.4.2.3. 信徒要有好名聲

箴 22 [1]美名勝過大財；恩寵強如金銀。

傳 7 [1]名譽強如美好的膏油……。

提前 5 [10]又有行善的名聲，就如養育兒女，接待遠人，洗聖徒的
腳，救濟遭難的人，竭力行各樣善事。

【另參：創六9；箴二十七11；羅十六19；帖前四11】

16.4.2.4. 好名聲有助福音遍傳

箴 27 [11]我兒，你要作智慧人，好叫我的心歡喜，使我可以回答
那譏誚我的人。

羅 16 [19]你們的順服已經傳於眾人，所以我為你們歡喜……。

帖前 4 [11]又要立志作安靜人，辦自己的事，親手做工，正如我們
從前所吩咐你們的，[12]叫你們可以向外人行事端正，自己
也就沒有甚麼缺乏了。

【另參：創六9；羅一8】

16.4.2.5. 不要過分執著名聲

箴 25 [27]吃蜜過多是不好的；考究自己的榮耀也是可厭的。

箴 27 [2]要別人誇獎你，不可用口自誇；等外人稱讚你，不可用
嘴自稱。

16.5. 愛護環境

大自然是上帝創造的一部分，按上帝的心意顯得井然有序。雖然始祖犯罪墮落，世界充滿罪惡，不過天父仍掌管這世界。上帝吩咐始祖管理大地，我們亦應該繼續承擔維護自然規律的任務。近年的環境保護運動提醒人注意生態危機。雖然基督徒相信現今的世界將要毀滅，新天新地將要來臨。但對天國降臨的期望，並沒有減少我們保護生態環境的責任。聖經教導我們保護生態系統。地需要休息，人也需要安息，這種思想指向上帝、人與世界的和諧。因此，我們需要肩負愛護環境的責任，減少耗用能源，減少環境污染，保護美好的大自然。

16.5.1. 認識大自然

16.5.1.1. 自然是由上帝所創造的

賽 40 [25]那聖者說：你們將誰比我，叫他與我相等呢？[26]你們向上
舉目，看誰創造這萬象，按數目領出，他一一稱其名；因
他的權能，又因他的大能大力，連一個都不缺。

羅 1 [20]自從造天地以來，上帝的永能和神性是明明可知的，
雖是眼不能見，但藉著所造之物就可以曉得，叫人無可
推諉。

來 11 [3]我們因著信，就知道諸世界是藉上帝話造成的；這樣，
所看見的，並不是從顯然之物造出來的。

【另參：箴三19；賽四十28，四十二5～6；耶十12～13；來一1～3】

16.5.1.2. 大自然是非常複雜的

伯 38 [1]那時，耶和華從旋風中回答約伯說：[2]「誰用無知的言語使
我的旨意暗昧不明？……[4]我立大地根基的時候，你在哪
裏呢？你若有聰明，只管說吧！[5]你若曉得就說，是誰定
地的尺度？……」

詩 33 [6]諸天藉耶和華的命而造；萬象藉他口中的氣而成。[7]他
聚集海水如壘，收藏深洋在庫房。[8]願全地都敬畏耶和
華！願世上的居民都懼怕他！[9]因為他說有，就有，命
立，就立。

16.5.1.3. 上帝的創造是奧祕

伯 38 [8]海水衝出，如出胎胞，那時誰將它關閉呢？……[9]是我用
雲彩當海的衣服，用幽暗當包裹它的布……[18]地的廣大你
能明透嗎？你若全知道，只管說吧！【參18～41節，三十
九1～四十一34】

詩139 [15]我在暗中受造，在地的深處被聯絡；那時，我的形體並

不向你隱藏。[16]我未成形的體質，你的眼早已看見了；你
所定的日子，我尚未度一日，你都寫在你的冊上了。

16.5.1.4. 大自然有其秩序

詩 19 [1]諸天述說上帝的榮耀；穹蒼傳揚他的手段。[2]這日到那日
發出言語；這夜到那夜傳出知識。[3]無言無語，也無聲音
可聽。[4]它的量帶通遍天下，它的言語傳到地極。上帝在
其間為太陽安設帳幕。

詩104 [6]你用深水遮蓋地面，猶如衣裳；諸水高過山嶺。[7]你的斥
責一發，水便奔逃……[9]你定了界限，使水不能過去，不
再轉回遮蓋地面。[10]耶和華使泉源湧在山谷，流在山間。
【參11～32節】

16.5.1.5. 大自然由上帝所維持

詩147 [4]他【指上帝】數點星宿的數目，一一稱它的名。[5]我們的主
為大，最有能力；他的智慧無法測度。……[9]他賜食給走
獸和啼叫的小烏鴉。

太 10 [29]兩個麻雀不是賣一分銀子嗎？若是你們的父不許，一個
也不能掉在地上；[30]就是你們的頭髮也都被數過了。

西 1 [16]因為萬有都是靠他【指基督】造的……。[17]他在萬有之
先；萬有也靠他而立。

【另參：詩五十10～12；徒十七24～26；來二10】

16.5.2. 大自然與人類的關係

16.5.2.1. 大自然與人類都是受造之物

林前 8 [6]然而我們只有一位上帝，就是父，萬物都本於他；我們
也歸於他——並有一位主，就是耶穌基督——萬物都是藉
著他有的；我們也是藉著他有的。

西 1 [15]愛子是那不能看見之上帝的像，是首生的，在一切被造

的以先。[16]因為萬有都是靠他造的……又是為他造的。

來 11 [3]我們因著信，就知道諸世界是藉上帝話造成的；這樣，
所看見的，並不是從顯然之物造出來的。

【另參：創一1～27；林前十五27～28】

16.5.2.2. 受造之物藉基督同得盼望

羅 8 [19]受造之物切望等候上帝的眾子顯出來。[20]因為受造之物服在
虛空之下，不是自己願意，乃是因那叫他如此的。[21]但受造
之物仍然指望脫離敗壞的轄制，得享上帝兒女自由的榮耀。

弗 1 [10]要照所安排的，在日期滿足的時候，使天上、地上、一
切所有的都在基督裏面同歸於一。

西 1 [20]既然藉著他【指基督】在十字架上所流的血成就了和平，
便藉著他叫萬有——無論是地上的、天上的——都與自己
和好了。

16.5.2.3. 受造之物一同讚美上帝

詩 19 [1]諸天述說上帝的榮耀；穹蒼傳揚他的手段。[2]這日到那日
發出言語；這夜到那夜傳出知識。[3]無言無語，也無聲音
可聽。

詩148 [1]你們要讚美耶和華！從天上讚美耶和華，在高處讚美
他！[2]他的眾使者都要讚美他！他的諸軍都要讚美
他！……[13]願這些都讚美耶和華的名！因為獨有他的名被
尊崇；他的榮耀在天地之上。

16.5.2.4. 受造物一同受苦

創 3 [17]又對亞當說：「……地必為你的緣故受咒詛；你必終身勞
苦才能從地裏得吃的。[18]地必給你長出荊棘和蒺藜
來……。」

羅 8 [19]受造之物切望等候上帝的眾子顯出來。[20]因為受造之物服
在虛空之下，不是自己願意，乃是因那叫他如此的。

16.5.2.5. 自然界將來要與人類一同復興

賽 11 [6]豺狼必與綿羊羔同居，豹子與山羊羔同臥……[9]在我聖山的遍處，這一切都不傷人，不害物；因為認識耶和華的知識要充滿遍地，好像水充滿洋海一般。

彼後 3 [13]但我們照他的應許，盼望新天新地，有義居在其中。

啟 21 [1]我又看見一個新天新地；因為先前的天地已經過去了，海也不再有了。

【另參：賽三十五1～10，六十五17，六十六22；何二18；羅八19】

16.5.3. 人類要保護自然界

16.5.3.1. 人類是自然界的管家

創 1 [26]上帝說：「我們要照著我們的形像、按著我們的樣式造人，使他們管理海裏的魚、空中的鳥、地上的牲畜，和全地，並地上所爬的一切昆蟲。」

詩 8 [8]你派他管理你手所造的，使萬物，就是一切的牛羊、田野的獸、空中的鳥、海裏的魚，凡經行海道的，都服在他的腳下。

詩115 [16]天，是耶和華的天；地，他卻給了世人。

【另參：創一28，二15】

16.5.3.2. 要讓地休息

出 23 [10]六年你要耕種田地，收藏土產，[11]只是第七年要叫地歇息，不耕不種，使你民中的窮人有吃的；他們所剩下的，野獸可以吃。

利 25 [3]六年要耕種田地，也要修理葡萄園，收藏地的出產。[4]第七年，地要守聖安息……不可耕種田地……[11]第五十年要作為你們的禧年。這年不可耕種……沒有修理的葡萄樹也不可摘取葡萄。

16.5.3.3. 不可破壞大自然

申 20 [19]你若許久圍困、攻打所要取的一座城，就不可舉斧子
砍壞樹木；因為你可以吃那樹上的果子，不可砍
伐。……[20]惟獨你所知道不是結果子的樹木可以毀
壞……。

申 22 [6]你若路上遇見鳥窩，或在樹上或在地上，裏頭有雛或有
蛋，母鳥伏在雛上或在蛋上，你不可連母帶雛一併取
去。[7]總要放母，只可取雛；這樣你就可以享福，日子得
以長久。

申 23 [24]你進了鄰舍的葡萄園，可以隨意吃飽了葡萄，只是不可
裝在器皿中。[25]你進了鄰舍站著的禾稼，可以用手摘穗
子，只是不可用鐮刀割取禾稼。

【另參：申二十二9】

經文索引

出埃及記

利未記

民數記

申命記

約書亞記

士師記

路得記

撒母耳記上

撒母耳記下

列王紀上

列王紀下

歷代志上

歷代志下

以斯拉記

尼希米記

以斯帖記

約伯記

詩篇

箴言

傳道書

以賽亞書

耶利米書

耶利米哀歌

以西結書

但以理書

何西阿書

約珥書

阿摩司書

俄巴底亞書

約拿書

彌迦書

那鴻書

哈巴谷書

西番雅書

哈該書

撒迦利亞書

瑪拉基書

馬太福音

約翰福音

使徒行傳

羅馬書

哥林多前書

哥林多後書

加拉太書

以弗所書

腓立比書

歌羅西書

帖撒羅尼迦前書

帖撒羅尼迦後書

提摩太前書

提摩太後書

提多書

希伯來書

雅各書

彼得前書

彼得後書

約翰壹書